湖南省社会科学院（湖南省人民政府发展研究中心）
哲学社会科学创新工程丛书（2022）

主　编：钟　君
副主编：贺培育　刘云波　汤建军
　　　　王佳林　侯喜保　蔡建河

湖南"强省会"战略研究报告

（2022）

罗黎平　刘敏　湛中维　等著

中国社会科学出版社

图书在版编目（CIP）数据

湖南"强省会"战略研究报告 .2022／罗黎平等著 .
—北京：中国社会科学出版社，2023.8
（湖南省社会科学院（湖南省人民政府发展研究中心）
哲学社会科学创新工程丛书 .2022）
ISBN 978 – 7 – 5227 – 2164 – 4

Ⅰ.①湖…　Ⅱ.①罗…　Ⅲ.①区域经济发展—经济发展战略—研究报告—湖南—2022　Ⅳ.①F127.64

中国国家版本馆 CIP 数据核字（2023）第 119018 号

出 版 人	赵剑英
责任编辑	党旺旺
责任校对	王佳玉
责任印制	王　超

出　　版	中国社会科学出版社
社　　址	北京鼓楼西大街甲 158 号
邮　　编	100720
网　　址	http://www.csspw.cn
发 行 部	010 – 84083685
门 市 部	010 – 84029450
经　　销	新华书店及其他书店

印刷装订	三河市华骏印务包装有限公司
版　　次	2023 年 8 月第 1 版
印　　次	2023 年 8 月第 1 次印刷

开　　本	710×1000　1/16
印　　张	18.5
插　　页	2
字　　数	292 千字
定　　价	96.00 元

凡购买中国社会科学出版社图书，如有质量问题请与本社营销中心联系调换
电话：010 – 84083683
版权所有　侵权必究

主　编：钟　君
副主编：贺培育　刘云波　汤建军　王佳林
　　　　侯喜保　蔡建河
委　员：王文强　邓子纲　李　晖　李　斌
　　　　卓　今　罗黎平　童中贤　潘小刚

目 录

第一章 新时代"强省会"战略的出场逻辑与实践进路 …………（1）
  第一节 中国省会城市发展实践的历史考察 …………………（1）
  第二节 新时代"强省会"战略的出场逻辑 …………………（3）
  第三节 实施"强省会"战略过程中须处理的若干重大关系 …（9）
  第四节 新时代"强省会"战略实施的目标与行动框架 ……（15）

第二章 强要素集聚——提升省会城市要素配置力 ……………（19）
  第一节 强省会要提升要素配置力的逻辑辨析 ………………（19）
  第二节 长沙要素配置力的横向比较分析 ……………………（27）
  第三节 提升长沙要素配置力的对策举措 ……………………（39）

第三章 强先进制造——提升省会城市制造竞争力 ……………（50）
  第一节 制造业发展是"强省会"的核心引擎 ………………（50）
  第二节 长沙制造业发展的横向比较分析 ……………………（54）
  第三节 促进长沙制造业发展的对策举措 ……………………（73）

第四章 强科技创新——提升省会城市创新驱动力 ……………（83）
  第一节 提升省会城市创新驱动力的理论基础与现实逻辑 …（83）
  第二节 长沙创新能力的发展现状与主要问题 ………………（89）
  第三节 提升长沙创新驱动力的对策举措 …………………（102）

第五章 强城市消费——增强省会城市消费拉动力 …………（110）
  第一节 城市消费发展是强省会的现实需求 ………………（110）

第二节　长沙消费发展的现状分析与比较 …………………（113）
　　第三节　国内其他省会城市强消费的经验做法 ……………（126）
　　第四节　增强长沙城市消费拉动力的对策举措 ……………（131）

第六章　强重大平台——提升省会城市发展支撑力 …………（139）
　　第一节　国家级平台是实施"强省会"战略的主战场 ……（139）
　　第二节　长沙与其他省会城市国家级平台的比较 …………（143）
　　第三节　推进长沙重大平台创新发展的对策举措 …………（156）

第七章　强人才队伍——提升省会城市人才竞争力 …………（161）
　　第一节　强省会必须聚力打造人才高地 ……………………（161）
　　第二节　长沙人才竞争力的比较分析 ………………………（164）
　　第三节　国内其他省市人才队伍建设的经验做法 …………（172）
　　第四节　提升长沙人才竞争力的对策举措 …………………（174）

第八章　强数字经济——提升省会城市发展引领力 …………（180）
　　第一节　数字经济是增强省会城市竞争优势的重要支撑 …（180）
　　第二节　长沙数字经济发展的现状分析与比较 ……………（184）
　　第三节　加快长沙数字经济发展的对策举措 ………………（195）

第九章　强城市就业——提升省会城市就业吸纳力 …………（200）
　　第一节　提升城市就业吸纳能力是强省会的基本要求 ……（200）
　　第二节　城市就业吸纳力的测量指标及综合比较分析 ……（204）
　　第三节　省会城市就业吸纳力的横向比较分析 ……………（210）
　　第四节　提升长沙城市就业吸纳力的对策举措 ……………（217）

第十章　强公共服务——提升省会城市服务承载力 …………（223）
　　第一节　提升公共服务承载力是"强省会"战略的重要
　　　　　　组成部分 ……………………………………………（223）
　　第二节　长沙公共服务承载力的横向比较 …………………（227）
　　第三节　提升长沙公共服务承载力的对策举措 ……………（234）

第十一章 强城市文化——提升省会城市发展软实力 ……………（240）
　第一节 强省会需要增强城市文化软实力 ……………………（240）
　第二节 长沙城市文化建设的比较分析 ………………………（246）
　第三节 提升长沙城市文化软实力的对策举措 ………………（255）

第十二章 强城市治理——提升省会城市发展保障力 ……………（260）
　第一节 强城市治理是省会城市现代化的应有之义 …………（260）
　第二节 长沙城市治理水平的横向比较分析 …………………（262）
　第三节 提升长沙城市治理水平的对策举措 …………………（273）

参考文献 ……………………………………………………………（278）

后　记 ………………………………………………………………（285）

第一章

新时代"强省会"战略的出场逻辑与实践进路

近年来,越来越多的省份提出"强省会"战略,强省会也成为中国区域经济发展的新现象。为什么这个时间段会有那么多省份或主动或被动选择"强省会"战略,新时代"强省会"战略的出场逻辑到底是什么?目前正在如火如荼推进实施的"强省会"战略还有哪些重大理论问题亟须进一步解答,还有哪些重大关系亟须进一步厘清?新时代"强省会"战略的目标与行动框架又应该是什么?对这些问题的正面回应与研究解答,从理论层面,可以进一步深化新发展格局下中国区域经济与区域协调发展相关重大问题的研究;从实践层面,可以进一步凝聚地方干部群众的战略共识,大幅提高"强省会"战略实施的力度与效度。

第一节 中国省会城市发展实践的历史考察

从历史上溯源,虽然秦代开始中国已经出现以行政为中心的中心城市,但是由于省级行政区划出现在明清时期,因此,真正意义上的省会城市直到明清时期才出现。自那以后,省会城市成为中国城市体系中的政治中心、教育文化中心以及经济中心。晚清以后,随着中国国门的逐渐打开,省会城市也很快成为区域性中西文化交流的中心以及中外通商的商贸中心。

一 新中国成立后地方政府早期的强省会实践探索

新中国成立以后,在"变消费的城市为生产的城市"的指导方针下,全国省会城市开启现代工业城市建设的新征程，很多省会城市成为重要的区域性工业生产基地。如近代以来，成都一直是以手工业为主的传统消费城市，但是经过"一五""二五"和"三线"建设后，成都成为中国中西部地区重要的工业基地。改革开放后，中央关于城市发展的方针发生了明显的变化，省会城市开始由工业基地型城市向综合型省会城市转变，城市商业与服务功能开始全面复兴，城市经济与人口规模迅速扩张，1978—2021年省会城市GDP占全国的比重由11.79%增长到21.07%。

由于省会城市的特殊功能与作用，省级地方政府在谋划省域经济发展与经济空间布局时，一般会将省会城市当做一个关键性变量考虑进行全局谋划。如1997年重庆直辖后，四川省针对全省行政区划范围调整以及由此带来的省域经济活动空间的变化，在《四川省国民经济跨世纪发展战略》中提出"依托一点，构建一圈，开发两片，扶持三区"的区域发展战略①，"一点"是成都，"一圈"是围绕成都建设成都平原经济圈，进一步确立与强化了省会成都在引领带动全省经济社会发展中的核心地位与关键作用；如湖北省自20世纪80年代开始，先后提出长江经济带开放开发战略、"金三角"战略、"两江三线"战略、"一特五大"战略以及武汉都市圈战略②，始终强调省会武汉在全省经济社会发展全局的龙头地位与作用。这种将省会城市置于全省战略谋划中的首要位置，在实践中举全省之力强化省会城市龙头地位与功能，以此牵引带动全省发展的战略实践，是新中国成立后地方政府早期的"强省会"实践探索。

二 新时代中国地方政府的"强省会"战略实践

近年来特别是党的十八大以后，"强省会"战略实践在全国呈现快速蔓延态势，各地纷纷出台了多种政策来做强省会城市，如通过行政区划调整来扩大城市面积、通过撤县设区来增强市区实力、通过参加"抢人

---

① 戴宾：《改革开放以来四川区域发展战略的回顾与思考》，《经济体制改革》2009年第1期。

② 廖长林、秦尊文：《湖北区域经济发展战略的历史考察》，《湖北社会科学》2008年第1期。

才大战"来吸引人才以及通过争取国家级战略平台等方式来获得优惠政策,等等①。在 2018 年全国七大城市被中央巡视组点名通报"引领带动作用不够""龙头作用不够""中心城市作用不够"后,山东与江苏鲜明提出"强省会"战略,随后贵州、湖南、江西、广西、福建、河北、山西等省份正式宣布实施"强省会"战略。

第二节 新时代"强省会"战略的出场逻辑

如果说 20 世纪末开始的中国早期"强省会"发展实践,属于特殊省情条件下部分省域发展战略的个案性选择,那么新时代中国地方"强省会"战略实践则属于大部分省份发展战略的趋同化选择。这种趋同化发展战略与路径选择,固然与中央的要求②密切相关,但是我们感兴趣的是,中央提出这种要求以及省级地方政府战略自主选择的背后,到底存在哪些规律性、趋势性以及底层性的现实与理论逻辑?以下将从中国经济转型升级、省域治理现代化、城市群发展演化规律三个维度,对这个问题进行初步解析。

一 新时代中国经济转型升级亟须省会城市"率先突破"与"引领带动"

自 2008 年国际金融危机以后,世界经济开始深度调整,发达国家推行"再工业化"和"制造业回流",贸易保护主义重新抬头,中国出口导向型经济发展模式受到严峻挑战。李克强总理在 2016 年第十届夏季达沃斯论坛开幕式时曾表示,中国经济正处于新旧动能接续转换、经济转型升级的关键时期。但随后的中美经贸摩擦以及新冠疫情暴发,使得中国

---

① 张航、丁任重:《实施"强省会"战略的现实基础及其可能取向》,《改革》2020 年第 8 期。

② 2018 年的中央巡视组对南京、沈阳、哈尔滨、青岛、济南、厦门、大连 7 座城市进行点名批评,要求加强自身首位度建设,增强辐射能力,充分发挥好中心城市的功能;2019 年 8 月中央财经委五次会议提出"增强中心城市和城市群等经济发展优势区域的经济和人口承载能力";2019 年 11 月党的十九届四中全会审议通过的《中共中央关于坚持和完善中国特色社会主义制度、推进国家治理体系和治理能力现代化若干重大问题的决定》提出"提高中心城市和城市群综合承载和资源优化配置能力"等。

经济通过转型升级、重塑新的增长动力之路变得异常艰难与曲折。

城市是现代经济发展的主要载体,也是中国经济转型升级的主战场。如果从城市视角来审视这个进程,中国社会科学院城市竞争力课题组(2017)研究认为,当前中国经济转型升级正处于极化期,即总体上大多数城市的转型升级进展缓慢,只有少数城市已经取得明显进展,城市之间经济转型升级的差距在快速拉大。东部沿海城市及内陆个别中心城市正在大力对接国家推动的"新经济"战略,新的科技浪潮以及高生产效率的新经济正在崛起,而不发达地区城市则明显落后于大趋势,从传统经济向新经济的转型异常艰难[1]。对于一个省尤其是中西部省份,在省内大多数城市产业转型升级受阻、经济下行压力持续增大、财政与投资日趋紧张甚至窘迫的境况下,挑选并全力武装一支精兵"率先突破、杀出重围"无疑是一个优选项。

一般而言,省会作为全省经济占比最高、创新能力与要素配置能力最强、产业基础最好的首位城市,最有希望在当前中国经济异常艰难的新旧动能接续转换与转型升级中,率先走出困境并蹚出一条新路,进而示范引领一个省级行政区域加快转型升级步伐,重塑区域经济新的增长动力。从这个视角去审视,就不难理解为什么2018年全国七大城市被中央巡视组点名通报"引领带动作用不够""龙头作用不够""省会作用不够""中心城市作用不够",也就不难理解为什么近年来中央反复强调要加快打造区域经济高质量发展的动力源。因此,从这个意义上讲,"强省会"战略是助推中国区域经济转型升级、重塑新的增长动力的重要举措,既事关"国之大者",也是关乎一个省在当前中国经济转型升级突围赛中"不进则退、不盛则衰"的"省之大计"。

二 新时代省域治理现代化亟须省会城市成为"流动之锚"与"示范阵地"

省域治理现代化这个概念首次出现在中共浙江省委十四届六次全会上,这个会议通过了《中共浙江省委关于认真学习贯彻党的十九届四中

---

[1] 倪鹏飞、丁如曦、沈立:《从城市看中国:格局演变、转型升级与持久繁荣》,《经济日报》2017年6月23日第6版。

全会精神,高水平推进省域治理现代化的决定》。作为中观层面的省域治理,既具有国家治理的规范性动作,又具备地方治理的自主性特征,是实现国家治理现代化与基层治理现代化之间高效互动和有序衔接的重要枢纽[①]。省域治理是一个复杂的系统工程,涉及区域经济发展治理、社会治理、城乡融合发展治理、公共安全治理、文化治理、生态环境治理、政务管理治理、载体平台治理等多方面内容。"强省会"战略的实施,将牵引并加速省域治理现代化的进程,其内在逻辑主要体现在以下三个方面:

首先,"强省会"战略是缓解省域经济资源空间错配矛盾,推进省域经济空间治理现代化的新探索。纵观中国中西部地区省域经济的空间开发史,无论是通过政策倾斜与大量投资为主线的贫困地区、边远地区甚至生态脆弱地区开发,还是城市群的超前规划与建设,虽然取得了一定的成效,但实质上却造成了省域经济发展资源的空间错配,这从省域欠发达地区基础设施的使用低效、产业园区的衰败以及城市群内部城市之间恶性的同质化竞争中很容易得到印证。"强省会"战略的实施将重塑省域经济发展的空间格局与动力系统,在资源配置与发展优先级上构建起"点—圈—群—全省"的梯次体系,缓解省域经济资源的空间错配矛盾,推进省域经济发展空间治理现代化。

其次,"强省会"战略是应对人口流动新趋势,推动大城市治理现代化的新探索。第七次人口普查数据显示,中国人口高流动性迁徙特征更加显著,除继续向沿海地区集聚外,中西部地区人口向省会城市集聚的趋势特征愈发明显。七普数据显示,当前有 9 个省会常住人口总量突破千万大关,有 10 个省会城市人口占全省的比重超过了 20%。但同时,省会周边城市人口陷入"负增长",四川、江西、山西、河南、湖南等省份均呈现出类似情况。因此,一方面,在中国"人口存量竞争"的新阶段,地方政府需要省会城市作为全省人口的"流动之锚",尽可能留住并减少省内人口大规模流出;另一方面,省会城市也须加快提升自身的经济和人口综合承载力,破解大城市病治理难题,对全省及外省人口大量涌入,要能够"接得起"并"留得住"。

[①] 李建华、李天峰:《省域治理现代化:功能定位、情境描绘和体系建构》,《行政论坛》2021 年第 4 期。

最后，"强省会"战略是应对全球文化交流交融交锋挑战，推动省域文化繁荣发展与治理现代化的新探索。作为中央在地方的行政中心，省会城市属于中央控制最严密的地方城市；作为区域文化中心与对外开放门户，省会城市又是中华历史文化传承保护、传播和中西文化交流交锋以及诱发社会变革的前沿阵地。因此，自晚清以降，中国省会城市一直在推动中西文化交流、中华文化传播和建构中华文化自信过程中首当其冲、扮演重要角色。当前随着经济全球化、政治多极化纵深发展，全球各种思想文化交流交融更加频繁，中西文化交锋以及价值体系、发展道路之争日趋激烈。在此背景下，亟须省会城市率先示范，引领全省走出一条具有中国特色、时代特征与省域特点的文化繁荣发展与现代化治理之路，为文化强国建设贡献地方智慧与实践方案。

三　新时代地方政府推进城市群建设"更趋理性"与"更加务实"

中国城镇化应该走什么样的道路？改革开放以来一直存在两种声音与理论主张：一是走小城市发展道路，以夏书章的超微城市论和费孝通的微小城市论为理论代表，坚持遵循1989年国务院制定的"严格控制大城市规模，合理发展中等城市，积极发展小城市"（俗称"三句话方针"）为大政方针；二是走大都市发展道路，以2002年"大上海国际都市圈"研究报告首次提出走"以大城市为主的城市化发展道路"为代表，影响所及一度全国曾有183个城市提出建设"国际化大都市"[1]。实践证明，这两种主张与道路各有侧重，各有偏颇。直到国家"十一五"规划首次提出"将城市群作为推进城镇化的主体形态"，才基本上为中国城镇化的所谓道路与模式之争画上了句号。"将城市群作为推进城镇化的主体形态"[2]，这一表述在随后的国家五年规划与党的重要文件中基本得以延续，这是在中国城镇化主体空间形态选择上全国上下首次形成较为统一的认识。

理论上，城市群是指一定地域范围内，基于交通、人口、产业、贸易等联系机制、以中心城市为核心向周围辐射形成的具有网络空间特征

---

[1] 刘士林：《城市中国之道》，上海交通大学出版社2020年版，第60—61页。
[2] 《中华人民共和国国民经济和社会发展第十一个五年规划纲要》。

十年了。如果按照都市圈的定义与省会城市目前的城市规模，可以发现，即使到今天，除了长三角、珠三角、京津冀、成渝等主要城市群、经济圈外，全国大部分以省会城市为核心的城市群，严格意义上依然还处于以中心城市为主导的形成发育阶段或者都市圈发展阶段，还没有演化到网络化城市群发展阶段。也正因如此，近年来许多省份提出"强省会"战略，提出要提高省会城市的经济首位度、综合能级与辐射带动能力，以此引领与带动省会都市圈或城市群的发展。某种意义上，这是对前期城市群发展与建设实践路径的纠偏，也是对中国城镇化空间形态演化规律认识与运用的理性回归。

第三节 实施"强省会"战略过程中须处理的若干重大关系

当前，很多省份已经出台了"强省会"战略实施的方案或意见①，"强省会"战略实践正在如火如荼地展开。但是推进与实施"强省会"战略，依然还有很多重大理论与关系问题需要进一步研究与厘清。

一 重点厘清"强省会"战略与区域协调发展之间的逻辑关系

当前，有理论阐释文章提出，"强省会"战略是"顺应区域协调发展规律"②"有利于改善省域内部区域分化现象"③，等等。但是，"强省会"战略到底顺应了区域协调发展的什么规律？本质上"强省会"战略就是区域极化战略，又为何说有利于改善省域内部区域分化现象？"强省会"战略与区域协调发展之间到底存在怎样的逻辑关系？

改革开放以来，在"两个大局"思想指引下，中国沿海地区得以迅

---

① 如2021年5月，贵州省发布了《中共贵州省委贵州省人民政府关于支持实施"强省会"五年行动若干政策措施的意见》，2021年10月福建省发布《福建省人民政府办公厅关于支持福州实施"强省会"战略的若干意见》，2022年4月湖南省发布了《中共湖南省委、湖南省人民政府关于实施"强省会"战略支持长沙市高质量发展的若干意见》，等等。

② 王义正、刘玉先：《湖南力推"强省会"战略：强什么？为什么强？怎么强？》，红网，2022年4月20日，https://hn.rednet.cn/m/content/2022/04/20/11142810.html。

③ 万劲波：《打造"强省会"引领区域协调发展》，《光明日报》2019年1月26日第6版。

速发展起来，但同时也迅速地拉大了沿海与内地的经济发展差距。为扭转这种趋势，2000年以后，中国先后实施了西部大开发、振兴东北地区等老工业基地、中部崛起等区域发展战略，试图通过财政转移支付和基础设施投资等手段来平衡区域经济发展差距[1]。这些区域协调发展战略的实施，虽然促使中西部欠发达地区经济社会发展取得了明显的进展与成效，但是目前中国区域经济发展分化态势和发展动力极化现象更加鲜明，已经形成的以中心城市为增长极的"核心—外围"空间结构，且具有不断扩大的非协调态势[2]。这就造成了这样一种局面，推动区域协调发展，势必要通过行政力量推动资源要素向欠发达地区流动，但是有限的经济要素在市场力量作用下，仍然会向资源利用效率更高的中心城市或发展地区集聚。

鉴于此，习近平总书记在中央财经委第五次会议上指出，"中国经济发展的空间结构正在发生深刻变化，中心城市和城市群正在成为承载发展要素的主要空间形式。我们必须适应新形势，谋划区域协调发展新思路"[3]。从这些文件与讲话中不难发现，新时代区域协调发展思路，第一，充分肯定中心城市和城市群在区域协调发展中的地位与作用，城市发展更加遵循城市发展的客观规律，以前因为"大城市病"问题限制城市做大，现在则强调通过增强其经济和人口承载力找到破解之道；第二，更加强调区域协调发展要遵循经济规律与发挥市场作用，通过全国统一大市场建设，加速人口、资本、产业向优势地区集聚，在集聚中走向均衡，最终在人均指标意义上达成区域协调发展目标，也是高水平与高效率的区域协调发展。

顺着这个思路不难发现，"强省会"战略本质上是新时代区域协调发展新思路的一个落地举措。针对前面提出的问题，第一，"强省会"战略顺应的是"在集聚中走向均衡"的新时代区域协调发展时空演变规律。陆铭（2017）指出，作为一个发展中的大国，中国必须在区域发展中寻

---

[1] 罗黎平：《均衡发展的三个维度与县域经济走向》，《改革》2015年第2期。

[2] 孙志燕、侯永志：《对我国区域不平衡发展的多视角观察和政策应对》，《管理世界》2019年第8期。

[3] 习近平：《推动形成优势互补高质量发展的区域经济布局》，《求是》2019年第24期。

求一条可持续的兼顾效率与平衡的道路,即通过消除人口流动的障碍实现人均意义上的区域平衡①,即"在集聚中走向均衡"。"强省会"战略包括城市群建设都是通过增强经济发展优势区域的经济和人口承载能力来实现人口在空间上的集聚,充分发挥中心城市与城市群的规模经济效率和优势,做大经济的规模,提升经济发展的质量,在人均意义上缩小区域之间的发展差距,实现更高水平的区域协调发展。第二,"强省会"战略短期必然会出现一个极化的过程,但同时会强调对全省各市州经济发展的引领带动,通过省会城市资源要素配置的溢出,带动省内其他市州加快经济转型升级步伐,逐步改善省域内部的区域分化问题。如湖南省委印发的"强省会"战略实施意见就明确指出,"持续增强长沙市的全省辐射力、区域引领力、全国竞争力、全球影响力"以及"推动各市州积极融入'强省会'战略,主动加强与长沙市在产业协同、平台服务、研发转化等方面的对接合作,形成全省区域协调联动发展的新格局"②。

二 正确处理省会城市虹吸效应与辐射效应的辩证关系

在"强省会"战略提出来后,省会城市对周边城市的虹吸效应被媒体与干部群众反复提及、热议与关注。其实,大城市的虹吸效应不是一个新话题,大城市的发展与崛起必然会带来人口、产业等资源要素的快速集聚,这是经济发展的客观规律,也是无法回避的。在当前构建双循环新发展格局和新一轮科技革命方兴未艾的大背景下,如何把握区域经济发展的新趋势、新规律,采用新思路、新举措,尽可能减轻省会城市"虹吸效应"的不利影响,加快释放和放大省会城市的辐射带动效应?这本质上是新的时代背景和发展条件下如何推动"强省会"战略高质量和高水平实施的问题,值得深入研究与探索。

在新发展格局与新技术范式下,劳动力、资本、技术等不同要素的跨区域流动方式和空间集聚形态已发生了根本性变化,中国区域经济发

---

① 陆铭:《空间的力量:地理、政治与城市发展》,格致出版社、上海人民出版社2017年版。

② 《中共湖南省委 湖南省人民政府 关于实施"强省会"战略支持长沙市高质量发展的若干意见》(湘发〔2022〕8号)。

展格局、动力与逻辑正在发生改变，主要体现为"三个演变"：第一，基于供应链的功能分工成为区域经济格局重构的重要动力，地区间的产业分工将逐渐被功能分工所替代；第二，产业空间布局非连续、非连片的特征趋于显著，传统基于核心—腹地（外围地区）的空间发展格局将随之重构；第三，城市体系结构将由规模层级向功能层级演变，区域一体化的程度进一步提高[①]。在此背景下，为了尽可能减轻省会城市"虹吸效应"的不利影响，加快释放和放大省会城市的辐射带动效应，省会城市和周边城市应顺应区域经济发展的"三个演变"规律，切实做到"三个改变"：

第一，省会城市要改变过去"什么都想要"的心态。重点关注适合省域首位城市发展的功能产业，把先进研发制造业、高端服务业以及金融资源配置、全球贸易服务、对外交往门户等功能进一步做优做强，对于一般性的制造业、物流、商贸服务业等功能可以在周边以及省内其他市州做布局，引导优质公共服务资源向周边辐射延伸，合理控制开发强度和人口密度。如湖南"强省会"战略实施意见明确提出，"要充分发挥省会城市的辐射带动作用，有序疏解一般性制造业、区域性专业市场、物流基地等功能与设施"[②]。

第二，周边城市要改变过去"什么都去争"的心态。应主动融入对接"强省会"战略与都市圈建设，坚持自立自强和主动融入相结合，突出省会中心引领，走差异化、市场化发展之路，在区域功能分工体系上与省会城市实现错位发展。同时，还要在营商环境营造、配套基础设施建设上向省会城市对标，加快提升经济发展软硬环境支撑能力和水平，引导优势资源要素向本地集聚。

第三，产业发展要改变行政区经济思维。积极推进经济区和行政区适度分离的改革，促进人口、产业、经济等要素的科学布局，重点推动打造跨区域的产业集群，共建跨区域的产业生态圈。譬如广东围绕省会

[①] 孙志燕：《新技术革命对中国区域经济的影响及政策建议》，《中国经济报告》2019年第1期。

[②] 《中共湖南省委　湖南省人民政府　关于实施"强省会"战略支持长沙市高质量发展的若干意见》（湘发〔2022〕8号）。

广州形成了广佛惠超高清视频和智能家电集群、广深佛莞智能装备集群、深广高端医疗器械集群等3个国家先进制造业集群,均为跨区域产业集群;四川围绕省会成都规划打造成德临港经济产业带、成眉高新技术产业带、成资临空经济产业带。同时,还要构建"研发+转化""总部+基地""终端产品+协作配套"等产业分工模式,促进省会城市与省内其他城市在产业发展上的分工与合作。

三 切实把握"强省会"与省会城市群建设之间的关系

"强省会"战略提出并实施后,很多地方政府官员与理论研究工作者提出疑问,"强省会"战略背景下省会都市圈、城市群建设要不要一如既往地全力推进?以湖南省为例,"强省会"战略与长株潭都市圈建设、长株潭一体化,三者发展目标与空间范围各不相同,它们三者之间存在什么内在逻辑关系?现在湖南省政府关于这三者均相应出台了实施意见与建设规划①,如果不能很好地厘清三者之间的关系,实践中很可能出现"三张皮"和相互冲突的现象。

首先,从中国城镇化空间形态的演变特征与趋势看,省会长沙、长株潭都市圈、长株潭城市群分别对应新时代中国新型城镇化尺度由小到大的三种空间形态。现阶段,中国城镇化进入快速发展的中后期,新型城镇化空间形态呈现新的特征。其一,城市群成为新型城镇化的主体形态,《国家发展改革委关于培育发展现代化都市圈的指导意见》指出,城市群是新型城镇化主体形态,是支撑全国经济增长、促进区域协调发展、参与国际竞争合作的重要平台。其二,都市圈集聚人口的能力日益增强,其空间尺度介于中心城市与城市群之间,在国家空间规划体系中起着承上启下的关键作用,向上链接城市群,向下衔接中心城市和中心城市所辐射带动的区域,在中国经济社会发展过程中将发挥愈来愈重要的作用。其三,当前中国城市发展分化与极化的现象日益突出,中心城市和城市群正在成为承载发展要素的主要空间形式,具备比较优势的大城市、中

---

① 2020年10月,湖南省发改委发布了《长株潭区域一体化发展规划纲要》;2022年3月,湖南省政府印发了《长株潭都市圈发展规划》;2022年4月湖南省委、省政府印发了《关于实施"强省会"战略支持长沙市高质量发展的若干意见》。

心城市客观上已经成为中国城镇化的引领型重点载体。从中国城镇化空间形态的演进趋势看，中心城市、都市圈和城市群正在成为中国新型城镇化的三大空间治理单元和区域政策载体，省会长沙、长株潭都市圈、长株潭城市群则分别对应这三种空间形态。

其次，从城市群形成发育演化的阶段性规律看，做强中心城市、推进都市圈建设只是城市群一体化发展过程中的阶段性任务。城市群形成发育过程是一个各城市之间由竞争变为竞合的漫长自然过程，遵循自然发展规律。美国学者比尔·斯科特将城市群空间拓展阶段划分为单中心（中心城市为主导的阶段）、多中心（中心城市和郊区相互竞争阶段）和网络化阶段（复杂的相互依赖和相互竞和关系）三大阶段。按照这个阶段划分标准，做强中心城市对应于城市群形成发育的第一阶段，都市圈建设则对应于城市群形成发展的第二阶段或者说是第一阶段和第二阶段之间的过渡阶段，真正意义的城市群最终形成则对应于第三个阶段。相应地，城市群一体化发展也会经历一个一体化程度由低向高的漫长演化过程，最终进入城市群高度一体化和同城化发展阶段。长株潭一体化同样如此，可以人为地加速这个进程，但是依然要遵循城市群形成发育的一般规律。从长株潭城市群形成发育的现状看，当前长株潭城市群依然还处于第一阶段向第二阶段迈进的关键时期，做强中心城市、推进都市圈建设显然只是长株潭城市群一体化当前亟须完成的阶段性任务而已。

最后，从长株潭一体化的探索实践看，"强省会"战略、长株潭都市圈建设是长株潭一体化发展新阶段"一体两面"的战略深化与聚焦。从1984年正式提出建设长株潭经济区方案，到1997年实施长株潭一体化发展战略，再到2007年长株潭城市群获批全国资源节约型和环境友好型社会建设综合配套改革试验区，长株潭区域一体化发展经历了几十年的有效探索，已成为全省现代化建设和全方位开放的战略支撑。但同时，长株潭一体化的实践矛盾与问题也日益凸显，"强省会"战略、长株潭都市圈建设很大程度上就是针对这些矛盾问题的战略局部调整与部署。一方面，"强省会"战略有助于解决长株潭一体化发展新阶段的动力问题。国内外城市群发展的经验表明，中心城市发展能级和竞争力的高低与城市群一体化水平的高低、进程的快慢显著相关。当前，长沙发展能级和核心竞争力还有待进一步提升，辐射带动能力还不强，直接影响了长株潭一体化推进的中心牵引力。"强省会"战略的实施,将加快长沙完善省会功能、做强现代产业、打造战略平台,进而显著增强对长株潭一体化的辐射带动作用与核心引领力。另一方面,随着长沙城市建设的快速发展,长沙的资源承载能力已经接近上限,经济活动已经开始跨越城市行政区划边界。在这种情况下,基于行政空间的治理模式无法满足跨行政区发展的城市经济空间治理要求,亟须突破行政区边界,疏解一般性产业与城市功能,提高中心城市的人口与经济承载力。此外,长株潭一体化探索了几十年,但时至今日,三市行政主体职责边界和一体化共同目标尚未完全一致,行政面积太大,一体化发展内部协同一直存在不少阻力。长株潭都市圈作为与长株潭城市群演化现阶段相对应的、更具操作性的一体化空间载体,长株潭都市圈建设既解决了长沙城市发展的空间拓展问题,又将长株潭一体化的阶段性目标与重点任务"策略性收缩"到一个更具操作性的空间载体。因此,长株潭都市圈建设与"强省会"战略本质上都是新阶段高质量推动长株潭一体化做出的战略部署。

第四节　新时代"强省会"战略实施的目标与行动框架

"强省会"战略的目标与行动框架,是个宏大且有待进一步深化研究的重大命题。当前,不少省份的"强省会"战略实施意见均提出,要将省会打造成为"具有国际影响力的现代化城市"。这个目标与全球城市、世界城市的概念很接近,并且在可预见的将来,中国不少省会城市可能最终会成长为名副其实的全球城市或世界城市。屠启宇(2013)认为,"世界城市"的基本理论框架可以从发展战略、经济基础、社会效应和文化导向等多层面展开审视和再造[①]。为此,可以按照他提出的逻辑框架,对"强省会"战略的目标与行动框架进行阐述。

---

① 屠启宇:《"世界城市":现实考验与未来取向》,《学术月刊》2013年第1期。

一 设置兼顾国家责任与地方使命的目标框架

理解一个国家的城市发展,首先要理解整个国家发展的问题[①]。正如前面分析,当前中国经济发展的关键问题是新旧动能转换与经济转型升级的"爬坡过坎"。为此,"强省会"战略应将探索发展紧约束条件下的经济转型升级当做头号任务。同时,还要持续增强经济辐射力与区域引领力,承担起辐射带动全省经济高质量发展的功能与使命。湖南"强省会"战略在目标设置上,总体要求提出要全面落实"三高四新"战略定位和使命任务,推动长沙在长株潭都市圈建设、全省各市州协同发展中的辐射带动作用显著增强,在中部地区崛起、长江经济带发展中的示范引领作用显著增强,在融入国家重大战略、构建新发展格局中的服务保障作用显著增强[②],持续提升长沙市的全省辐射力、区域引领力、全国竞争力、全球影响力[③]。在具体目标设置上,一是创建国家中心城市;二是打造"三个高地"引领区;三是建设宜居宜业宜游的幸福城市;四是引领长株潭都市圈和全省各市州协同发展。总体看,湖南"强省会"战略目标设置既兼顾了习近平总书记、党中央赋予湖南的战略定位和使命任务,同时专注自身发展能级的提升,持续增强引领省域高质量发展的能力。

二 构建兼顾流量枢纽、研发制造的经济基底架构

近年来,全球一大批世界城市开始遭遇"发展之惑",而一批以创新见长的城市快速脱颖而出,呈现出引领发展的强大势能。为此,"强省会"应避免经济过快和过度服务化,始终注重均衡发展高端服务业与先进研发制造业,以创新型、引领型经济基底架构,构筑起省会城市的长远竞争优势。湖南"强省会"战略将"制造强市工程"置于"十大工程"之首,提出要建设国家重要信创产业基地、全国最大碳化硅半导体

---

① 陆铭:《理解城市发展问题 就必须理解整个国家的发展问题》,https://luming.blog.caixin.com/archives/216811。
② 《中共长沙市委关于奋力实施"强省会"战略全面推进高质量发展的决定》。
③ 《中共湖南省委 湖南省人民政府关于实施"强省会"战略支持长沙市高质量发展的若干意见》。

产业基地和全球北斗产业示范应用基地。将"创新引领工程"置于"十大工程"第二位，提出要高标准建设岳麓山实验室，打造种业创新国家战略科技力量，大力引进、培育高端创新人才和专业技能人才，建设海外人才离岸创新创业基地，加快打造聚集全球海归英才的长沙智慧西岸[1]。同时，还提出"数字赋能工程""开放融通工程""交通枢纽工程"，提出要构建以共建"一带一路"为重点的全方位对外开放格局，提升全球资源配置能力[2]；更高维度参与国际竞争合作，深度融入世界城市体系，提升全球资源配置能力，全面打造国家重要先进制造业中心、国家科技创新中心、国际文化创意中心、国家综合交通枢纽中心[3]。

三 探索利益相关者与包容性原则下的社会治理之道

从目前全国省会城市"国际化""全球影响力"的发展目标定位看，随着省会城市开放程度的提升、吸引力的提高，国内外流动人口集聚程度将更高，国内外、省内外各种类型的人群、组织、企业将汇聚在一个城市里，都将成为省会城市的利益相关者。在当今世界大城市社会割裂、城市"绅士化"问题日趋严重的大背景下[4]，"强省会"战略应坚持在利益相关者原则与包容性原则下，积极探索中国大城市社会治理现代化之路，真正将省会城市建成引领时代风尚的人民城市。湖南"强省会"战略提出实施"全龄友好工程"，聚焦"一老一小"和特殊群体，以全龄阶段居民的多层次需求为导向，把柔性关照渗透到城市规建管运各个环节中，把人文关怀落实到衣食住行育教医养每个细微处，让每一个生活在长沙的人都能感受城市的关怀和社会的温暖。

四 贡献文化强国建设的地方智慧与实践方案

一方面，文化已经成为城市核心竞争力的重要组成部分，也是一个

---

[1] 《中共湖南省委 湖南省人民政府关于实施"强省会"战略支持长沙市高质量发展的若干意见》。
[2] 《中共湖南省委 湖南省人民政府关于实施"强省会"战略支持长沙市高质量发展的若干意见》。
[3] 《中共长沙市委关于奋力实施"强省会"战略全面推进高质量发展的决定》。
[4] 屠启宇：《"世界城市"：现实考验与未来取向》，《学术月刊》2013年第1期。

城市经济社会发展的重要驱动力。另一方面，省会城市作为中华历史文化传承保护、传播和中西文化交流交锋以及诱发社会变革的前沿阵地，一直在推动中西文化交流、中华文化传播和建构中华文化自信过程中先行先试、扮演重要角色。故此，强文化、强文化自信应当成为"强省会"战略的重要内容。湖南"强省会"战略提出实施"文化名城工程"，提出打造世界"媒体艺术之都"，建设新型时尚消费场景，打造国家级夜间文旅消费集聚区，创建国际消费中心城市和国家食品安全示范城市，打造世界旅游目的地和国家旅游休闲城市。这一方面将极大推动长沙城市经济的发展、核心竞争力的提升，另一方面也将极大地推动本土文化的繁荣发展，为文化强国建设贡献长沙智慧与力量。

第 二 章

强要素集聚——提升省会城市要素配置力

实施"强省会"战略是湖南省第十二次党代会作出的重大决策部署，实施"强省会"战略必然要求强化省会功能，在强化省会功能的过程中关键是要提升要素配置力。一个城市的要素配置力，是指该城市在吸纳、凝聚、配置和激活城市经济社会发展所需的战略资源的能力，它反映了一个城市进行资源配置的规模、质量和效率，决定了城市在区域经济中的能级与地位。2021年，长沙GDP超过1.3万亿元，位居全国省会城市第6，在新一轮资源和要素竞争大赛中，长沙必须进一步提升要素配置力，不断增强省会功能，实现将长沙"打造成为具有国际影响力的现代化城市"的战略目标。

第一节 强省会要提升要素配置力的逻辑辨析

斯密（Smith）认为，要素是经济活动的基础，也是经济学研究的起点。要素是经济空间的载体，经济活动的集聚和分散，其实质是要素的集聚或分散，而集聚是经济增长的动力之源，经济集聚形成的经济增长动力及其转换，实际上就是要素禀赋、要素配置在经济增长中的一种内生化作用过程。因此，提升要素配置力有利于省会吸附优质要素资源，发挥比较优势和引领辐射作用，从而增强省会竞争力、影响力和辐射力[①]。

[①] 郝大江、张荣：《要素禀赋、集聚效应与经济增长动力转换》，《经济学家》2018年第1期。

一 优化要素配置对于促进经济发展的基本原理

要素配置,指劳动力、资本、土地等生产要素,通过行政机制或市场机制,在不同地区、产业部门、使用主体间分布及投入组合方式,其效率表现为实际投入要素成本与产出不变所能达到最低成本的比率,要素配置通过需求与供给、计划与市场、流动与集聚实现对经济发展的促进作用[①]。

(一)基于发展经济学:满足需求与供给,发挥要素配置效应

发展经济学是研究发展中国家经济增长,实现工业化和现代化进程的学科。在经济发展过程中,要素集聚作为一种经济现象,普遍存在于地区之间、产业之间和不同类型的企业之间,形成了现实中资源配置的非均质性。由于要素禀赋、要素结构、要素配置存在基础性差异,导致发展中国家不同区域、不同部门、不同主体之间边际生产率相差很大,也因此拥有巨大的要素配置效应释放空间,而由此产生的要素配置效应亦成为经济增长重要源泉[②]。社会再生产过程中,离不开要素资源配置,任何生产都要按一定比例从社会总劳动量中分配劳动量,不同需求量下产品生产所耗费资源比例也存在差异,以此来保证生产结构和需求结构相对平衡。在要素规模一定的情况下,为达到需求与供给之间形成良好的要素配置效应,要求各要素在不同地区、产业部门、微观主体间分布及投入组合方式实现最优。基于满足经济增长需求与供给之间平衡并实现非均衡式发展的目标,应将土地、资本、人力、技术等多种要素资源进行合理配置,发挥要素配置的集聚和规模效应,从而实现发展中国家由效率到公平的经济发展。

(二)基于政治经济学:平衡计划与市场,优化要素配置方式

政治经济学是研究社会生产、资本、流通、交换、分配和消费等经济活动、经济关系和经济规律的学科。马克思主义政治经济学认为要素资源配置的基本方式,是由生产力发展水平决定的。《资本论》中揭示了

[①] 张鑫宇:《要素配置、技术进步与制造业全要素生产率》,山东大学,2021年。

[②] 杨志才:《要素配置、收入差距与经济增长的实证研究》,《经济与管理研究》2019年第10期。

资源配置的三种基本方式：直接配置资源方式、计划配置资源方式和市场配置资源方式。直接配置资源方式具有典型的封闭性特征，随着生产力水平不断提高，已经不满足现代社会发展需求。市场对资源的配置是在价值规律作用下实现的，一方面供需关系影响产品市场价格，相应地，市场价格也具有调节供需关系的作用，随着供需关系与市场价格调节关系的相互转换，各单位根据价格信号组织和调整生产，致使资源在部门之间进行流动。竞争是劳动力和资本在部门间流转的另一个动因，各部门间的竞争源于利润率差异，资源倾向从低利润部门向高利润部门转移，进而不断优化配置结构。马克思发现市场机制对资源配置具有一定局限性，因为资源初始配置具有一定偶然性，仅仅依靠市场进行配置可能会造成浪费，政府应充分发挥宏观调控作用，引导资源合理配置，弥补市场失灵。

（三）基于区域经济学：促进流动与集聚，提高要素配置效率

区域经济学是研究和揭示区域与经济相互作用规律的一门学科，主要研究如何在发挥各地区优势的基础上实现资源优化配置和提高区域整体经济效益。根据 Friedman 等的中心—外围理论，中心区与外围区相比具有更有利的发展条件和更高的经济效益，因此，更多要素会由外向内流动，形成二元经济结构[1]。任何经济活动都是区域性要素和非区域性要素两种类型要素共同作用的结果，由于区域性要素在不同地域间的流动性较弱，因此较大地理范围内的经济聚集，其对象只能是可以在区域间自由流动的非区域性要素，正是这种要素优化配置所实现的效率提升才是要素聚集的重要内生动力，也决定了生产要素的流动方向。要素一般从势能低的区域不断流向势能高的区域，影响要素空间流动的因素主要包括城市等级、行政力量和经济实力。城市等级越高集聚与吸引要素的磁场越强，经济环境优越、发展机会和空间广阔越能吸引企业和要素集聚。在竞争条件下，非区域性要素必然选择与其配置效率最高的区域性要素进行生产，当非区域性要素锁定到其边际效率最高区域时，生产就会常态稳定和集聚，经济集聚就在该区域形成并不断加强。

---

[1] A. H. Maslow：A Theory of Human Motivation，Psychological Review，1943，pp. 370 - 396.

二　提升要素配置力的方向与重点

提升要素配置力，应着重从要素资源本身、要素配置主体和要素配置环境三个维度着力，重点优化生产要素结构、壮大要素配置主体、深化要素市场改革，通过提升要素组合质量、提升要素整合能力、提升要素配置效率实现要素配置力的提升。

（一）优化生产要素结构，提升要素组合质量

狭义的生产要素一般是指市场主体生产物品和提供服务所必须具备的因素或条件，通常包括劳动力、土地、资本等要素；而广义的生产要素指人类从事社会生活动所需的一切社会资源，不仅包括土地、资本与劳动力等物质投入要素，也包括技术进步、制度、开放等非物质要素，以及这些要素之间的相互作用[①]。要素结构是指一个国家或地区所拥有的各项生产要素之间的构成关系和相应比例。根据波特教授所划分的一国所拥有初级要素和高级要素的含义，将劳动力人口定义为初级要素，将物质资本、人力资本、技术和制度等要素定义为高级要素。

党的十九届四中全会报告中，进一步扩大了生产要素范畴，明确指出"健全劳动、资本、土地、知识、技术、管理、数据等生产要素由市场评价贡献、按贡献决定报酬的机制"。马克思从辩证的角度看待供给与需求、生产与消费的关系，认为供给与需求是相互影响的，在现实供给的过程中，各种要素的不同组合形式，造成了工资、土地利润、资本利润的不同分配结果。

要素结构的优化表现在生产要素中的以初级要素为主逐步向以高级要素为主的结构性转变，包括人力资本的不断深化、物资资本水平的逐步提高和科技发展水平的日益提升等方面以及作为初级要素的劳动力由丰富向稀缺的转变过程。同时，已有的研究认为初级要素在社会经济发展的活动中所发挥的作用将越来越小，而高级要素则相反，发展高级要素并优化要素结构是一国经济持续健康发展的关键所在。要素数量增长对经济增长有重要的影响，推动经济增长正由数量驱动向质量驱动转变。

[①] 徐杰：《基于要素配置效率改进的东北地区产业结构优化研究》，博士学位论文，吉林大学，2021年。

要素质量提升是新发展阶段经济质量增长最重要的推动力,其中,劳动力质量的作用大于资本质量的作用,劳动力质量提升对区域经济质量增长具有重要作用。与此同时,技术创新的作用在凸显,包括数据在内的技术创新成为经济质量增长的崭新推动力,促进技术要素与资本要素融合发展,充分提升要素组合质量[①]。

(二)壮大要素配置主体,提升要素整合能力

资源配置主体,可以从微观和宏观两个层次分析。在微观层次上,是指为生产经营某种产品而进行资源配置的经济单位,可称为企业主体。在宏观层次上,是指为整个社会各个部门和各个地区的生产经营而进行资源配置的政府主体。高培勇等研究指出,中国必须转变传统的要素配置方式,即从"政府主导+市场发挥基础性作用"转向"服务型政府+市场发挥决定性作用",以满足经济高质量发展对要素配置效率的内在要求,而传统要素配置方式下形成的要素错配不利于经济发展质量的持续提升[②]。

党的十八大以来,中央积极推动要素市场化改革,充分发挥市场在资源配置中的决定性作用,通过深化行政体制改革进一步规范政府行为,限制政府对微观要素配置的过多干预。中国作为一个从计划经济转型而来的社会主义市场经济国家,正在从过去的"强政府—弱市场"模式向"强政府—强市场"模式转变,只有实现两者良性互动才能更好地实现要素合理配置。

市场作为要素配置的主体,能够最大程度地提高资源配置效率,能够不断推动生产向新的领域和新的层次发展。市场主体的内部动力和竞争压力形成一种客观的强制,倒逼其改进技术,改善经营管理,节约社会资源或劳动消耗,在优胜劣汰中促进资源不断优化配置,技术不断进步,生产力不断提高。从增强微观主体活力来看,企业是组织生产要素的主体,企业行为应由市场决定,这就要求大幅度减少政府对要素的直

[①] 王柏玲、朱芳阳、卢耿锋:《新时期我国生产要素的动态构成、特征及经济效应》,《税务与经济》2020 年第 6 期。

[②] 陆江源:《经济结构的要素配置效率研究——探寻中国未来经济增长的效率改进路径》,中国社会科学出版社 2018 年版。

接配置，使企业成为要素配置主体，从而发展更多优质企业，培育更多优秀企业家。重点要提升企业全球配置要素资源的能力，鼓励企业制定转型升级战略，围绕专利、技术、品牌、渠道、管理等价值链高端环节进行企业并购，行业领军企业积极参与国际规则制定，在全球资源配置过程中重塑企业价值链。积极构筑区域增长平台，以开发区、科技园区推进产业结构调整和增长，培育区域要素配置增长点，形成吸引要素流入的强大动力。

（三）深化要素市场改革，提升要素配置效率

要素市场是对劳动、资本、土地、知识、技术、管理、数据等要素资源进行交换和配置的场所，在优化资源配置中发挥着基础和关键作用。要素市场化是指通过市场的调节作用，优化资本、劳动力、土地、技术和数据等生产要素的流动方向，促使其向高效率地区、产业和部门流动，提高要素的产出效率。构建更加完善的要素市场化配置体制机制，形成生产要素从低质低效领域向优质高效领域流动的机制，提高要素质量和配置效率，引导各类要素协同向先进生产力集聚。

党的十九大报告强调，经济体制改革的重点之一是推动要素市场化配置改革，建设统一开放、竞争有序的市场体系，实现产权有效激励、要素自由流动、价格反应灵活、竞争公平有序、企业优胜劣汰。深化要素市场化配置改革，有利于促进要素自主有序流动，提高全要素生产率，可以提高要素供给数量，政府不再对要素资源进行行政性垄断，全部生产要素可以根据竞争机制和价格激励自由进出市场，保证要素市场供给，提高闲置要素资源的使用效率，改善要素供给与市场需求之间的不匹配。

深化要素市场化改革，释放要素流动性、完善市场价格机制，促进资源有效配置，将有效改善要素供给与需求之间的错配、低效企业与高效企业之间的要素错配以及要素在组合使用过程中的错配，最终提高资源配置效率。一方面，市场化改革清除了要素流动障碍，解决市场现存要素的资源错配问题，要素资源可以自由且迅速地由一个企业转移到另一个企业，优质企业能获取到要素资源，优胜劣汰的市场化竞争改善了低效企业和高效企业之间的资源错配，提高了整体生产效率；另一方面，市场化改革规范市场定价机制，充分发挥价格信号的调节作用，市场化的要素市场可以形成价格与供需之间的良性互动，形成最有效率的要素

组合，最终形成低成本、低时延的要素组合调节机制，持续提高要素的组合效率。

三 提升要素配置力对"强省会"的功能与作用

要素作为最基础、最根本、最核心的发展资源，在区域经济发展中发挥了关键性作用。提升要素配置力，加快优质要素资源集聚、组合并转化，将有助于增强省会城市的人口吸附、产业支撑、创新引领、开放流通、辐射带动等多种功能。

（一）提升要素配置力是发挥枢纽功能的现实需要

省会城市是省域乃至区域的中心城市，具有人口集中、资源集聚、创新集成、产业集群、物流集散等重要的枢纽功能。充分发挥省会的枢纽功能，需要有支撑枢纽经济发展的适宜产业、基础设施、资源要素、服务体系、创新平台和政策体系，需要上述各类因素高效配合、协同推进，特别是在发展贸易金融、企业总部、智慧物流、临空经济等枢纽门户经济时，需要最大限度地满足各类主体对要素资源的需求适配，提升要素配置力因此变得至关重要。在新一轮"强省会"发展竞争中，不仅是资源要素规模和质量的竞争，而且是在更高层次、更大范围、更宽领域内配置资源能力的比拼，充分高效的资源流动和配置，将有力确保省会城市发挥重要的枢纽功能，成为地区经济社会发展的增长极。

（二）提升要素配置力是集聚优质资源的必然要求

资源是地区实现经济社会发展的核心要素之一。资源包括初级要素资源和高级要素资源，其中有些是本土天然具有的资源禀赋，有些是需要从区域外部引进吸收。只有在内外部资源、初高级资源有机融汇、高效配置的前提下，地方经济社会发展才有可能步入良性运行和发展的快车道。进入新发展阶段，经济社会发展也进入转型升级的新阶段，以高素质人力资源、新一代信息技术、新型基础设施、人工智能等为代表的高端创新和发展要素，已逐渐成为推动发展的主导力量。在"强省会"战略背景下，通过构建通达的交通设施、营造良好的营商环境、打造良好的科创平台等系列举措，实现提升要素配置力，将充分促进优质资源集聚和价值转化，为"强省会"战略提供实质性的要素支撑与保障。

（三）提升要素配置力是优化产业生态的有效途径

地方经济的发展离不开产业的支撑，城市发展方式转型和经济发展方式转变离不开良好的产业生态。良好的产业生态需要良好的人力、资本、土地、技术和创新要素的支撑协同，以确保供应链、产业链、价值链三链协同发展。产业生态是否良好，取决于产业链的完整性、产业集群的协同性，产业链越长，集聚效应就越强，而产业越协同，产业生态越优。在"强省会"战略背景下，提升人力、资本和创新等要素的配置能力，将促进企业聚集发展，特别是吸引头部企业入驻，从而引致供应链、产业链协同发展；将有效发挥金融要素对实体经济的支撑作用；将确保产业项目在园区高质量落地运行；将充分发挥创新对产业发展的驱动作用，在良好的产业生态中，实现产业对"强省会"战略的强大支撑。

（四）提升要素配置力是促进科技创新的重要举措

当前区域科技创新竞争愈加激烈，科技创新能力逐渐成为区域竞争力的决定性因素。优化区域科技创新资源配置，将激发区域科技创新潜力，提升区域创新体系整体效能，引领辐射带动周边区域科技创新发展，不断强化参与区域乃至国际竞争的能力。在"强省会"战略背景下，提升科技创新要素配置力，通过加强创新人才培育、创新主体打造、创新平台建设、创新成果转化、创新生态构建，高层次科技人才聚集效应更加明显，人才创新活力将进一步激发，企业创新主体地位将不断强化，创新要素将进一步向企业集聚，高校、科研院所和新型研发机构在创新体系中的作用将更加显著，创新体系、技术创新平台体系和科技成果转移转化体系将日益完善，科技创新的效率和质量将不断提升。

（五）提升要素配置力是强化辐射带动的前提条件

实现对区域辐射带动的前提，需拥有足够强的经济能级。通过强化高端要素配置功能、增强集聚辐射能力，提高对资金、数据、技术、人才、货物等要素配置的区域辐射力，促进国际国内要素有序自由流动、资源高效配置、市场深度融合，聚焦体制机制创新与管理服务水平提升，实现对区域经济的辐射带动效应。在"强省会"背景下，省会城市只有成为区域乃至全国的经济中心、科技中心、金融中心、文化中心、对外交往中心、交通物流中心，才能充分发挥其对区域经济的辐射带动作用。提高要素配置力，将更加高效、更加协同、更大规模、更高质量地促进要素资源自由流通、创造价值，形成良好规模效应和乘数效应，进一步强化地区的中心性和辐射力。

第二节 长沙要素配置力的横向比较分析

针对要素配置力，围绕资本流、人口流、科技流、信息流、贸易流、文化流六大关键要素指标，对比研究长沙与广州、武汉、成都、杭州、南京、郑州、济南、合肥、福州等2021年GDP全国排名前十的省会城市的要素配置情况，梳理长沙要素流动情况和主要特点，分析长沙要素配置力存在的问题及原因。

一 长沙要素配置力的横向比较情况

（一）资本流指标总量及增速比较情况

为使指标更能反映资本的流向与增速，选取了社会消费品零售总额、固定资产投资额和第三产业增加值总额三项与投资、消费直接相关的指标，以上三项指标2020年总量及2016—2020年5年增速数值见表2-1。

表2-1　2021年GDP全国排名前十位省会城市资本流指标数据横向对比

城市	社会消费品零售总额（亿元）	2016—2020年增速（%）	固定资产投资额（亿元）	2016—2020年增速（%）	第三产业增加值总额（亿元）	2016—2020年增速（%）
长沙	4469.8	9	9869.4	47	6979.8	57
广州	10583.2	22	6715.9	18	18140.6	35
成都	8118.5	44	11810.5	41	11643	80
杭州	5973	15	11728.9	101	10959	62
武汉	6149.9	10	8433.1	19	9656.4	53
南京	7203	42	5418.2	-2	9306.8	52
郑州	5076.3	38	9303.1	33	7086.6	70
济南	4469.1	19	5311.2	34	6248.6	62
合肥	4513.7	85	8343.4	28	6133.9	118

续表

城市	社会消费品零售总额（亿元）	2016—2020年增速（%）	固定资产投资额（亿元）	2016—2020年增速（%）	第三产业增加值总额（亿元）	2016—2020年增速（%）
福州	4225.6	12	7932.3	53	5618.6	81

资料来源：2021年全国排名前十位省会城市统计年鉴（含2016年统计年鉴数据）。

一方面，从总量上来看，上述三项指标2020年长沙的排名分别为第8位、第3位、第7位。首先，社会消费品零售总额（亿元），10个省会城市中，长沙排名第8位，数值为4469.8亿元。其次，固定资产投资额（亿元），10个省会城市中长沙排名第3位，数值为9869亿元。最后，第三产业增加值总额（亿元），10个省会城市中，长沙排名第7位，数值为6979亿元。

另一方面，从增速上来看，上述三项指标2016—2020年长沙的排名分别为第10位、第3位、第7位。首先，社会消费品零售总额，10个省会城市中，增速排名前三的分别是合肥、成都、南京，数值分别为84%、44%、42%，长沙增速仅为8.5%，排名第10位。其次，固定资产投资额，10个省会城市中，长沙排名第3位，数值为47%。最后，第三产业增加值总额，10个省会城市中，长沙排名第7位，数值为57%。

（二）人口流指标总量及增速比较情况

为使指标更能反映人口的流向与增速，选取了机场客流量、旅客运输量和年末全市常住人口量三项与人口流动、人口集聚和吸附能力相关的指标，以上三项指标2020年总量及2016—2020年5年增速数值见表2-2。

表2-2　　2021年GDP全国排名前十位省会城市人口流指标数据横向对比

城市	机场客流量（万人次）	2016—2020年增速（%）	旅客运输量（万人）	2016—2020年增速（%）	年末全市常住人口量（万人）	2016—2020年增速（%）
长沙	1922	-1	12705	0	1004.8	31

续表

城市	机场客流量（万人次）	2016—2020年增速（%）	旅客运输量（万人）	2016—2020年增速（%）	年末全市常住人口量（万人）	2016—2020年增速（%）
广州	5956	-20	32712.2	-71	1874	33
成都	4074	-12	137414.7	73	2093.8	32
杭州	1414	-55	12183	-41	1220.4	33
武汉	1280.2	-38	10656.1	-63	1232.7	14
南京	1990	-11	11374.5	-30	850	3
郑州	527.4	10	7975.9	-51	1261.7	13
济南	1238.5	7	53000	-31	920.2	27
合肥	859.4	16	7000	-51	937	19
福州	886.2	-24	8120.7	-42	715.4	-5

资料来源：2021年全国排名前十位省会城市统计年鉴（含2016年统计年鉴数据）。

一方面，从总量上来看，上述三项指标2020年长沙的排名分别为第4位、第4位、第6位。首先，机场客流量，10个省会城市中，长沙排名第4位，数值为1922万人次。其次，旅客运输量，10个省会城市中，长沙排名第4位，数值为12705万人。最后，年末全市常住人口量，10个省会城市中，长沙排名第6位，数值为1005万人。

另一方面，从增速上来看，上述三项指标2016—2020年5年间长沙的排名分别为第4位、第1位、第3位。首先，机场客流量，10个省会城市中，长沙排名第4位，数值为-1%，基本维持原状。其次，旅客运输量，10个省会城市中，增速长沙排名第2位，数值为0。最后，年末全市常住人口，10个省会城市中，增速长沙排名第4，数值为31%。

（三）科技流指标总量及增速比较情况

为使指标更能反映科技创新相关要素的流向与增速，选取了每万人拥有专业技术人员数量、城市专利申请受理数、规模以上工业企业R&D经费投入总额三项与科技、创新的数量和质量高度相关的指标，以上三项指标2020年总量及2016—2020年5年增速数值见表2-3。

表 2－3　　2021 年 GDP 全国排名前十位省会城市科技流指标数据横向对比

城市	每万人拥有专业技术人员数量（人）	2016—2020 年增速（%）	城市专利申请受理数（件）	2016—2020 年增速（%）	规模以上工业企业 R&D 投入（亿元）	2016—2020 年增速（%）
长沙	55.7	－26	33012	11	210.8	54
广州	1040.5	－2	282000	185	315.1	38
成都	987.3	－23	99110	1	170.6	未公布
杭州	564.6	－25	55344	122	307.2	43
武汉	未公布	—	93950	110	198.6	55
南京	未公布	—	120938	85	228.4	60
郑州	40.8	3	75604	102	157.1	57
济南	89.1	－19	69642	119	129.5	26
合肥	103.2	74	76651	51	192.2	71
福州	116.8	11	36083	54	145.9	未公布

资料来源：2021 年全国排名前十位省会城市统计年鉴（含 2016 年统计年鉴数据）。

一方面，从总量上来看，上述三项指标 2020 年长沙的排名分别为第 7 位、第 10 位、第 4 位。首先，每万人拥有专业技术人员数量（武汉、南京未公布），8 个省会城市中，长沙排名第 7 位，数值仅为 55.7 人。其次，城市专利申请受理数，10 个省会城市中，长沙排名第 10 位，数值为 33012 件。最后，规模以上工业企业 R&D 经费投入总额（成都、福州未公布），8 个省会城市中，长沙排名第 4 位，为 210.8 亿元。

另一方面，从增速上来看，上述三项指标 2016—2020 年 5 年间长沙的排名分别为第 8 位、第 9 位、第 5 位。首先，每万人拥有专业技术人员数量（武汉、南京未公布），8 个省会城市中，增速长沙排名第 8，数值为－26%。其次，城市专利申请受理数，10 个省会城市中，增速长沙排名第 9，数值仅为 11%。最后，规模以上工业企业 R&D 经费投入总额（成都、福州未公布），8 个省会城市中，长沙排名第 5，数值为 54%。

（四）信息流指标总量及增速比较情况

为使指标更能反映信息要素的流向与增速，选取了全年电信业务总量、互联网宽带接入端口数量、快递业务量三项与信息流动与传播高度相关的指标，以上三项指标2020年总量及2016—2020年增速数值见表2-4。

表2-4 2021年GDP全国排名前十位省会城市信息流指标数据横向对比

城市	全年电信业务总量（亿元）	2016—2020年增速（%）	互联网宽带接入端口数量（万个）	2016—2020年增速（%）	快递业务量（万件）	2016—2020年增速（%）
长沙	1271.4	297	434.5	91	93034	257
广州	364.1	6	620	25	761600	166
成都	未公布	—	未公布	—	143222.9	133
杭州	205.5	10	562.7	27	265666	47
武汉	1322.7	237	未公布	—	110000	101
南京	1278.9	317	1652.2	387	95109.9	101
郑州	1651.3	385	306	-15	110046.5	160
济南	144.8	-7	445.5	70	65000	143
合肥	997.1	459	391	85	88500	192
福州	861	180	371.5	52	45900	74

资料来源：2021年全国排名前十位省会城市统计年鉴（含2016年统计年鉴数据）。

一方面，从总量上来看，上述三项指标2020年长沙的排名分别为第4位、第5位、第7位。首先，全年电信业务总量（成都未公布），9个省会城市中，长沙排名第4，数值为1271.4亿元。其次，互联网宽带接入端口数量（成都、武汉未公布），8个省会城市中，长沙排名第5，数值为434.5万个。最后，快递业务量，10个省会城市中，长沙排名第7，数值为93034万件。

另一方面，从增速上来看，上述三项指标2016—2020年长沙的排名分别为第4位、第2位、第1位。首先，全年电信业务总量（成都未公布），9个省会城市中，增速长沙排名第4位，数值为297%。其次，互联网宽带接入端口数量（成都、武汉未公布），8个省会城市中，增速长沙排名第2位，数值为91%。最后，快递业务量，10个省会城市中，增速长沙排名第 1 位，数值为 257%。

（五）贸易流指标总量及增速比较情况

为使指标更能反映贸易要素的流向与增速，选取了对外贸易进出口总额、实际利用外资金额、旅游外汇收入三项与贸易流动与交易高度相关的指标，以上三项指标 2020 年总量及 2016—2020 年增速数值见表 2-5。

表 2-5　　　　2021 年 GDP 全国排名前十位省会城市
贸易流指标数据横向对比

城市	对外贸易进出口总额（亿元）	2016—2020 年增速（%）	实际利用外资金额（万美元）	2016—2020 年增速（%）	旅游外汇收入（万美元）	2016—2020 年增速（%）
长沙	2350.5	223	728200	51	1098	-99
广州	9530.1	11	782546	37.3	145900	-77
成都	7154.2	157	776000	-9	8108	-95
杭州	5934	32	720000	0	5900	-98
武汉	2704.3	72	1116500	31	8000	-95
南京	5340.2	61	452000	30	38500	-43
郑州	4946.4	32.5	466000	9	11500	-39
济南	1382.7	116	192000	7.8	3322	-83
合肥	2543.1	100	359500	27	1200	-96
福州	2504.8	20	101000	-44	57800	-57

资料来源：2021 年全国排名前十位省会城市统计年鉴（含 2016 年统计年鉴数据）。

一方面，从总量上来看，上述三项指标 2020 年长沙的排名分别为第 9 位、第 4 位、第 10 位。首先，对外贸易进出口总额，10 个省会城市，长沙排名第 9，数值为 2350.5 亿元。其次，实际利用外资金额，10 个省会城市，长沙排名第 4 位，数值为 728200。最后，旅游外汇收入，10 个省会城市，长沙排名第 10 位，数值为 1098 万美元。

另一方面，从增速上来看，上述三项指标 2016—2020 年长沙的排名分别为第 1 位、第 1 位、第 10 位。首先，对外贸易进出口总额，10 个省会城市，增速长沙排名第 1 位，数值为 223%。其次，实际利用外资金额，10 个省会城市，增速长沙排名第 1 位，数值为 51%。最后，旅游外汇收入，增速长沙排名第10位，数值为-99%。

（六）文化流指标总量及增速比较情况

为使指标更能反映文化要素的流向与增速，选取了旅游业总收入、艺术表演观众人数、文化旅游体育传媒支出三项与文化流动与传播高度相关的指标，以上三项指标2020年总量及2016—2020年增速数值见表2-6。

表2-6　　　2021年GDP全国排名前十位省会城市
文化流指标数据横向对比

城市	旅游业总收入（亿元）	2016—2020年增速（%）	艺术表演观众人数（万人）	2016—2020年增速（%）	文化旅游体育传媒支出（亿元）	2016—2020年增速（%）
长沙	1661.3	8	101.8	-43	18.09	29
广州	2679.1	-17	93	-77	49.33	30
成都	3005	24	6.3	-48	47.88	52
杭州	3335.4	312	501.1	-3	40.07	41
武汉	2906.3	21	30.3	-75	29.9	42
南京	1822.6	1	318.6	-35	38.82	26
郑州	1401.1	33	210.1	-62	23.59	87
济南	702.8	-17	未公布	—	12.91	4
合肥	957.9	-16	未公布	—	10.17	16
福州	921.9	39	未公布	—	21.36	23

资料来源：2021年全国排名前十位省会城市统计年鉴（含2016年统计年鉴数据）。

一方面，从总量上来看，上述三项指标2020年长沙的排名分别为第6位、第4位、第8位。首先，旅游业总收入，10个省会城市中，长沙排名第6，数值为1661.3亿元。其次，艺术表演观众人数（济南、合肥、福州数据未公布），7个省会城市中，长沙排名第4，数值为101.8万人。最后，文化旅游体育传媒支出，10个省会城市中，长沙排名第8位，数值为18.09亿元。

另一方面，从增速上来看，上述三项指标2016—2020年长沙的排名分别为第6位、第3位、第6位。首先，旅游业总收入，10个省会城市中，增速长沙排名第6，数值为8%。其次，艺术表演观众人数（济南、合肥、福州数据未公布），7 个省会城市中，增速长沙排名第 3 位，数值为 -43%。最后，文化旅游体育传媒支出，10 个省会城市中，增速长沙排名第 6，数值为 29%。

二　长沙要素配置力存在的主要问题

（一）在资本要素配置力方面实力不强，优势不突出

首先，社会消费品零售总额指标 2020 年总量及 5 年增速，总量上，长沙排名第 8 位，数值为 4469.76 亿元，仅高于福州和济南，只有广州 10583 亿元的 42.2%；增速上，长沙排名第 10 位，增速仅为 9%。这表明长沙的消费活力、消费水平在十大省会城市中位居后列且发展速度较慢。其次，固定资产投资额指标 2020 年总量及 5 年增速，总量上，长沙虽排名第 3 位，数值为 9869.4 亿元，但广州数值已达到 6715.9 亿元，占比长沙 68%，因此各省会城市差距并不大；增速上，长沙排名第 3 位，增速为 47%，但排名第 4 的成都为 41%，仅比长沙低 6 个百分点。这表明长沙在固定资产投资总量和增速方面有一定的比较优势，但优势并不突出。最后，第三产业增加值总额指标 2020 年总量及 5 年增速，总量上，长沙排名第 7 位，数值为 6979 亿元，仅高于济南、合肥和福州，占比仅为广州 18140 亿元的 38.47%；增速上，长沙排名第 7 位，增速为 57%，增速仅为合肥的 48%。这表明长沙在第三产业发展方面比较落后于其他省会城市，第三产业活跃度不占优势（见表 2－7）。

表 2－7　　　　长沙在 10 个省会城市中资本要素配置力

	指标名称	总量排名	增速排名
资本要素配置力	社会消费品零售总额	8	10
	固定资产投资额	3	3
	第三产业增加值总额	7	7

（二）在人口要素配置力方面虽具优势，但差距明显

首先，机场客流量指标 2020 年总量及 5 年增速，总量上，长沙排名第 4 位，数值为 1922 万人次，仅占广州的 32%，成都的 47%，与排名第 3 位南京的 1990 万人次接近；增速上，长沙排名也是第 4 位，但数值为

-1%，为负增长，与合肥的16%相比差距明显。这表明长沙在机场客流量指标上略有优势，但优势不大。其次，旅客运输量指标2020年总量及5年增速，总量上，长沙排名第4位，数值为12705万人，仅占成都137414.7万人的9.2%，仅多于杭州522万人；增速上，长沙排名第2位，但数值为0，而成都增速高达73%。这表明长沙在旅客运输量所反映出的人流量方面，具备一定的人流及周转优势，但与数据领先省会城市差距依然明显。最后，年末全市常住人口量指标2020年总量及5年增速，总量上，长沙排名第6位，数值为1004.8万人，仅占成都的47.9%，与杭州相差215.6万人，只比合肥多67.8万人；增速上，长沙排名第4位，增速为31%，与广州仅相差2个百分点。这表明长沙的人口集聚能力处于中游水平，但增速相对靠前，具有一定的人口集聚潜力和吸附空间（见表2-8）。

表2-8　　　　　　长沙在10个省会城市中人口要素配置力

	指标名称	总量排名	增速排名
人口要素配置力	机场客流量	4	4
	旅客运输量	4	2
	年末全市常住人口量	6	4

（三）在科技流要素配置力方面差距较大，劣势很明显

首先，每万人拥有专业技术人员数量指标2020年总量及5年增速，总量上，长沙排名第7位，数值为55.7人，仅占广州1040.5人的5.4%，成都987.3人的5.6%，仅高于郑州的40.8人；增速上，长沙排名第8位（末位），且为负增长，数值为-26%。这表明，在吸引专业技术人员方面，相较其他省会城市，长沙表现出明显的劣势。其次，城市专利申请受理数指标2020年总量及5年增速，总量上，长沙排名第10位，数值为33012件，仅占广州282000件的11.7%，比福州36083件少3071件，约少10%；增速上，长沙排名第9位，增速为11%，仅占武汉110%的10%。这表明，科技创新动能与成果与其他省会城市相比差距十分明显。最后，规模以上工业企业R&D投入指标2020年总量及5年增速，总量上，长沙排名第4位，数值为210.8亿元，占比广州315.1亿元的

66.9%；增速上，长沙排名第 5 位，增速为 54%，合肥增速为 71%。这表明，在规模以上工业企业的创新要素投入方面，长沙相比其他省会城市具有一定的优势（见表 2-9）。

表 2-9　　　　　长沙在 10 个省会城市中科技要素配置力

	指标名称	总量排名	增速排名
科技要素配置力	每万人拥有专业技术人员数量	7	8
	城市专利申请受理数	10	9
	规模以上工业企业 R&D 投入	4	5

（四）在信息流要素配置力方面虽有优势，但排位偏后

首先，全年电信业务总量指标 2020 年总量及 5 年增速，总量上，长沙排名第 4 位，数值为 1271.4 亿元，占比郑州 1651.3 亿元的 77%，与武汉的 1322.7 亿元相差 51.3 亿元，差距不大；增速上，长沙排名也是第 4 位，增速为 297%，占比合肥 459 的 64.7%。这表明，在电信业务总量方面，长沙在 10 个省会城市当中虽具有一定的比较优势，但依然有上升空间。其次，互联网宽带接入端口数量指标 2020 年总量及 5 年增速，总量上，长沙排名第 5 位，数值为 434.5 万个，占比仅为南京 1653.2 万个的 26.3%，占广州 620 万个的 70%，比合肥的 391 万个多 44.5 万个，数量约多 10%；增速上，长沙排名第 2 位，增速为 91%，但与南京的 387% 相差甚大。这表明，在以互联网为基础的新一代信息技术时代，长沙在新型信息要素配置力方面虽具有一定的优势、且增长潜力较大，但与排名靠前的省会城市相比仍然具有明显差距。最后，快递业务量指标 2020 年总量及 5 年增速，总量上，长沙排名第 7 位，数值为 93034 万件，仅占广州 761600 万件的 12.2%，仅高于合肥、济南、福州；增速上，长沙排名第 1 位，增速为 257%，且比合肥高出 65 个百分点。这表明，在快递业务总量方面长沙严重落后于其他省会城市，即在依托快递传递信息流要素方面，长沙排位相当靠后，但增速较快，显示增长潜力和空间较大（见表 2-10）。

表 2–10　　　　　　　长沙在 10 个省会城市中信息要素配置力

	指标名称	总量排名	增速排名
信息要素配置力	全年电信业务总量	4	4
	互联网宽带介入端口数量	5	2
	快递业务量	7	1

（五）在贸易流要素配置力方面劣势明显，竞争力较差

首先，对外贸易进出口总额指标 2020 年总量及 5 年增速，总量上，长沙排名第 9 位，数值为 2350.5 亿元，仅占广州 9530.1 亿元的 24.7%，仅比济南 1382.7 亿元高出 967.8 亿元；增速上，长沙排名第 1 位，增速为 223%，比成都高出 66 个百分点，比广州高出 213 个百分点。这表明，在对外贸易进出口资源要素流动方面，长沙相较于其他省会城市劣势明显，但增速较快，具有一定的发展潜力。其次，实际利用外资金额指标 2020 年总量及 5 年增速，总量上，长沙排名第 4 位，数值为 728200 万美元，占武汉的 1116500 万美元的 65.2%，与广州的 782546 万美元、成都的 776000 万美元、杭州的 720000 万美元在数值上相差不大；增速上，长沙排名第 1 位，增速为 51%，高出广州的 37.3% 13.7 个百分点，高出数值为 -44% 的福州 95 个百分点。这表明，在外资投入和利用方面，长沙的资源配置能力较强，发展空间较大。最后，旅游外汇收入指标 2020 年总量及 5 年增速，总量上，长沙排名第 10 位，数值为 1098 亿元，仅占广州 145900 亿元的 0.75%，占福州 57800 亿元的 1.89%，占南京 38500 亿元的 2.85%，差距巨大，与合肥水平接近；增速上，长沙排名也是第 10 位，数值为 -99%，尽管该指标 10 个省会城市都为负增长，但长沙数值负向最高。这表明，相较其他省会城市，长沙在吸引境外游客流量和消费上明显乏力，竞争力较差（见表 2–11）。

表 2–11　　　　　　　长沙在 10 个省会城市中贸易要素配置力

	指标名称	总量排名	增速排名
贸易要素配置力	对外贸易进出口总额	9	1
	实际利用外资金额	4	1
	旅游外汇收入	10	10

（六）文化流要素配置力方面相对不足，有一定差距

首先，旅游业总收入指标 2020 年总量及 5 年增速，总量上，长沙排名第 6 位，数值为 1661.3 亿元，仅占杭州 3335.4 亿元的 49.8%，即一半不到，且总量排名长沙之前的还有南京、广州、武汉、成都 4 个省会城市；增速上，长沙排名第 6 位，增速为 8%，且增速排名长沙之前的还有武汉、成都、郑州、福州、杭州 5 个省会城市。这表明，从旅游吸引要素最核心的文化差异性来看，长沙的文化要素吸引力相对不足。其次，艺术表演观众人数指标 2020 年总量及 5 年增速，总量上，长沙在已有数据的 7 个省会城市中排名第 4 位，数值为 101.8 万人，仅占杭州 501.1 万人的 20.3%，即五分之一，仅占南京 318.6 万人的 31.9%；增速上，长沙排名第 3 位，数值为 –43%，受新冠肺炎疫情影响，该指标已有数据的 7 个城市均负增长，增速高于长沙的为杭州、南京，数值分别为 –3%、–35%。这表明，从文化艺术输出和传播来看，长沙具有一定的吸引力，但增长空间仍较大。最后，文化旅游体育传媒支出指标 2020 年总量及 5 年增速，总量上，长沙排名第 8 位，数值为 18.09 亿元，仅占广州 49.33 亿元的 36.7%，仅占成都 47.88 亿元的 37.8%，仅占杭州 40.07 亿元的 45.1%，仅高于济南、合肥。增速上，长沙排名第 6 位，增速仅高于南京、福州、合肥、济南。这表明，对于文化要素的投入上，长沙位列中后位次，与排名靠前的省会城市有较明显的发展差距（见表 2–12）。

表 2–12　　长沙在 10 个省会城市中文化要素配置力

	指标名称	总量排名	增速排名
文化要素配置力	旅游业总收入	6	6
	艺术表演观众人数	4	3
	文化旅游体育传媒支出	8	6

综上所述，长沙相较其他 2021 年 GDP 排名前十的省会城市，从资本流、人口流、科技流、信息流、贸易流、文化流六大要素流的数据分析看，资本要素配置力总体靠后；人口要素配置力整体处于中等偏上水平；科技要素配置力总体靠后；信息要素配置力处于中等水平；贸易要素配

置力总体靠后；文化要素配置力处于中等偏下水平。因此，长沙在各大省会城市中的要素配置力总体处于中等偏下水平，这也符合2021年全国GDP排名前十省会城市中长沙排名第6位的现实情况。

第三节　提升长沙要素配置力的对策举措

以"强省会"战略为引领，立足长沙文化、科技、人口等方面现有的基础与优势，进一步培塑优质资源和要素吸引的平台、政策，进一步释放要素转化的功能和效应，促进资本、劳动力、技术、信息、土地、文化等要素有效配置和高质量聚集，努力提升长沙的要素配置力，持续增强长沙的全省辐射力、区域引领力、全国竞争力、全球影响力。

一　做大金融商贸规模，提升资本要素配置效益

(一) 推动金融创新发展

完善金融产业体系。推动金融机构集聚，壮大地方法人金融机构，培育新型金融产业体系，支持传统金融机构转型升级，推进金融产业化发展。激发多重金融市场。推动上市公司增量提质、积极发展保险市场、加快培育基金市场，强化金融市场对先进制造、科技创新和乡村振兴等重点领域支撑作用。推动区域金融开放合作。协同加强与粤港澳大湾区在创业孵化、科技金融等方面合作，促进技术要素与资本要素融合发展，放宽金融服务业市场准入。提升区域金融环境。完善金融法治基础，健全金融稳定机制，提高金融监管水平，打造金融安全区，营造长沙金融发展新环境。优化金融发展布局。充分发挥湘江新区的辐射带动作用，重点集聚银行、保险、证券、信托等法人金融机构和省级总部，推动基金、租赁、信托等新兴金融业态实现创新发展，打造湘江新金融集聚区。强化芙蓉中路商务区提质升级，依托长沙国金中心、世茂环球金融中心、新湖南大厦等优质空间载体，发展以金融为核心的现代服务业，建立健全银行、证券、保险与新兴金融机构间联动体制机制、推动服务模式改革创新。

(二) 支持总部集聚发展

引进一批综合型总部。聚焦世界企业500强、中国企业500强、中国

民营企业 500 强、国内行业 100 强及外资、央企、独角兽企业，支持其在长沙设立全国性、区域性总部或第二总部，积极承接国内和境外总部资源集聚。壮大一批功能型总部。发展壮大一批研发中心、采购与销售中心、结算中心、运营中心、人力资源和物流分拨中心等，为母公司关联企业提供研发、物流、采购、销售、结算、财务、信息处理等功能或其他支持型共享功能服务。培养一批成长型总部。聚焦本土创新型、成长型企业，通过研发创新、并购重组、市场深耕、国际化助力等方式，引导和支持企业壮大自身规模，提升核心竞争力，助推发展升级为企业总部。打造一批总部楼宇。加快盘活存量楼宇，完善楼宇商务功能和现代化高端配套服务，着力建设高技术服务业总部基地、视频文创总部基地、移动支付总部基地、商务会展总部基地、现代物流总部基地、金融业总部基地、楼宇总部基地、大数据总部基地、产权交易总部基地、家政康养总部基地十大总部经济基地，形成布局优化、贡献突出的总部经济发展格局。

（三）推进贸易开放发展

积极开拓国际市场。通过举办境外展会、建设营销网点、跨境电商等多种方式提升长沙商品的市场竞争力与占有率。继续深耕香港、欧美、日韩等传统市场，加大"一带一路"沿线国家，特别是非洲等新兴市场开拓力度。壮大做强外贸主体。积极引进外贸项目，引进一批外向度高、带动性强的生产加工、贸易流通型主体和外贸供应链企业，积极培育外贸龙头企业，积极探索出口企业建立海外仓、体验店模式，拓展营销渠道。加快发展外贸新业态。推进湖南高桥市场采购贸易方式试点、中国（长沙）跨境电商综合试验区建设，重点推动 B2B 出口业务、支持海外仓高质量发展，建立中非易货贸易平台，探索组建中非易货贸易联盟。创新发展服务贸易。创新服务贸易发展方式，推动制造与服务、货物贸易与服务贸易融合发展，推动数字服务贸易发展。积极申报全面深化服务贸易创新发展试点、国家级服务贸易出口基地，持续推进中国服务外包示范城市建设。促进贸易均衡发展。拓展进口资源渠道，提升进口商品质量，打造内陆地区进口消费品集散交易中心，争创国家进口贸易促进创新示范区。

（四）激发消费经济活力

提高消费供给质量。依托"地铁+高铁"双轴，完善商业网点布局规划，建设引进沿线精品商业项目。继续提质升级五一商圈等一批传统商圈，加快培育梅溪湖商圈、湘府消费中心、桐梓坡商圈等一批新型消费服务中心，探索布局长株潭一体化高端消费市场。激发消费需求潜力。加快推进夜间经济、假日经济、首发经济发展。大力发展"她经济"，打造一批女性主题复合功能型消费集聚区。积极发展"银发经济""婴童经济"，满足"一老一小"消费需求。加大网间经济培育力度，优化覆盖全市数字化消费网络布局。丰富城市消费场景。依托五一商圈、梅溪湖商圈等核心商圈，招引集聚一批国内外知名品牌，打造高端消费场景。积极举办美食嘉年华、购物节、国潮节、时尚周等消费活动，培育一批网红矩阵，打造新型时尚消费场景。依托橘子洲、岳麓书院、省博物馆、梅溪湖国际文化艺术中心等景点，构建文旅融合消费场景。加强市内特色街区、传统街区建设，构建独具长沙韵味的特色消费场景。充分利用虚拟现实、交互娱乐、数字光影等现代技术，打造科技消费场景。

二 加强人力资源吸附，提升劳动力要素配置效益

（一）实现更高质量就业

强化就业优先导向。千方百计稳定和扩大就业，促进吸纳就业能力强的劳动密集型行业发展，扶持就业弹性高的中小微企业和创新型企业，鼓励传统行业跨界融合、业态创新，增加灵活就业和新就业形态就业机会。推动重点群体就业。开发更多适合高校毕业生的就业岗位，引导在长高校毕业生本地就业，鼓励湘籍大学生回长就业创业，加大城镇长期失业青年再就业帮扶力度，拓宽农村劳动力就地就近就业、外出就业和返乡创业渠道。促进创业带动就业。鼓励引导各类群体投身创业，实施农村创业创新带头人培育行动、大学生创业支持计划、留学人员回国创业启动支持计划。健全公共就业服务体系。鼓励引导社会力量广泛深入参与就业服务，稳步建立政府主导、社会参与的多元化公共就业服务供给体系。大力实施职业技能培训。针对重点群体重点行业领域，进一步提高劳动者就业创业能力，着力打造长沙职业技能培训品牌。完善就业支撑体系。加快构建适应新产业新业态发展规律、满足新动能集聚需要

的就业政策体系，建立促进多渠道灵活就业机制，支持和规范发展新就业形态。

（二）集聚创新创业人才

打造创新创业人才高地。围绕"三高四新"、长株潭一体化等重大发展战略，制定相关人才支撑政策，深入实施高端产业人才倍增行动计划、自贸试验区人才政策等。大力贯彻实施湖南省"芙蓉人才计划"和"长沙人才新政22条"。结合智能制造、软件信息、生物医药等重点产业领域人才需求，重点引进产业领军型人才、中高端骨干人才、优秀青年人才等。加强专业技术人才队伍建设。贯彻落实省职称制度"双十条"、全面加强基层建设"1+5"、制造业企业专业技术人员晋级奖励办法等文件精神，壮大专业技术人才队伍。落实国务院政府特殊津贴制度、专业技术人才知识更新工程、湖南省人民政府特殊津贴制度、湖湘博才青年科研人才支持计划等重大人才工程项目。壮大技能人才队伍。实施长沙市高技能人才振兴计划，积极培育"长沙工匠"，大力发展技工教育，推动长沙由技能大市向技能强市转变。推动人力资源服务业高质量发展。加快建设完善统一开放、竞争有序的人力资源市场体系，推进中国（长沙）人力资源服务产业园一园多区建设、长沙人才集团发展，建设长沙人才大数据中心。

（三）打造全龄友好城市

建设全国首批儿童友好型城市。不断提高未成年人关爱服务水平，重点提升儿童托育、出行、学习、游憩等设施和服务，推进未成年人救助保护机构转型升级，加强留守儿童和困境儿童关爱服务。推进国家青年发展型城市建设试点。着力优化青年教育、就业、居住等环境。建设老年关爱型城市。优化养老服务设施布局，实现社区（村）养老服务设施全覆盖，建设全国示范性老年友好型社区。建设一批专业能力强、医养结合能力突出的养老服务机构，推动公办养老机构标准化建设、民办养老机构分类定级管理。促进公共文化体育服务提升。完善基层文化设施网络，打造15分钟公共文化生活圈。丰富全民健身设施供给，升级打造城区"10分钟健身圈"，推进长沙国际体育中心、长沙奥体中心等大型公共体育场馆建设。创建国家区域医疗中心。推动公立医院高质量发展、优质医疗资源扩容均衡布局，建成国家医学中心。提升基层医疗卫生服务能力，编牢织密公共卫生防疫救治网络，建设国家中医药示范市。促进高等教育高质量发展。支持在长高校办学能力建设，提升本科教育能力。

三 汇聚科技创新力量，提升技术要素配置效益

（一）培育核心科技力量

积极创建国家实验平台。积极创建国家实验室，将岳麓山种业创新中心建设成为国家种业关键共性技术中心、国家种业安全战略发展中心、国际种业技术交流合作中心。培育建设国家重点实验室，推动将5G高新视频多场景应用国家广电总局重点实验室建成国家重点实验室。优化提升已有国家重点实验室，优化提升深海矿产资源开发利用技术国家重点实验室、建设机械关键技术国家重点实验室，并以此为基础创建一批国家重点实验室。大力建设国家创新中心。聚焦长沙工程机械、电子信息、新材料等优势产业，在高端合成材料、轨道交通关键技术与材料、区块链技术、网络安全、矿业开发利用技术等领域培育建设国家技术创新中心。加快建设国家临床医学中心、国家制造业创新中心、国家产业创新中心、国家工业设计研究院等科技创新载体。努力争创国家科学装置。谋划建设环形正负电子对撞机（CEPC）、新型同步辐射光源等大科学装置，力争在大科学装置建设领域实现零的突破。推动国家超级计算长沙中心天河计算机升级换代，前瞻布局新一代"天河"计算机在长沙。

（二）提高综合创新能力

提升自主创新能力。加快在生物育种、人工智能、特种工程装备、干细胞、合成生物学、量子医学、超精密制造等领域布局一批新型研发机构。重点在材料、信息、生物、航空航天等方向超前部署一批长期性基础性研究，支持中南大学、湖南大学等高等院校建设世界一流大学和世界一流学科，布局培育建设国家基础学科研究中心。实施关键核心技术攻关。瞄准工程机械、人工智能、集成电路、生命健康、脑科学、生物育种、深地深海装备、生态环保、高新视频、影视特效等前沿领域，攻克一批对外高度依赖的关键核心技术，形成一批世界科技前沿的优势技术。培育壮大创新主体。培育科技型中小企业，孵化培育一批成长能力强的科技型中小企业。加强高新技术企业培育，引导人才、服务、政

策、资本向高新技术企业聚集。培育和发展一批创新型领军企业。提升企业技术创新能力，开展产业共性关键技术和基础技术研发。促进科技成果转化。加强科技成果转化平台建设，推动在岳麓山大学科技城、马栏山视频文创产业园、长沙高新区、长沙经开区等区域重点建设科技成果转移转化基地。

（三）推进区域协同创新

深化区域创新合作与交流。加强与粤港澳大湾区等区域科技合作，积极对接粤港澳大湾区、长三角等地科技创新资源，加快"粤港澳科创园"建设。积极融入中部地区科技创新合作与交流，发挥长沙市工程机械等先进制造业产业优势，加强中部地区先进制造业技术创新合作和产业配套协作。引领长株潭城市群一体化创新发展，围绕新材料、先进制造、生物育种、电子信息、节能环保和生物医药等领域，加强长株潭区域协同创新、技术转移和产业配套合作。加快建设"两山两区"，加快建设岳麓山大学科技城、马栏山视频文创产业园、长株潭国家自主创新示范区、国家新一代人工智能创新发展试验区，打造科技创新资源的高端载体。加强国际科技合作与交流。加强国际科技合作平台建设，发挥长株潭国家自主创新示范区、中国（湖南）自由贸易试验区的政策优势，推动国际科技园区、海归小镇等建设。拓展国际科技合作渠道，加强国际科技合作，积极吸引俄罗斯、以色列、日本、韩国等发达国家高校、科研机构、跨国公司等在长沙设立研发中心与海外分公司，开展跨国创业、产业转移和人才引进。

四 凸显信息资源价值，提升数据要素配置效益

（一）夯实数据基础设施

构建新型数字基础设施体系。完善通信计算存储设施，优化和提升城市"骨干网"网络结构和网络带宽，加快构建由 4G/5G 移动通信网络、Wi-Fi 网络和北斗卫星导航网络等构成的无线移动宽带网络。建成全市统一的物联网管理平台，构建高效感知的"城市神经元"系统，支撑数字孪生城市和实体城市同步生长。构建新型算力基础设施，打造云、网、数、边、端均衡协调的新型数字基础设施体系。统筹大数据协同发展布局。统筹建设市级数据中心、区县（市）级数据中枢和工业互联、北斗导航、生物医药、检验检测、能源电力、智能网联汽车、视频文化、社会信用、农业农村等一批重点行业大数据中枢。打造信息枢纽港。提升数据互联互通网络通信能力，加快实施5G基站建设规划，以中心城区、重点园区、重要枢纽、交通干线为重点，构建连续覆盖的5G网络，实现全域覆盖。深入桂金IPv6规模部署，加快物联网拓展覆盖。推动信息基础设施演进升级，推进长株潭都市圈信息设施互联互通，疏通省内、区域乃至全国网间通信流量，提升巩固国际性区域通信枢纽行业地位。

（二）提升数据支撑能力

建设数据汇聚平台。构建长沙全域大数据中心，打造一批超级计算服务、开源软硬件、智能产品测试、工业云平台等基础支撑平台，推进数据中台、业务中台和AI中台融合发展，形成城市智能中台。投建全市共建共享共用的数据资源体系和应用支撑体系。建设数据共享交换平台。全面推进政务、运营商、电力、地理信息、互联网、公共信用信息等社会数据汇聚融合。提供跨部门、跨地域、跨层次的数据交换咨询、处理、应用等服务。建设数据开放平台。基于政府数据开放平台，推进可开放政府数据的社会化、市场化利用，引导企业、行业协会、科研机构等主动开放数据。建设大数据交易平台。高质量建设湖南大数据交易中心，实现城市大数据中心与交易平台的互联互通。加快培育数据要素市场。推动面向应用场景的商业数据交易，强化公共数据开放运营，培育数字经济新产业、新业态和新模式。打造全国性数据资产交易市场。推动国有企业、民间资本以及产权交易中介服务机构联合建设大数据交易中心，研发大数据产权以及衍生产品交易，促进数据资源流通和汇聚。

（三）创建新型智慧城市

着力赋能数字治理。优化城市"超级大脑"，加快推进大数据等在城市管理、市场监管、治安管理领域的应用，形成协同联动的智慧城市治理体系。提升公共安全、城市管理、社会信用、城市交通、设施管理、管网监测、城市应急等智慧城市领域的智能化治理水平。深化大数据、物联网等在城市建设管理中的应用，提升城市管理效率。大力推进数据惠民。推动公共服务一体联动，建立人口基础数据库，实现与人设、医疗卫生、教育、文化旅游、体育、环保、食品安全等大数据应用平台相结合。拓展智慧环卫、智慧停车、智慧警务、智慧消防、智慧物业等数字应用场景，全面打造掌上办事支城。积极打造数字产业。推动软件产业、数字创新创意产业、"PK+鲲鹏"信创产业、网络安全产业等数字产业做大做强。培育壮大智能网联汽车、北斗、区块链、人工智能、数据服务等新兴产业。加快培育一批数字经济集聚区，围绕湘江智谷、中国麓谷、中国V谷、天心数谷、三一云谷、岳麓山国家大学科技城等平台整合数字产业资源，打造全国一流的数字经济产业示范区。

五 扩大人文传播影响，提升文化要素配置效益

（一）打造国际文创城市

推动文创产业创新性发展。发挥马栏山视频文创产业园、岳麓山大学科技城、天心文化产业园、浏阳河文化产业园、后湖艺谷、湘绣文化创意产业艺术园等园区聚合效应，将长沙打造成文创品牌孵化池和聚集地。发挥"电视湘军""出版湘军""文学湘军"等知名品牌优势，推进内容产品的数字化建设。打造超级文创品牌集群。着力建设"世界媒体艺术之都"和"东亚文化之都"，塑造音乐艺术之城、国际雕塑艺术之城等文化名片，构建集文创、文娱、文旅、文博、文商、文体、文教于一体的超级品牌集群。聚焦网红经济，持续提升湖南卫视、芒果超媒等品牌知名度和影响力，持续举办岳麓峰会、中国新媒体大会、"一带一路"青年创意与遗产论坛、中国红色旅游博览会、中国城市夜间经济发展峰会、马栏山版权保护与创新论坛等活动，借力推动湘绣、湘剧、湘瓷、湘茶等湖湘特色文创产品走向世界。依托湖南省博物馆、湖南大剧院、梅溪湖国际文化艺术中心、长沙音乐厅等平台，持续举办金鹰文化艺术节、中外著名城市交响乐团长沙峰会等重大文艺活动，提升群众文化获得感和幸福感。

（二）建设世界旅游名城

高品质打造旅游景区景点。推进浏阳河文化旅游产业带、大围山生态旅游示范区建设，以湘江古镇群为依托打造中国魅力古镇群。丰富旅游产品体系，大力发展红色旅游、古色旅游、绿色旅游，深度挖掘长沙老城区、老街区文化，丰富城市夜游、夜食、夜行、夜购、夜娱、夜宿业态，把"夜色最长沙"打造成为全国知名的夜生活品牌。塑造红色旅游"长沙板块"。围绕岳麓山、橘子洲、花明楼景区、浏阳苍坊旅游区、秋收起义纪念园、"板仓小镇"开慧镇、何叔衡故居、湖南雷锋纪念馆等特色景区，推动长株潭红色文旅一体化，联合省内外打造红色旅游品牌。深入推进全域旅游。依托"一廊两带"等重点板块，推进湘江"百里画廊"建设。激发岳麓书院、岳麓山、太平老街等区域文旅名片活力。加快望城区建设国家全域旅游示范区、浏阳市和宁乡市创建国家全域旅游示范区、长沙县创建省级全域旅游示范区。完善旅游产业生态体系。加快完善免税店、游客集散中心、旅游咨询服务中心等服务平台，积极建成最便捷的网络预订系统、最快捷的交通系统和最友好的投诉系统，构建"智慧旅游"体系。

（三）推动文旅融合发展

丰富跨界融合创新业态。高标准建设国家文化和旅游消费示范城市，激励全球文化创意资源汇聚长沙，推动文创、旅游、艺术设计、演艺、节庆等多业态跨界融合。推动"旅游+休闲"模式提档升级，促进"旅游+科技+文化"互融互通，实现"旅游+体育+康养"有机结合。依托景区、剧场、集市、酒吧、博物馆、亲子乐园等，支持开发沉浸式新媒体艺术、沉浸式实景娱乐等新兴业态。大力开发特色文旅项目。以国家级旅游休闲城市创建为通栏，建设一批城市标志性景观，新增一批国家级旅游景区，创建一批国家级旅游休闲街区，做强一批文旅特色小镇。推动"文创+旅游"融合发展。建设5G智慧文旅、数字孪生景区，推出数字文旅地图，实施文旅精品线路建设与品牌推广计划，创新民俗演艺、特色节庆等传统活动形式。实施文旅场景创新工程。创新历史步道漫游、红色文化游、艺术长沙游、古长沙国数字游、老城新貌打卡游、工业旅游、大科城研学游、湘江游、浏阳河游等文化旅游产品体系。推动旅游设施智能化升级改造，打造集服务、营销、管理为一体的"5G+智慧文旅"体系。

六 优化城市用地供给，提升土地要素配置效益

（一）增加工业用地供给

高效配置新增工业用地。加强市场供需对接，依据国家产业政策和发展规划，结合市场供需及招商引资等情况，将合理需求纳入建设用地供应计划。推行"标准地"供应，依据"标准地"控制指标体系、区域评估结果及相关规划要求，综合确定规划条件及控制指标并纳入供地方案。推行"带项目"供应，对于市场需求建议、招商引进的工业项目，提出产业准入条件、履约监管要求、产业监管协议等，纳入供地方案，实行"带项目"招标拍卖挂牌供应。推动"交地即开工"，对于规划建设条件明确的工业项目，实行"带方案"招标拍卖挂牌供应。大力盘活存量工业用地。多措并举盘活存量工业用地，鼓励采取统一收储后出让、引导企业协议转让等多种方式整理工业用地。支持工业项目使用集体经营性建设用地，按程序纳入建设用地供应计划。以出让方式供应，应采取招标拍卖挂牌方式。引导工业项目集聚发展。统筹存量工业用地和新增工业用地，推动工业项目入园进区。支持中小微企业集聚发展，引导产业链上下游中小微企业集聚发展，保障生产服务、行政办公、生活服务设施用地供应。

（二）保障城市更新用地

推动辖区更新项目平衡。坚持片区整体改造与辖区异地平衡相结合，开发价值低、不能实现经济平衡的更新片区，推动联动属地辖区内其他出让地通过带条件、带方案挂牌进行综合开发。在确保规划范围内经营性用地开发建设总量不突破的前提下，允许容积率指标在辖区内相同用地性质的未出让地块间进行平衡转移，并优先向轨道交通站点核心区及城市功能核心区转移。统筹地上地下空间开发利用。坚持先地下后地上、地上地下相协调、平战结合的原则，鼓励竖向分层立体综合开发和横向相关空间连通开发，引导部分平面增量转向地下垂直增量。地下空间优先安排市政基础设施、人防工程、应急防灾设施，有序适度开发公共活动功能。大力推进城市有机更新。积极引导岳麓山国家大学科技城、书院路两厢等重点更新片区开展高质量城市更新。加大观沙岭片区、蔡锷北路两厢、湖橡、下碧湘街、湘雅附二、湘雅附三、蔡锷中路两厢、火车站片区等改造条件成熟的重点单元成片改造力度，加快形成整体连片规模效应。加强工业遗存保护利用，打造新时代城市复兴长沙新地标。

（三）优化土地供应方式

优化产业用地供应方式。鼓励采用长期租赁、先租后让、弹性年期供应等方式供应产业用地。优化工业用地出让年期，完善弹性出让年期制度。支持产业用地实行"标准地"出让，提高配置效率。支持不同产业用地类型合理转换，完善土地用途变更、整合、置换等政策。探索增加混合产业用地供给。支持建立工业企业产出效益评价机制，加强土地精细化管理和节约集约利用。以市场化方式盘活存量用地。鼓励通过依法协商收回、协议置换、费用奖惩等措施，推动城镇低效用地腾退出清。推进国有企事业单位存量用地盘活利用，鼓励市场主体通过建设用地整理等方式促进城镇低效用地再开发。规范和完善土地二级市场，完善建设用地使用权转让、出租、抵押制度，支持通过土地预告登记实现建设用地使用权转让。探索地上地下空间综合利用的创新举措。建立健全城乡统一的建设用地市场。结合新一轮农村宅基地制度改革试点，探索宅基地所有权、资格权、使用权分置实现形式。允许将存量集体建设用地依据规划改变用途入市交易，支持建立健全农村产权流转市场体系。

第 三 章

强先进制造——提升省会城市制造竞争力

实体经济是国民经济的基础,制造业是实体经济的主体,是立城之基、兴城之要。近年来,长沙市深入贯彻落实党中央、国务院关于推动制造业高质量发展的决策部署,努力开创制造业发展新局面,强力带动经济高质量发展。然而,面临新一轮科技革命和产业变革不断深化、全球产业链供应链加速重构的世界大势,对照高质量要求、对标先进城市,长沙市制造业转型升级任务依然严峻。立足新发展阶段,长沙应积极融入国内国际"双循环"新发展格局,抢抓制造业竞争制高点,加快迈入全国先进制造业领先城市行列,力争成为全球高端制造业聚集之地、全国先进制造业高质量发展示范之地、中部地区未来产业发展引领之地,在引领全省先进制造业发展中体现省会担当,为谱写美丽新湖南篇章提供强大产业支撑。

第一节 制造业发展是"强省会"的核心引擎

制造业的规模和发展水平是衡量一个国家或地区综合实力最重要的标志之一。在激烈的区域经济竞争中,制造业是构建城市现代化产业体系、推动经济高质量发展的重要环节,是区域经济增长的"发动机",是提升城市能级和竞争力的重要支撑,是"强省会"的核心引擎,是实现城市经济良性循环和长久韧性的关键所在。

一 制造业是省会城市经济增长的强劲动力

英国剑桥学派经济学家尼古拉斯·卡多尔(1966)认为 GDP 增长与

制造业产出增长高度正相关，制造业是经济增长的发动机。发展经济学的结构主义观点强调制造业能够利用规模经济、技术创新的优势以及人力资本存量的增加，使技术和知识溢出到其他产业部门，从而提高整体生产力。Szirmai 和 Verspagen（2015）利用 21 个发达经济体和 67 个发展中经济体的数据集进行实证分析，发现在经济中高速增长时期，制造业在经济增长中占据着重要的地位。Su 和 Yao 实证证明制造业是中等收入经济体经济增长的关键引擎，过早去工业化对经济增长具有负面影响[①]。制造业是国民经济各部门中生产效率最高、提升速度最快的部门，要提高经济发展的整体经济效率，离不开制造业的引领和支撑[②]。历史经验和现实发展告诉我们，中国综合国力的稳步提升离不开发展壮大的制造业，而一些拉美国家和东南亚国家，由于缺乏制造业的支撑，没有成功跨越"中等收入陷阱"，经济社会发展徘徊不前。制造业由于具有规模经济强、可贸易性高、技术进步快等特点，成为支撑经济增长的强劲动力。

2021 年，长沙市 GDP 占全省的比重达到 28.8%，是湖南省经济发展的领头羊。作为全国重要的制造业基地，长沙产业基础雄厚、产业体系相对健全、新兴产业发展势头较好，为全市乃至全省的制造业高质量发展提供了良好基础。《长沙市国民经济和社会发展第十四个五年规划和二〇三五年远景目标纲要》提出，"十四五"时期，长沙市地区生产总值年均增长 7% 左右，制造业增加值占地区生产总值比重达 30%，为了顺利实现目标，必须加快推动制造业转型升级和高质量发展，发挥制造业对经济增长的强大支撑作用。

二 制造业是构筑省会发展战略优势的重要支撑

纵观人类发展历程，每一次工业革命都大力推动了产业升级、社会变革和人类文明进步。新一轮科技革命及产业变革正在重塑全球经济结构，融合机器人、数字化、新材料的先进制造技术加速推进制造业向智

[①] 郭克莎、彭继宗：《制造业在中国新发展阶段的战略地位和作用》，《中国社会科学》2021 年第 5 期。
[②] 学习贯彻习近平新时代中国特色社会主义经济思想 做好"十四五"规划编制和发展改革工作系列丛书编写组：《推动制造业高质量发展》，中国市场出版社、中国计划出版社 2020 年版，第 6 页。

能化、服务化、绿色化转型，制造业成为国家和地区参与全球产业分工、争夺产业链价值链控制力和话语权的主要阵地，高新技术产业、装备制造业是国际产业竞争的角力场。随着国际竞争格局的深刻变化，"制造业回归"正在成为区域新一轮经济发展的普遍趋势，发达国家、地区及城市纷纷实施"再工业化"和重振制造业战略，加强对制造业前瞻性布局，力图巩固其技术领先优势和制造业竞争力[①]。纽约、东京、伦敦、巴黎等国际大都市虽然服务业占比遥遥领先，但依然是本国乃至全球重要的制造业中心。在全球产业升级和国内经济转型加快的双重压力下，中国的国际大都市及一些省会城市也在积极谋划布局先进制造业的发展，《上海市先进制造业发展"十四五"规划》提出将上海"打造成为联动长三角、服务全国的高端制造业增长极和全球卓越制造基地"，《成都市"十四五"制造业高质量发展规划》提出"创建国家制造业高质量发展试验区""成为国内先进制造业领军城市"，《南京市"十四五"制造业高质量发展规划》提出"建成国内领先、具有国际影响力的先进制造业基地"。

城市的竞争归根结底是产业的竞争，而制造业的高质量发展是增强城市经济创新力和竞争力的关键。近年来，长沙紧抓产业变革机遇，立足自身优势，在第三代半导体、智能网联汽车、超级计算机等先进领域率先布局、持续发力，在技术研发、场景应用、平台搭建等方面取得显著进展，为先进制造业进一步发展壮大奠定了坚实根基。长沙要有时不我待、只争朝夕的紧迫感，大力推进新一代信息技术与制造业融合发展，努力实现制造业优势领域、共性技术、关键技术的重大突破，不断提升制造业在全球产业链供应链价值链中的地位，构筑未来发展战略优势。

三 制造业是发挥省会辐射带动作用的基本依托

法国经济学家佩鲁在1950年提出增长极理论，他在研究地区工业发展过程时发现，区域经济总是围绕极核地区扩张的，经济增长不是同时出现在所有的地方，而是首先出现在一些增长点或增长极上，然后通过不同的渠道向外扩散；极化效应和扩散效应往往同时存在，并随着距离

---

① 吴忠：《纽约、东京、伦敦制造业发展模式及对上海的启示》，《科学发展》2018年第11期。

的远近而发生变化，距离越近，两种效应就越强。20世纪60年代，法国经济地理学家布代维尔提出了区域增长极概念，他认为区域增长极是推动区域经济进一步发展的地理"增长中心"[①]。美国区域经济学家弗里德曼在1966年提出"中心—外围"理论，他认为在若干区域之间会因多种原因使得个别区域率先发展起来而成为"中心"，其他区域则因发展缓慢而成为"外围"；区域发展是通过一个不连续的但又逐步累积的创新过程来实现的，创新起源于区域内少数"变革中心"，并由这些中心向外扩散，周边地区依附于中心而获得发展。经典工业化理论指出，制造业是科技创新活动最活跃的产业领域，制造业的发展会加速整个经济的技术进步速度，并通过联动效应从制造业扩散到服务业等其他经济部门进行技术创新的传播，从而推动经济的发展和社会的进步。在工业化中期阶段下半期到后阶段上半期，服务业占比迅速提高，服务业的地位和作用显著上升，但制造业引擎功能并没有"消失"，生产性服务业以及新型服务业的发展需要相当规模的国内制造业作为基础，制造业是省会城市发挥扩散效应和辐射带动作用的基本依托。

做大做强省会城市，提高省会城市引领和辐射带动作用已成为中国区域经济发展的一个重要趋势，也是湖南"十四五"时期壮大发展的重要路径。《长沙市国民经济和社会发展第十四个五年规划和二〇三五年远景目标纲要》提出"坚持把发展经济着力点放在实体经济上"、"全面建设国家重要先进制造业中心"、"当好实施'三高四新'战略的'领头雁'"。然而，城市间产业竞争日趋激烈，北京、上海、广州、深圳、苏州、合肥、武汉等发达城市在人工智能、电子信息、新能源汽车、生物医药等产业优势明显，长沙面临严峻的产业发展和招商引资竞争形势。如何夯实实体经济根基，提高省会城市引领和辐射带动作用，成为长沙"十四五"制造业发展面临的挑战。长沙迫切需要加强与周边城市的产业融合发展，理顺与长株潭都市圈其他城市的竞合关系，形成强大的发展合力和区域发展新优势，当好"领头雁"、"排头兵"，努力体现省会城市更大担当、引领湖南谱写经济社会发展的新篇章。

---

① 安虎森等：《高级区域经济学（第四版）》，东北财经大学出版社2020年版，第132页。

第二节　长沙制造业发展的横向比较分析

为了更加准确地把握长沙制造业发展的优势和短板，根据2021年省会城市GDP排名情况，选取包括长沙在内的排名前十位的省会城市，依次是广州、成都、杭州、武汉、南京、长沙、郑州、济南、合肥、福州，对十个省会城市制造业发展的基本情况进行比较分析，为提出有效的推进长沙制造业高质量发展、夯实实体经济根基的建议提供支撑。

一　产业规模比较

制造业规模是衡量一个地区制造业竞争力和经济综合实力的重要标志。近年来，长沙市大力推动制造业高质量发展，制造业规模进一步壮大，产业集群快速发展，是经济发展过程中的关键推动力量，但增长速度较慢，面临的竞争环境日趋严峻，制造业发展尚待拓展新的空间。

长沙制造业规模逐步壮大，但与其他省会城市相比，产业规模增加幅度较小，排名有所下滑。如表3－1所示，2016—2020年，长沙市工业增加值[①]从3727.24亿元增长到3813.9亿元，其中，2018年、2019年相比上一年均有下降，而广州工业增加值从5270.15亿元增加到6716.71亿元，成都工业增加值从3422.5亿元增加到4842.3亿元，杭州工业增加值从3726.2亿元增加到4805亿元，南京工业增加值从3581.72亿元增加到4991.39亿元，济南、福州工业增加值的提升幅度也较大。从十大省会城市的工业增加值排名情况来看，2016年，长沙排名第3位；2017年，杭州、南京超过长沙，长沙排名第5位；2018—2021年，长沙均居第6位。

表3－1　　　　2016—2021年十大省会城市工业增加值　　　（单位：亿元）

	2016年	2017年	2018年	2019年	2020年	2021年
广州	5270.15	5340.78	5487.44	5714.24	5722.52	6716.71
成都	3422.5	3606.3	3730.6	4055.7	4208.3	4842.3

---

① 本章主题是制造业，由于制造业数据获得性比较差，用工业数据来代替说明制造业问题，一般经验数据是制造业增加值是工业增加值的90%左右。

续表

	2016 年	2017 年	2018 年	2019 年	2020 年	2021 年
杭州	3726.2	3968.13	4160.13	4288.42	4220.87	4805
武汉	4238.78	4724.87	4278.29	4539.11	4085.48	4586.49
南京	3581.72	3853.39	4055.14	4215.76	4331.59	4991.39
长沙	3727.24	3843.54	3667.54	3254.95	3465.88	3813.9
郑州	3331.60	3520.67	2894.47	2963.56	3145.69	3387.7
济南	1878.83	2003.10	2145.07	2167.87	2360.48	2746
合肥	2562.66	2758.81	2862.49	1961.01	2072.32	2472.25
福州	1978.83	2227.15	2416.16	2480.91	2532.16	2758.62

资料来源：各省统计局网站，各省会城市统计局网站。

长沙工业增加值增长速度较慢，与其他九个省会城市相比，增长速度处于较低水平。表3-1显示，从2016年到2021年，长沙市工业增加值仅增长了86.66亿元。如图3-1所示，2021年，长沙市工业增加值同比增长6.9%，在十大省会城市中，增速排名第9位。从GDP的增长情况来看，长沙依然没有优势，如表3-2所示，2016—2021年，长沙市GDP增加了3913.79亿元，是十大省会城市中增加幅度最小的。图3-1显示，2021年，长沙市GDP比上年增长7.5%，在十大省会城市中增速仅高于郑州。

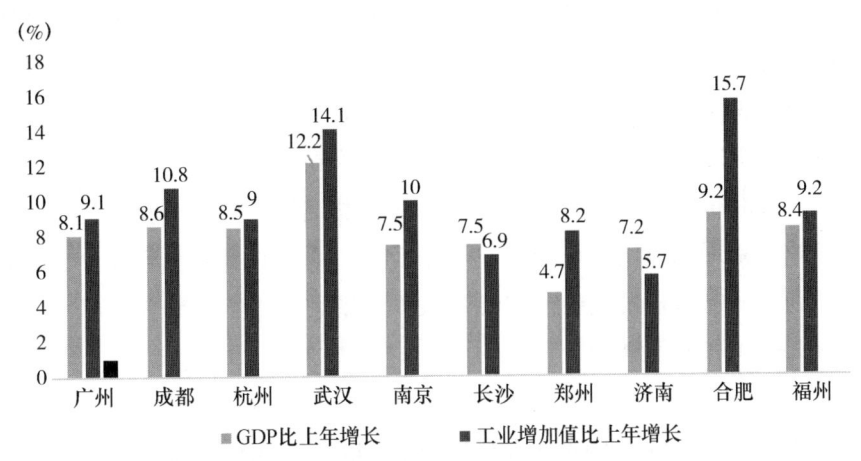

图3-1 2021年十大省会城市GDP和工业增加值增长情况

数据来源：数据来源于各城市统计局网站，由于数据获取困难，南京市工业增加值增长率以规模以上工业增加值增长率代替。

表 3-2　　　　　2016—2021 年十大省会城市 GDP　　　　（单位：亿元）

	2016 年	2017 年	2018 年	2019 年	2020 年	2021 年
广州	18559.73	19871.67	21002.44	23844.69	25019.11	28231.97
成都	11874.1	13931.4	15698.9	17010.7	17716.7	19917
杭州	11313.72	12603.36	13509.15	15373.05	16105.83	18109
武汉	11912.6	13410.34	14928.72	16223.21	15616.06	17716.76
南京	10503.02	11715.1	12820.4	14030.15	14817.95	16355.32
长沙	9356.91	10210.13	11003.41	11574.22	12142.52	13270.7
郑州	8113.97	9193.77	10143.32	11586.42	12003.04	12691
济南	6536.12	7201.96	7856.56	9443.37	10140.91	11432.2
合肥	6274.38	7003.05	7822.91	9409.40	10045.72	11412.8
福州	6491.54	7503.69	8516.09	9472.3	10020.02	11324.48

资料来源：各省统计局网站，各省会城市统计局网站。

长沙工业增加值占全市 GDP 比重持续下降，但与其他省会城市相比，长沙工业增加值占全市 GDP 比重、占全省 GDP 比重、占全省工业增加值比重依然排名前列，这表明长沙市制造业对全市、全省制造业发展及经济增长具有较大的拉动作用。如表 3-3 所示，2016—2021 年，长沙工业增加值占全市 GDP 比重从 39.83% 下降到 28.74%，下降了 11.09 个百分点。随着经济发展水平的提高，服务业占比增加，工业占比下降是必然趋势，十个省会城市工业增加值占全市 GDP 比重均有下降，但是长沙下降的幅度较大。分析十大省会城市 2021 年长沙工业增加值占比情况，如表 3-3、图 3-2 所示，长沙工业增加值占全市 GDP 比重排名第 2 位；长沙工业增加值占全省 GDP 比重为 8.28%，排名第 3 位；长沙工业增加值占全省工业增加值比重为 26.93%，排名第 3 位。由此可见，长沙市制造业在湖南省制造业发展中的重要地位不可撼动，依然是推进全市、全省经济增长的核心引擎。

表 3-3　　　2016—2021 年十大省会城市工业增加值占 GDP 比重　　（单位:%）

	2016 年	2017 年	2018 年	2019 年	2020 年	2021 年
广州	28.4	26.88	26.13	23.96	22.87	23.79

续表

	2016 年	2017 年	2018 年	2019 年	2020 年	2021 年
成都	28.82	25.89	23.76	23.84	23.75	24.31
杭州	32.94	31.48	30.79	27.9	26.2	26.53
武汉	35.58	35.23	28.66	27.98	26.16	25.89
南京	34.1	32.89	31.63	30.05	29.23	30.52
长沙	39.83	37.64	33.33	28.12	28.54	28.74
郑州	41.06	38.29	28.54	25.58	26.2	26.69
济南	28.75	27.81	27.3	22.96	23.28	24.02
合肥	40.84	39.39	36.59	20.84	20.63	21.66
福州	30.48	29.68	28.37	26.19	25.27	24.36

资料来源：各省统计局网站，各省会城市统计局网站。

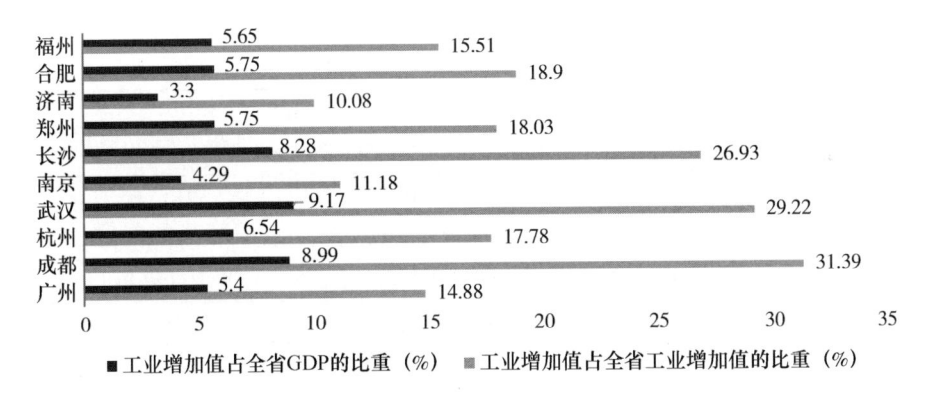

图3-2 2021年十大省会城市工业增加值占比情况

资料来源：各省统计局网站，各省会城市统计局网站。

长沙产业集群快速发展，工程机械产业集群傲视群雄，但从国家级产业集群的数量来看，长沙与广州、成都、杭州、南京、武汉等城市相比，还有差距。产业集群是当今产业生存与发展最有效的组织形态，更加有利于汇聚生产要素、优化资源配置、营造产业生态。《国家发展改革委关于加快推进战略性新兴产业集群建设有关工作的通知》（发改高技〔2019〕1473号）公布了66个国家级战略性新兴产业集群名单，如表3-4所示，武汉有4个产业集群进入名单，是十大省会城市中新兴产业集群最多的城市；合肥有 3 个产业集群进入名单，广州、成都、杭州、郑州均有 2 个产业集群进入名单；长沙市智能制造装备产业集群进入名单，济南、福州均有 1 个产业集群进入名单。从 2019 年开始，工信部启动了先进制造业集群的培育与竞赛工作，2021 年 3 月 22 日，工信部发布了《先进制造业集群决赛优胜者名单公示》，共有 25 个先进制造业集群成为决赛优胜者，如表 3-5 所示，广州、成都、杭州、南京、长沙、合肥均有先进制造业集群入选，其中，广州有 3 个产业集群，成都和南京均有 2 个产业集群，杭州、长沙、合肥均有 1 个产业集群，长沙市入选的先进制造业集群为湖南省长沙市工程机械集群。当前，长沙市工程机械集群产业规模约占中国的 33%、全球的 8.5%，集群产业规模连续 10 年位居全国第一，长沙是仅次于美国伊利诺伊州、日本东京的世界第三大工程机械产业集聚地，被称为"中国工程机械之都"。

表 3-4　　　　　　　十大省会城市战略性新兴产业集群

城市	领域	集群名称
广州	高端装备	广州市智能制造装备产业集群
广州	生物医药	广州市生物医药产业集群
成都	高端装备	成都市轨道交通装备产业集群
成都	生物医药	成都市生物医药产业集群
杭州	新一代信息技术	杭州市信息技术服务产业集群
杭州	生物医药	杭州市生物医药产业集群
武汉	新一代信息技术	武汉市集成电路产业集群
武汉	新一代信息技术	武汉市新型显示器件产业集群
武汉	新一代信息技术	武汉市下一代信息网络产业集群
武汉	生物医药	武汉市生物医药产业集群
长沙	高端装备	长沙市智能制造装备产业集群
郑州	新一代信息技术	郑州市下一代信息网络产业集群
郑州	新一代信息技术	郑州市信息技术服务产业集群
济南	新一代信息技术	济南市信息技术服务产业集群
合肥	新一代信息技术	合肥市集成电路产业集群
合肥	新一代信息技术	合肥市新型显示器件产业集群
合肥	新一代信息技术	合肥市人工智能产业集群

续表

城市	领域	集群名称
福州	新材料	福州市新型功能材料产业集群

资料来源：《国家发展改革委关于加快推进战略性新兴产业集群建设有关工作的通知》（发改高技〔2019〕1473号）。

表3-5　2021年十大省会城市先进制造业集群决赛优胜者名单

市	集群名称
广州	广东省广佛惠超高清视频和智能家电集群
广州	广东省广深佛莞智能装备集群
广州	广东省深广高端医疗器械集群
成都	四川省成都市软件和信息服务集群
成都	四川省成都市、德阳市高端能源装备集群
杭州	浙江省杭州市数字安防集群
南京	江苏省南京市软件和信息服务集群
南京	江苏省南京市新型电力（智能电网）装备集群
长沙	湖南省长沙市工程机械集群
合肥	安徽省合肥市智能语音集群

资料来源：工业和信息化部网站。

二　创新能力比较

制造业是实体经济的中坚力量，制造业发展的根本是创新。无论是强化"工业五基"——基础零部件和元器件、基础材料、工业基础软件、基础制造工艺及装备、产业技术基础，还是推进制造业向全球价值链中高端攀升，都有赖于提高技术创新能力。

长沙制造业创新成果不断涌现，但发明专利数量不多，规模以上高技术制造业增长速度较慢。近年来，长沙大力推进制造业创新发展，2020年底，高新技术企业突破4100家，涌现出全球首台永磁同步驱动土压平衡盾构机、国内首台自主可控计算机整机长城银河、国内首颗具有独立自主知识产权的景嘉微电子图形处理芯片等一批创新成果。2021年，长沙专利授权量为44574件，发明专利授权量为10094件，在十大省会城市中，均处于中等偏下水平，不具备优势。如图3-3所示，2021年，长沙万人有效发明专利为42.36件，在十大省会城市中排名第6位。同时，长沙规模以上高技术制造业增加值增速也较低，如图3-4所示，2021年，十大省会城市的规模以上高技术制造业增加值增速均高于规模以上工业增加值增速，长沙规模以上高技术制造业增加值增速为15.2%，与其他省会城市相比，增速较慢。

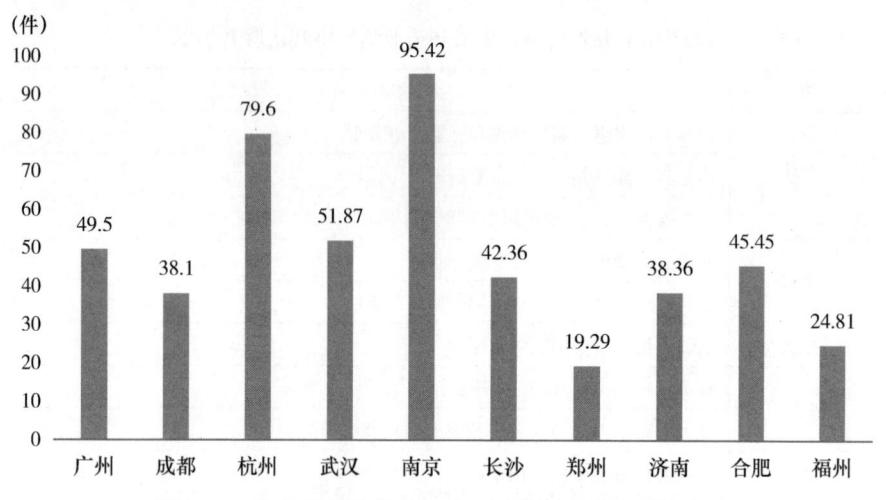

图3-3 十大省会城市2021年万人有效发明专利拥有量

资料来源：各省统计局、市场监督管理局网站。

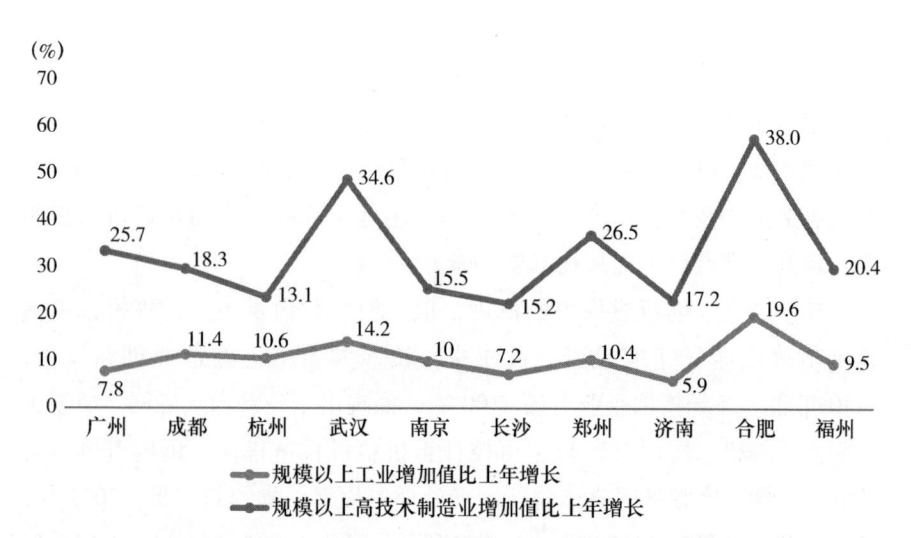

图3-4 2021年规模以上高技术制造业增加值增长情况

资料来源：各省统计局网站，各省会城市统计局网站。

长沙制造业创新平台建设加快推进，高效聚集创新资源、持续催生创新动能。长株潭国家自主创新示范区、湘江智谷等平台创新能力大幅提升，岳麓山大学科技城创新核心地位日益凸显，获批建设国家新一代人工智能创新发展试验区、国家海外人才离岸创新创业基地、国家新型国防科研基地、全国创新驱动示范市。如图3-5所示，在2021年12月国家发展改革委办公厅公布的纳入新序列管理的191家工程中心名单中，长沙有粉末冶金、低碳有色冶金、机器人视觉感知与控制技术、高分子复杂结构增材制造、高速铁路建造技术等10个国家工程研究中心；武汉有光纤传感技术与网络、制造装备数字化、船海工程机电设备等7个国家工程研究中心；广州有聚合物新型成型装备、城市轨道交通系统安全与运维保障、特高压电力技术与新型电工装备基础等5个国家工程研究中心。2016年8月30日，工业和信息化部印发《关于完善制造业创新体系，推进制造业创新中心建设的指导意见》，提出到2025年，形成40家左右国家制造业创新中心，截至2022年2月，国家制造业创新中心已布局建设21家，如表3-6所示，十大省会城市中，只有广州、武汉、合肥具有获得工信部批复的国家制造业创新中心，长沙尚无国家制造业创新中心。

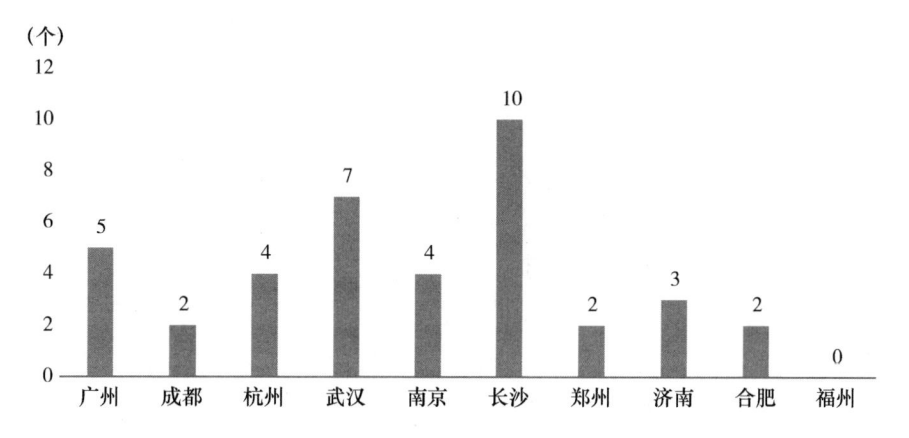

图3-5 十大省会城市纳入新序列管理的国家工程研究中心分布情况

资料来源：《国家发展改革委办公厅关于印发纳入新序列管理的国家工程研究中心名单的通知》（发改办高技〔2021〕1022号）。

表 3-6　　　　　　　　国家制造业创新中心

城市	获批年度	国家制造业创新中心
广州	2018	国家印刷及柔性显示创新中心
武汉	2018	国家信息光电子创新中心
	2018	国家数字化设计与制造创新中心
合肥	2021	国家智能语音创新中心

资料来源：工业和信息化部网站。

三　智能制造比较

在新一轮科技革命与产业变革的背景下，智能制造是制造业发展的基本方向。对于省会城市制造业发展而言，努力把握当今世界智能化的大趋势，积极提高智能化水平，是提高制造业核心竞争力的需要，是促进经济发展和现代化进程的必然要求。

制造业数字化、网络化、智能化水平显著提升，智能制造成为长沙闪亮新名片。近年来，长沙抓住机遇，加速布局5G应用、人工智能、大数据、轨道交通、工业互联网等新兴优势产业，以"三智一芯"产业为主攻方向，全力提升数字经济和产业生态竞争力，推动长沙制造业高质量发展迈上更高水平。"灯塔工厂"是智能制造的标杆和先行者，自2018年世界经济论坛和麦肯锡启动全球"灯塔工厂"网络项目评选到2022年3月，共选出103座"灯塔工厂"，中国有37家企业入选，如表3-7所示，广州、成都、郑州、合肥均有2个"灯塔工厂"，杭州、武汉、南京、长沙、福州均有1个"灯塔工厂"，博世长沙工厂于2022年3月入选全球"灯塔工厂"。在互联网周刊公布的2021中国智能制造50强中，长沙共有5家企业上榜，分别是机械行业"三巨头"三一集团、中联重科和山河智能，电子信息行业的蓝思科技，医药制造行业的楚天科技，长沙上榜企业数量占全国的十分之一，位居全国第一。2022年2月，工业和信息化部、国家发展和改革委员会、财政部、国家市场监督管理总局联合公布2021年度智能制造试点示范工厂揭榜单位和优秀场景名单，如图3-6所示，长沙有6个智能制造示范工厂和8个智能制造优秀场景，在十大省会城市中均处于领先地位。

表 3-7　　　　　　　　　十大省会城市灯塔工厂盘点

所在城市	灯塔工厂	所属行业	入选时间
广州	美的集团广州南沙工厂	电器	2020 年 9 月
	宝洁	消费品	2022 年 3 月
成都	西门子工业自动化产品	工业自动化	2018 年 9 月
	富士康	电子产品	2021 年 3 月
杭州	阿里巴巴犀牛工厂	服装	2020 年 9 月
武汉	富士康	电子产品	2021 年 9 月
南京	上汽大通 C2B 定制工厂	汽车制造	2019 年 7 月
长沙	博世	汽车	2022 年 3 月
郑州	富士康	电子产品	2021 年 9 月
	海尔	家用电器	2022 年 3 月
合肥	联合利华	消费品	2020 年 9 月
	美的	家用电器	2022 年 3 月
福州	京东方科技集团	光电子学	2022 年 3 月

资料来源：世界经济论坛 & 麦肯锡。

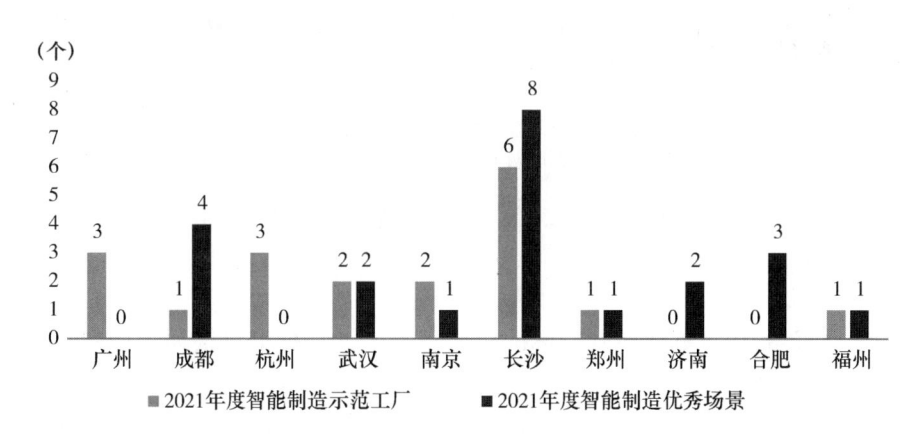

图 3-6　2021 年智能制造示范工厂及优秀场景分布情况

资料来源：工业和信息化部网站。

新一代信息技术与制造业融合发展加快推进，工业互联网平台赋能长沙智能制造。当前，全球制造业正经历深刻变革，发达国家和地区纷纷把数字化转型作为巩固制造业全球领先地位的战略选择。长沙市深刻把握制造业全球价值链重构与国际分工格局大调整的历史机遇，加快推进新一代信息技术与制造业深度融合，不断增强制造业竞争优势。2021年9月，工业和信息化部公布了《2021年新一代信息技术与制造业融合发展试点示范名单》，如图3-7所示，数量最多的是合肥，共有7个融合发展试点方向；成都、南京均有5个融合发展试点方向；长沙、武汉、福州均有4个融合发展试点方向。2022年2月，工业和信息化部公布了《2021年工业互联网试点示范项目名单》，长沙有7个工业互联网试点示范项目，在数量上仅落后于南京；广州、成都、济南均有5个工业互联网试点示范项目。

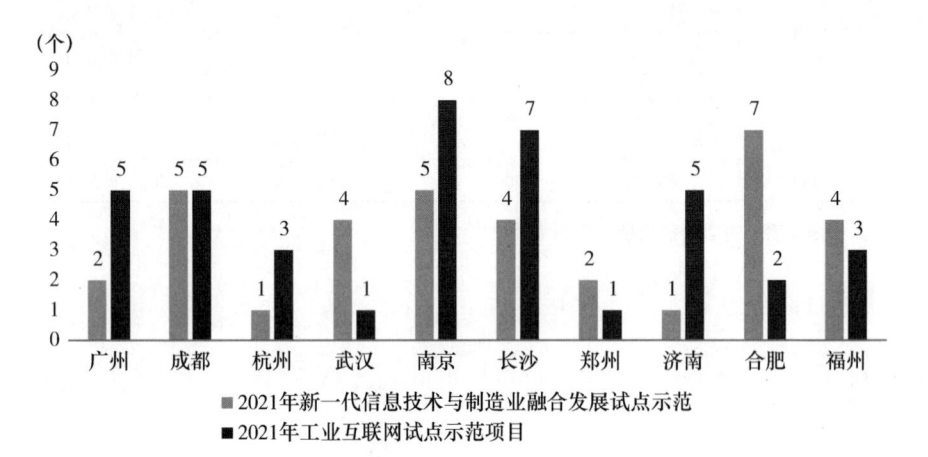

图3-7　2021年新一代信息技术与制造业融合发展试点示范项目分布情况

资料来源：工业和信息化部网站。

长沙积极开展智能制造标准应用试点，发挥标准对推动智能制造高质量发展的支撑和引领作用。2021年11月，工业和信息化部、国家标准化管理委员会组织编制了《国家智能制造标准体系建设指南（2021版）》。为贯彻落实《国家标准化发展纲要》和《"十四五"智能制造发展规划》等相关部署，2022年8月，工业和信息化部公布了《2022年度智能制造标准应用试点项目名单》，如表3-8所示，长沙共有2个智能制造标准应用试点项目，分别是3C电子行业智能工厂标准应用试点和工程机械智能工厂标准应用试点，申报主体是蓝思科技（长沙）有限公司、蓝思系统集成有限公司和山河智能装备股份有限公司；杭州、南京也有2

个智能制造标准应用试点项目入选；广州、郑州、济南均有1个智能制造标准应用试点项目入选。

表3-8　2022年度智能制造标准应用试点项目

城市	项目名称	申报主体	申报方向
广州	高端装备核心功能部件智能工厂标准应用试点	广州市昊志机电股份有限公司 广东省质量发展促进会	智能车间/工厂建设
杭州	厂内智能物流与机器视觉标准应用试点	杭州海康机器人技术有限公司 杭州海康威视数字技术股份有限公司	新技术融合
杭州	汽车行业智能工厂和数字化车间标准应用试点	浙江吉利控股集团有限公司	智能车间/工厂建设
南京	新能源产品及电子元器件数字化车间智能制造标准应用试点	菲尼克斯亚太电气（南京）有限公司	智能车间/工厂建设
南京	轨道交通门系统智能工厂标准应用试点	南京康尼机电股份有限公司	智能车间/工厂建设
长沙	3C电子行业智能工厂标准应用试点	蓝思科技（长沙）有限公司 蓝思系统集成有限公司	智能车间/工厂建设
长沙	工程机械智能工厂标准应用试点	山河智能装备股份有限公司	智能车间/工厂建设
郑州	基于设备互联互通和机器视觉的可重构柔性智能化加工新模式标准应用试点	宇通客车股份有限公司 大族激光智能装备集团有限公司 天津工程机械研究院有限公司 郑州大学	新模式应用
济南	大型冲压伺服生产线新技术融合标准应用试点	济南二机床集团有限公司	新技术融合

资料来源：工业和信息化部网站。

三　绿色制造比较

传统工业化在给人类社会带来巨大现代化福祉的同时，也产生了严重的资源和环境问题，而解决问题的关键是发展绿色制造。推进绿色制造是贯彻绿色发展理念、走新型工业化道路的必然要求，也是制造业发展的主流和方向①。

长沙绿色制造发展成效显著,工业企业综合能耗不断降低。良好的生态环境是长沙经济高质量发展的保障,大力发展绿色制造业是长沙经济高质量发展的重要支撑。多年来,长沙把"生态+"理念融入产业发展,大力构建绿色产业体系,加大工业企业节能技术改造力度,让绿色低碳发展成为企业共识,助力长沙实现环境保护和经济发展双赢。2016—2020 年,长沙规模以上工业企业综合能源消费量从 475.83 万吨标准煤下降为 449.96 万吨标准煤。如图 3-8 所示,2021 年,长沙市工业用电量为 167.1 亿千瓦·时,是十个省会城市中的最低值。

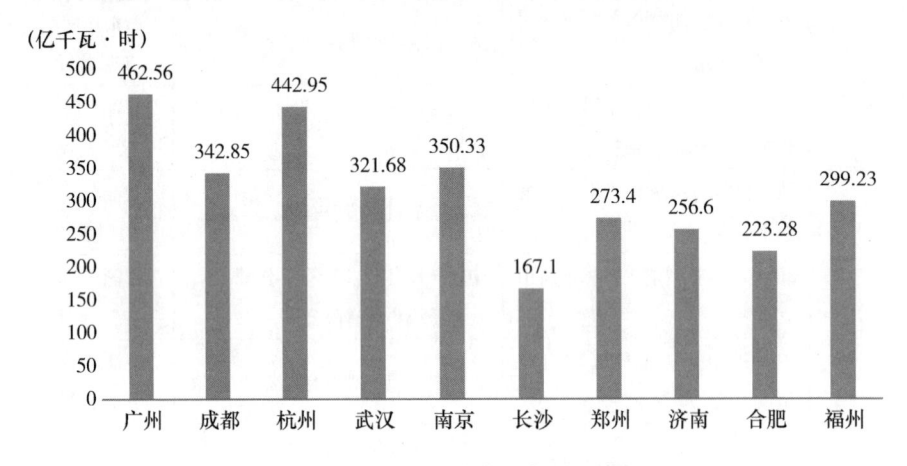

(亿千瓦·时)

城市	广州	成都	杭州	武汉	南京	长沙	郑州	济南	合肥	福州
用电量	462.56	342.85	442.95	321.68	350.33	167.1	273.4	256.6	223.28	299.23

图 3-8　2021 年十大省会城市工业用电量

长沙践行绿色发展理念,积极创建绿色园区和绿色工厂,但绿色设计产品数量较少。为贯彻落实《"十四五"工业绿色发展规划》,强化绿色制造标杆引领,工业和信息化部等主管部门经过科学评估、专家论证和公示,公布了《2021 年度绿色制造名单》,包括 662 家绿色工厂、989 种绿色设计产品、107 家绿色供应链管理企业等。如表 3-9 所示,长沙有 7 家绿色工厂入选,但绿色设计产品不多,仅有 17 个,绿色供应链管理企业只有 1 家入选。从 2017 年工业和信息化部公布第一批绿色制造示范名单至今,共有 224 个绿色园区,其中,长沙有 7 个绿色园区。

---

① 黄群慧:《理解中国制造》,中国社会科学出版社 2019 年版,第 141 页。

表 3-9　　　　　　　　2022 年度智能制造标准应用试点项目

	2021 年绿色工厂（家）	2021 年绿色设计产品（个）	2021 年绿色供应链管理企业（家）	2017—2021 年绿色园区（个）
广州	7	67	2	1
成都	6	2	0	4
杭州	4	22	2	2
武汉	4	0	0	0
南京	2	9	0	3
长沙	7	17	1	7
郑州	4	0	2	0
济南	2	2	0	1
合肥	3	25	2	1
福州	4	13	2	0

资料来源：工业和信息化部网站。

四　园区载体比较

产业园区是发展实体经济的重要平台，是产业项目建设的主阵地，是创业创新创造的主战场。大力发展一批经济贡献大、产业集聚度高、创新能力强、管理规范、服务专业的先进制造业园区，在推动经济高质量发展中发挥着关键作用。

长沙建设先进制造业园区取得显著成效，但国家级园区综合实力有待进一步提升。2022 年，工信部赛迪顾问智能装备产业研究中心以国家统计局先进制造业分类标准为编制基础，从经济实力、创新潜力、融合能力、产业聚力、绿色动力等五个维度 17 项指标，对全国 230 个国家级经开区和 168 个国家级高新区进行深入追踪研究，发布《先进制造业百强园区（2022）》榜单。如表 3-10 所示，十大省会城市共有 25 个园区入选先进制造业百强园区，其中，杭州有 5 个国家级园区入选，广州、南京和长沙均有 3 个国家级园区入选，郑州、合肥、福州均有 2 个国家级园区入选，济南有 1 个国家级园区入选。长沙上榜园区为长沙高新技术产业开发区、长沙经济技术开发区、宁乡经济技术开发区，虽然长沙与广州、南京入选园区数量相同，但综合实力尚有差距，有待持续提升。

表 3-10　　2022 年十大省会城市先进制造业百强园区情况

城市	入选园区总数（个）	园区名称
广州	3	广州经济技术开发区
		广州高新技术产业开发区
		广州南沙经济技术开发区
成都	2	成都高新技术产业开发区
		成都经济技术开发区
杭州	5	杭州高新技术产业开发区
		杭州经济技术开发区
		萧山临江高新技术产业开发区
		杭州余杭经济技术开发区
		萧山经济技术开发区
武汉	2	武汉东湖新技术开发区
		武汉经济技术开发区
南京	3	南京高新技术产业开发区
		江宁经济技术开发区
		南京经济技术开发区
长沙	3	长沙高新技术产业开发区
		长沙经济技术开发区
		宁乡经济技术开发区
郑州	2	郑州高新技术产业开发区
		郑州经济技术开发区
济南	1	济南高新技术产业开发区
合肥	2	合肥高新技术产业开发区
		合肥经济技术开发区
福州	2	福州高新技术产业开发区
		福州经济技术开发区

资料来源：赛迪顾问公众号。

长沙加快建设国家新型工业化产业示范基地，取得重要进展。国家新型工业化产业示范基地（以下简称"示范基地"）是工业经济发展的"排头兵"、数字化转型的"试验田"，是实体经济高质量发展的重要支撑力量。截至 2022 年 7 月，工信部已经创建了 445 家国家新型工业化产业示范基地，中国四分之一的制造业单项冠军企业和三分之一的专精特新"小巨人"企业来自示范基地。工信部开展的 2021 年国家新型工业化产业示范基地发展质量评价结果（评价结果以一星到五星体现，星级越高表示发展质量越好）显示，全国共有 28 家五星示范基地、240 家四星示范基地。如表 3-11 所示，武汉有 7 个四星以上示范基地，其中，电子信息（光电子）·东湖新技术开发区连续四年被评为五星；长沙有 6 个四星以上示范基地，装备制造（工程机械）·长沙经济技术开发区连续三年被评为五星，新材料（电池材料）·湖南金洲新区连续两年被评为五星；广州和成都均有 5 家四星以上示范基地。

表 3-11　2021 年国家新型工业化产业示范基地发展质量评价结果

城市	示范基地名称	发展质量评价结果	备注
广州	大数据·广东琶洲人工智能与数字经济试验区	四星	
	装备制造（智能装备）·广州黄埔区	四星	
	工业设计·广州经济技术开发区	四星	
	软件和信息服务·广州天河软件园	四星	
	汽车产业·广州花都区	四星	
成都	电子信息·成都高新技术产业开发区	四星	
	节能环保·四川金堂	四星	
	汽车产业·成都经济技术开发区	四星	
	装备制造（航空动力与轨道交通）·成都新都工业园	四星	
	无机非金属材料（绿色建材）·成都青白江经济开发区	四星	
杭州	电子信息（物联网）·杭州高新区（滨江）	五星	连续三年五星
武汉	电子信息（光电子）·东湖新技术开发区	五星	连续四年五星
	船舶与海洋工程装备·湖北武汉	四星	
	汽车产业·武汉经济技术开发区	四星	
	软件和信息服务·武汉洪山区	四星	
	循环经济（化工）·湖北武汉化学工业区	四星	
	工业互联网·武汉东湖新技术开发区、黄陂区	四星	
	食品·武汉东西湖区	四星	
南京	装备制造（智能电网装备）·南京江宁区	五星	连续两年五星

续表

城市	示范基地名称	发展质量评价结果	备注
南京	软件和信息服务·南京雨花软件园	四星	
	电子信息·南京江宁经济开发区	四星	
长沙	新材料（电池材料）·湖南金洲新区	五星	连续两年五星
	装备制造（工程机械）·长沙经济技术开发区	五星	连续三年五星
	资源循环利用（再制造）·湖南浏阳高新技术产业开发区	四星	
	有色金属（铝加工）·湖南望城经济技术开发区	四星	
	汽车产业·长沙雨花工业园区	四星	
	工业物流·长沙金霞经济开发区	四星	
郑州	装备制造·郑州经济技术开发区	四星	
济南	软件和信息服务·齐鲁软件园	四星	
	大数据·济南高新技术产业开发区	四星	
合肥	电子信息（新型平板显示）·合肥新站区	四星	
	家电产业·合肥经济技术开发区	四星	
	软件和信息服务（智能语音）·合肥高新技术产业开发区	四星	
福州	电子信息（物联网）·福州经济技术开发区	四星	
	软件和信息服务·福州软件园	四星	

资料来源：工业和信息化部网站。

五 企业发展比较

制造业优质企业聚焦实业、做精主业，创新能力强、质量效益高、产业带动作用大，在激发市场主体活力、防范化解风险隐患、提升产业链供应链自主可控能力、推动制造业高质量发展中发挥重要作用。

长沙制造业500强企业数量不多，相对全省来说，大企业集中程度较高。如图3-9所示，2021年，长沙有6家中国制造业500强企业。2021年中国制造业民营企业500强榜单显示，长沙有5家企业，杭州有27家企业，广州有7家企业，济南、福州均有6家企业。另外，从省会城市及其所在省的中国制造业500强企业分布情况来看，湖南共有7家企业，有

6家位于长沙，分别是湖南华菱钢铁集团有限责任公司、三一集团有限公司、中联重科股份有限公司、湖南博长控股集团有限公司、湖南五江控股集团有限公司、湖南黄金集团有限责任公司；浙江有77家企业入选，有浙江吉利控股集团有限公司等25家企业位于杭州；广东有40家企业入选，有广州汽车工业集团有限公司等8家企业位于广州；福建有17家企业入选，有福建大东海实业集团有限公司等7家位于福州；四川有15家企业入选，有新希望控股集团有限公司等6家企业位于成都；山东有82家企业入选，有山东钢铁集团有限公司等6家企业位于济南；与其他省相比，湖南省入选中国制造业500强的企业高度集中于长沙。

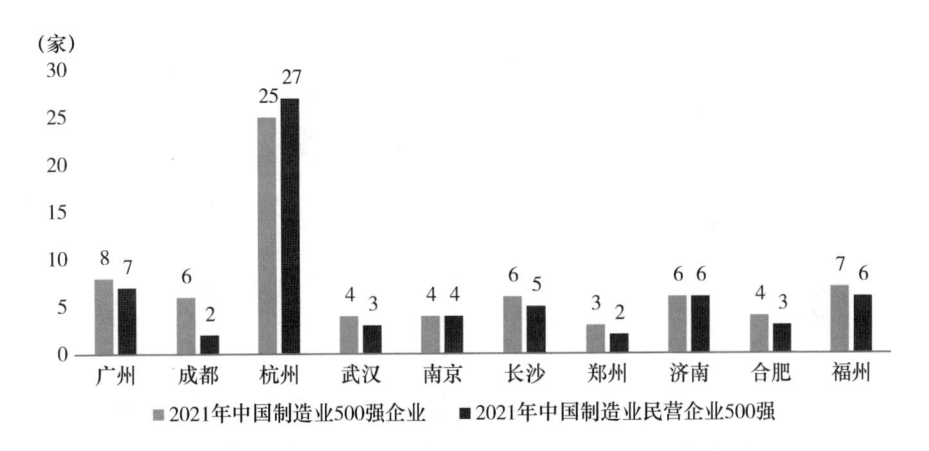

图3-9 2021年中国制造业500强企业分布情况

资料来源：中国企业联合会、中国企业家协会编：《2021中国500强企业发展报告》，企业管理出版社2021年9月版；《2021年中国民营企业500强调研分析报告》，全国工商联经济部，2021年9月。

长沙积极培育国家级专精特新"小巨人"企业，企业数量多，发展势头良好。专精特新企业是指具有"专业化、精细化、特色化、新颖化"等特征的企业，而专精特新"小巨人"企业则是其中的佼佼者，是专注于细分市场、创新能力强、市场占有率高、掌握关键核心技术、质量效益优的"排头兵"企业，数库科技数据显示，专精特新"小巨人"企业超七成分布在制造业。工业和信息化部于2019年、2020年、2021年认定并发布了三批国家级专精特新"小巨人"企业名单，截至2021年7月，工业和信息化部认定的国家级专精特新"小巨人"企业共4762家。如图3-10所示，长沙有69家国家级专精特新"小巨人"企业，成都、广州、郑州、合肥的国家级专精特新"小巨人"企业数量也较多，分别是107家、68家、63家、61家。

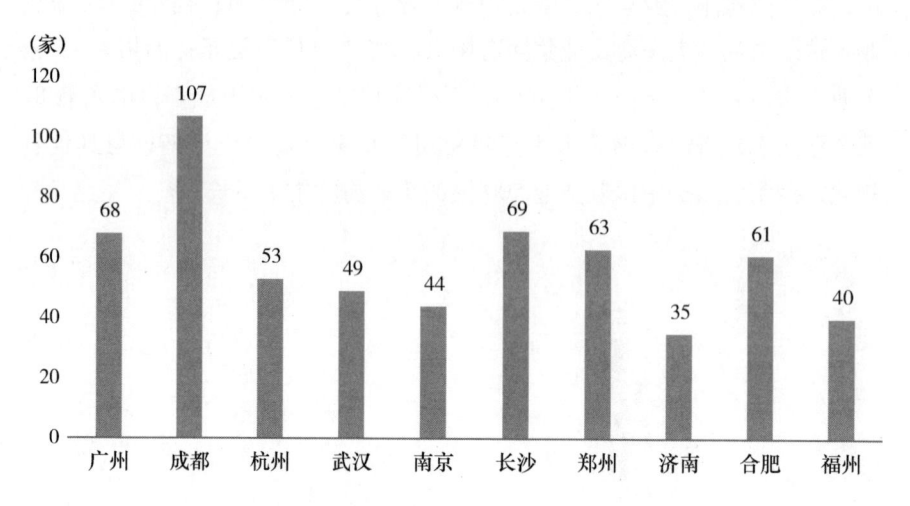

图 3-10 2021 年国家级专精特新"小巨人"企业分布情况

资料来源：工业和信息化部网站。

长沙制造业单项冠军示范企业数量较少，培育力度尚待加强。制造业单项冠军企业是指长期专注于制造业某些特定细分产品市场，生产技术或工艺国际领先，单项产品市场占有率位居全球前列的企业。2016年3月，工业和信息化部印发《制造业单项冠军企业培育提升专项行动实施方案》，截至2021年11月，工业和信息化部依次公布了通过复核的第一批制造业单项冠军名单，包括53家企业；通过复核的第二批制造业单项冠军名单，包括65家企业；拟通过复核的第三批制造业单项冠军名单，包括65家企业；已通过认定的第四批制造业单项冠军名单，包括64家企业；已通过认定的第五批制造业单项冠军名单，包括90家企业；拟认定的第六批制造业单项冠军名单，包括118家企业。经过整理分析，十大省会城市制造业单项冠军示范企业分布情况如表3-12所示，长沙仅有2家企业入选，分别是湖南省长宁炭素股份有限公司、蓝思科技股份有限公司，入选企业数量在十大省会城市中排名第10位。

表3-12　　　　　　制造业单项冠军示范企业分布情况　　　　　（单位：家）

	第一批 （通过复核）	第二批 （通过复核）	第三批 （拟通过复核）	第四批 （已认定）	第五批 （已认定）	第六批 （拟认定）	合计
广州	2	0	0	2	1	3	8
成都	0	1	1	0	0	1	3
杭州	3	1	3	5	5	6	22
武汉	2	0	2	0	1	1	6
南京	1	2	1	0	0	1	5
长沙	1	0	0	0	1	0	2
郑州	0	2	2	1	0	2	7
济南	0	1	1	0	5	4	11
合肥	1	1	1	0	2	4	9
福州	0	3	3	1	0	0	7

资料来源：工业和信息化部网站。

第三节　促进长沙制造业发展的对策举措

立足新发展阶段，长沙应坚持新发展理念，融入新发展格局，全面落实"三高四新"战略定位和使命任务，围绕增强省会城市"极核"功能，构建产业梯度清晰、竞争优势突出、动能转换有力的制造业新体系，培育一批国内领先、世界知名的产业集群，加快制造业高级化、智能化、绿色化、服务化发展，大力提升制造业核心竞争力和综合实力，打造国家重要先进制造业高地，在引领湖南经济高质量发展、建设现代化新湖南中展现头雁风采、彰显省会担当。

一　促进集聚发展，构建具有全球竞争力的制造业新体系

紧抓新一轮科技革命和产业变革机遇，以新兴产业为引领，巩固提升优势产业，大力发展特色产业，前瞻布局未来产业，加快构建具有全球竞争力的制造业新体系，打造国家重要的先进制造业中心。

（一）巩固发展支柱产业

巩固工程机械、先进储能材料、显示功能器件、节能环保及新能源装备、食品烟草等产业在全国的领先优势，在细分领域精耕细作，加强产业基础能力建设，增强全产业链优势，不断提升产业竞争力，向更高质量、更高水平、更高效率、更高地位迈进。以三一集团、中联重科、铁建重工、山河智能等、星邦智能"2022全球工程机械50强"企业为依托，进一步强化长沙工程机械产业优势地位，持续保持产业规模总量全国第一。依托杉杉新能源、长远锂科、中科星城、中锂新材、中伟新能源、博信新能源等龙头企业，促进先进储能材料产业向价值链和产业链高端延伸。以蓝思科技、惠科为核心，引进及建设具有引领和支撑作用的新型显示全链条产业。依托红太阳光电、华自科技、金杯电工、长高集团等行业领军企业，大力发展光伏、智能电网、风力发电、燃气分布式能源和电磁能等重点优势领域。充分利用湖南农副产品资源优势、长沙食品研发技术优势和长沙文化传媒优势，不断提升长沙食品品牌质量影响力。

（二）加快发展新兴产业

依托现有发展基础和创新资源优势，加快发展先进计算、航空（大飞机）配套、功率半导体和集成电路、人工智能、新兴软件和信息通信技术、生物医药和高端医疗装备、新兴装备制造、现代种业等具有较大发展潜力的制造业新兴产业，针对产业链薄弱环节，着力补齐短板，掌握一批制约产业发展的关键技术，培育新技术、新产品、新业态、新模式，打造一批具有引领作用的制造业新兴产业增长引擎。大力推动数字经济、高端装备制造、新能源及智能网联汽车、先进储能材料、生物医药等产业发展，加快推进世界计算·长沙智谷建设，加快人工智能及传感器、数控机床产业发展，争取打造国家重要信创产业基地、全球北斗产业示范应用基地、国家数字经济创新发展试验区。充分发挥长沙装配式建筑产业发展优势，以新的发展理念引领和谋划智能建造产业，推动智能建造与建筑工业化协调发展，全力打造涵盖科研、设计、生产加工、施工装配、运营等全产业链融合一体的智能建造产业体系。

（三）前瞻布局未来产业

瞄准未来科技革命和产业变革的趋势方向，在未来信息技术、生命科学、前沿新材料、氢能及储能等前沿技术和产业变革领域，加强研发布局，组织实施未来产业孵化与加速计划，抢占产业发展先机和战略制高点，全面增强长沙市未来产业核心竞争力。以数字化、网络化、智能化为核心融合发展方向，重点发展卫星互联网、类脑智能、量子计算等。充分发挥长沙优质医疗资源优势，加强创新要素整合，大力开展生命科学技术和应用研究。以前沿化、科技化为发展方向，充分发挥长沙在前沿新材料领域领先优势，突破一批关键技术，重点发展超导材料、碳基新材料、液态金属等。跟踪氢能及储能产业发展趋势，以绿色能源发展为方向，突破一批关键核心技术，逐步提升能源利用效率，打造长沙"氢能＋储能"发展体系。

(四) 打造先进制造业集群体系

以创建国家制造业高质量发展试验区为引领，聚力打造具有核心竞争力的"1＋2＋N"先进制造业集群体系；重点培育工程机械1个世界级先进制造业集群，创建先进储能材料、安全可靠计算机及创新应用2个国家级先进制造业集群，发展智能网联汽车、生物医药、新一代半导体省级先进制造业集群，推动人工智能及机器人、消费类电子、绿色食品、节能环保等产业集群纳入省级先进制造业集群培养范围。积极探索产业集群治理新模式，鼓励产业联盟、骨干企业、行业协会、科研院所等单位共同参与，搭建知识产权、人才服务、成果转化、市场交流等服务平台，发展一批新型集群促进机构，持续支撑产业集群高质量发展。

二 加强创新驱动，增强制造业发展新动能

围绕产业链部署创新链、围绕创新链布局产业链，推动产业链与创新链深度耦合，完善制造业创新生态，提升制造业创新能力，全力建设具有全球影响力的产业科技创新中心。

(一) 加快突破关键核心技术

针对新一代信息技术、装备制造、新材料等重点领域，以上下游需求和供给能力为依据，以应用为导向，通过"揭榜挂帅"等方式，聚焦产业链核心基础零部件、核心电子元器件、工业基础软件、关键基础材料、先进基础工艺和产业基础技术领域开展技术攻关，加快工业强基成果推广应用，促进整机（系统）和基础技术互动发展，建立产业链上中下游互融共生、分工合作、利益共享的一体化组织新模式，着力去瓶颈、补短板，促进制造业创新发展和提质增效升级。加快中电科48所半导体

专用加工装备、楚微半导体集成电路装备验证工艺线等国产化装备的发展壮大。推动三一集团、中联重科等龙头企业在大功率发动机、高品质传动部件、重载精密轴承、液压系统、控制系统、传感系统等关键环节探索联合研究，突破一批卡脖子技术瓶颈，实现"长沙创造"。

（二）搭建制造业重大创新平台

依托国防科技大学、中南大学、湖南大学等单位和制造业头部企业，推动建立基础研究、核心技术应用和关键零部件研究的国家级和省级平台。继续开展国家级、省级制造业创新中心和技术创新中心培育，重点建设以工程机械制造创新中心为枢纽的创新网络组织，争取在建设国家制造业中心方面有所突破。以长沙经开区作为牵头单位，采用省、市、区三级共建模式，积极创建国家"芯火"双创基地。建设一批新型研发机构，提升新一代半导体研究院、国家级信创实验室、长沙智能制造研究总院、长沙北斗产业安全技术研究院、长沙先进储能产业促进中心等新型研发机构的研究能力。

（三）提升制造业标准化水平

加强国家技术标准创新基地（长株潭）建设，聚集技术优势，整合标准化政策、技术和人才资源，推动重要技术标准创新、标准市场服务创新和标准体系建设，为长沙制造业高质量发展提供有力的技术支撑。在工程机械、智能网联汽车、先进储能材料、显示功能器件、节能环保及新能源装备、食品烟草等优势产业领域，在先进计算、航空（大飞机）配套、功率半导体和集成电路、人工智能、新兴软件和信息通信技术、生物医药和高端医疗装备等新兴产业领域，支持参与国际国内标准制定，围绕新兴产业和未来产业形成一批技术标准、测试方法，加快关键环节、关键领域、关键产品的标准研制应用。

（四）构建多层次创新人才梯队

加大高层次创新人才引进力度，围绕先进计算、人工智能、量子信息等产业，大力引进一批具有国际水平的战略科技人才、科技领军人才。培育优秀经营管理人才队伍，组织实施制造业企业经营管理人才素质提升工程，出台企业家人才分类认定目录，探索实施企业高管、骨干人才税收奖励政策。加强高技能人才培养，实施"工程师红利"激发行动。完善人才培养体系，建立职业院校（技工学校）"订单式"的人才培养合作机制，依据前沿新材料、新一代信息技术、生命科学等未来产业发展需求，鼓励骨干企业与高等院校开展协同育人，共设专业。

三　推进数字化转型，开创智能制造新图景

以智能制造为主攻方向，深入实施智能制造工程，大力发展数字经济，制定智能制造引领制造业高质量发展实施方案，加快制造模式和企业形态变革，打造制造业全面数字化转型长沙样板。

（一）完善智能制造基础设施

全面推进5G、物联网、工业互联网、大数据中心、智算中心、边缘计算节点等建设，加快国家工业互联网顶级节点建设应用，超前建设智慧能源设施。加快研制一批技术工艺水平先进、信息化程度高的新型智能制造装备，推动各类通用、专用制造装备加速迭代升级。大力开发面向产品全生命周期和制造全过程各环节的核心软件，推进工业软件云化部署。引导行业龙头企业、装备服务商、互联网平台企业等跨界融合，培育一批熟悉工业机理、专业化水平高的智能制造系统解决方案服务商。支持三一集团、中联重科、山河智能、星邦智能装备、楚天科技等骨干企业牵头或参与国家智能制造基础共性和关键技术标准制定，提高行业标准试验验证水平和能力。

（二）推进制造业网络化发展

鼓励企业紧扣关键工序自动化、关键岗位工业机器人替代、生产过程智能优化控制等重点环节，积极探索"5G+工业互联网"，推动工业互联网平台与智能制造关键技术装备的集成应用。完善工业软件研发、生产和服务体系，覆盖研发设计、生产制造、运营维护、经营管理等制造业关键环节的工业APP。深化"上云上平台"，引导企业个性化、定制化上云，加快工业设备和业务系统上云上平台。围绕工程机械、新能源及智能网联汽车、新材料等重点产业，丰富完善和示范推广网络协同制造、大规模个性化定制、远程运维服务等新业态新模式。鼓励企业申报工业和信息化部组织开展制造业与互联网融合发展试点示范项目。

（三）推动制造业智能化改造

"以新一代信息技术、人工智能技术与制造业融合发展带集成，以集成带应用，以应用带动集群发展"的思路，鼓励企业紧扣关键工序自动

化、关键岗位工业机器人替代、生产过程智能优化控制、供应链管理智能化等重点环节，推进制造业企业采用智能装备、先进工艺和信息化管理系统等方式进行智能化技术改造，加快智能工厂建设。引导制造业企业积极申报国家级智能制造示范工厂、智能制造示范场景。以先进制造业和现代服务业深度融合、全生命周期管理为方向，推动服务型制造深入发展。优先培育一批综合实力强、具有自主研发能力和先进装备供给资源的系统解决方案供应商，支持三一集团、中联重科等装备制造企业以智能化升级为突破口，从提供设备向提供设计、承接工程、设施维护和管理运营的全生命周期智能制造一体化服务转变。

四 落实"双碳"目标，引领制造业绿色发展新方向

以"碳达峰"、"碳中和"目标为引领，调整制造业产业结构和能源结构，深入推进清洁生产，打造绿色工厂、绿色园区、绿色低碳供应链、绿色产品，构建绿色低碳的产业体系和清洁高效的能源体系，推动制造业绿色化转型发展。

（一）打造绿色低碳制造体系

以工程机械、医药和医疗设备、食品加工等重点领域龙头企业以及重点工业园区为支撑，推进绿色制造体系建设，发挥现有绿色园区以及绿色工厂、绿色设计产品等为主要内容的绿色制造业体系建设的示范作用，引导绿色发展理念融入到产品设计、制造、包装、物流、使用和报废回收的全生命周期。依托三一汽车制造公司、楚天科技等绿色工厂，逐步推广绿色技术改造，形成一批绿色示范工程。引导绿色工厂进一步提标改造，对标国际先进水平，建设一批"超级能效"和"零碳"工厂。鼓励工程机械、汽车、电子信息等再制造产业持续健康发展，加快产品认定和试点示范。推进绿色供应链建设，以龙头企业为重点开展绿色供应链管理试点示范，构建绿色供应链管理。构建产业园区内绿色低碳产业链条，促进园区内企业采用能源资源综合利用生产模式，推进工业余压余热、废水废气废液资源化利用，实施园区"绿电倍增"工程。鼓励长沙高新技术产业开发区、长沙经济技术开发区、望城经济技术开发区、长沙雨花经济开发区、浏阳经济技术开发区、浏阳高新技术产业开发区、宁乡经济技术开发区等已创建的绿色工业园区继续深入实践，形成一批可复制、可推广的"碳达峰"优秀典型经验和案例。

(二) 推进制造业企业绿色低碳发展

推进传统制造业系统节能改造升级，提升5G基地和数据中心能效水平，通过建设完善企业能源管控中心，促进制造业企业节能增效。开展大宗工业固体废物综合利用，加快新一代可循环流程工艺技术研发，全面推行循环生产方式，促进企业、行业、园区间原料互供、资源共享，健全绿色循环发展的生产体系。全面推进食品加工、建材、有色金属等传统行业的终端用能设备能效提升，大力开发推广具备能源高效利用等功能的工艺技术。

(三) 提升清洁生产水平

深入开展清洁生产审核和评价认证，推动钢铁、建材、有色金属、农副食品加工、工业涂装、包装印刷等行业企业实施节能、节水、节材、减污、降碳等系统性清洁生产改造。在工业涂装、印刷包装等重点领域实施低挥发性有机物含量原辅材料替代，源头消减污染物排放。推进工程机械、新材料、食品烟草等重点行业清洁生产技术改造，积极推广重大关键共性清洁生产技术。在工程机械、汽车及零部件、食品加工等行业重点推广污染减量化、废渣资源化、原料优化、能源梯级利用、流程再造等系统优化工艺技术，提升清洁生产水平。

五 推进园区提质，探索产业资源提升新模式

以重点产业链建设为引领持续提升产业园区能级，推动园区提质增效，盘活低效产业用地，充分发挥园区在产业转型、科技创新、资源集约利用等方面的积极作用，探索产业生态布局、产业资源提升的新模式。

(一) 推进产业园区能级跃升

坚持以制造业高质量发展为核心，加快创建"五好"园区，打造"三个高地"主阵地、主战场、主力军。聚焦长沙的城市功能，精准定位产业园区主导产业细分领域，科学编制、动态优化产业图谱，聚焦战略性新兴产业、未来产业等"优质赛道"，前瞻谋划具有全局牵引性的细分领域，形成功能错位协同的新格局。加快产业园区高品质科创空间、产业社区和智慧园区建设，打造产业资源集聚平台与价值创造平台。围绕产业链加强功能性、支撑性、基础性重大项目策划招引，促进重大产化项目及关键核心配套项目落地投产。大力推进长沙高新技术产业开发区、长沙经济技术开发区、宁乡经济技术开发区、望城经济开发区、浏阳经济开发区等国家级园区发展，增强省级园区的经济活力，不断提高长沙入选国家新型工业化产业示范基地的园区数量。

（二）推进亩均效益改革

以"五好"园区创建为导向，优化园区综合评价办法与评价指标体系，探索建立园区亩均效益评价机制。围绕提高经济效益、社会效益、生态效益，发布园区产业用地投入产出强度指导标准。鼓励园区集约用地，盘活利用好低效闲置土地。围绕达标提质、倒逼腾退、依法关停三个方面，指导低效企业制定落实"一企一策"工作。在资金申报、排污指标有偿使用和交易等方面对优势企业进行倾斜。设立专项资金，结合亩均效益综合评价结果，奖励优质企业，提升产业发展成效。

（三）大力实施精准招商

围绕园区主导产业和特色产业，建立招商目录。突出高端技术、高端人才等重点要素，大力开展精准招商，着力招大引强、招才引智。重点引进产出比高、带动作用大、创新能力领先的项目，带动园区产业集聚式发展。支持园区招引"三类500强"、总部经济、行业龙头、外向型实体。支持供应链产业链招商，通过以商招商、二次招商，大力引进与龙头企业配套的上下游项目，形成产业集群。

（四）提升产业园区管理运营水平

坚持政府主导、市场化运作、商业化逻辑，实施专业化管理、坚持专业化运营、建强专业化团队、加强专业化协作，加快构建统筹有力、运行高效、服务专业的"管委会＋平台公司＋专业公司"体制机制。推广片区综合开发模式，推动国有企业深度参与园区开发运营，统筹产业定位、园区规模、功能平台、专业服务、资源集成，推动实现"开发—运营—增值—融资再开发"，全面提高国有企业对产业发展的参与深度和资源整合能力。搭建形成"1个服务中心＋N个服务功能平台"产业服务体系，由国有企业、专业机构、头部企业等采用灵活方式，独立或联合组建专业运营公司，开展实体化运作，强化园区专业化服务能力。

六　推动融通发展，建立制造业优质企业梯度培育新格局

建立并完善制造业优质企业梯度培育体系，培育一批"四上"、专精特新"小巨人"等优质企业，着力发挥制造业优质企业引领带动作用，提升产业链供应链现代化水平，推进制造强市建设不断迈上新台阶。

（一）加快培育领军企业

培养一批品牌影响力大、资源整合水平高、综合竞争力强、具有行业主导权的领军企业，力争到2026年，培育30个以上百亿级企业。聚焦重点企业重点项目，抓好蓝思科技扩产、中联智慧产业城、湘江智能网联产业园、三一智能网联重卡等重大引领性产业项目建设。鼓励大企业利用"互联网+"等手段，搭建线上线下相结合的大中小企业创新协同、产能共享、供应链互通的新型产业创新生态，重构产业组织模式，提升平台资源整合能力。提升企业国际化经营水平，设立海外"企业服务中心"，鼓励企业建立海外研发中心，加快形成一批具有较强国际话语权的本土制造业跨国企业。

（二）推进中小企业专精特新发展

实施长沙中小企业"拔尖"行动和小微企业"强身"行动，落实新增入规工业企业政策措施，推动规模以上工业企业数量稳步增长。细化工业和信息化类"专精特新"小巨人企业认定标准，建立动态企业库，树立中小企业发展的标杆和典型，引导全市中小企业走"专精特新"发展之路，打造一批主营业务突出、竞争力强、成长性好、创新能力强的中小制造业企业，力争到2026年，新增规模以上工业企业不少于1500家。创造良好的政策环境，推动省级专精特新"小巨人"企业成长为国家级专精特新"小巨人"企业；推动主营业务突出、竞争能力强、成长性好、专注于细分市场、具有一定创新能力的国家级专精特新"小巨人"企业，成长为制造业单项冠军示范企业。鼓励中小企业以专业化分工、服务外包、订单生产等方式与大企业建立稳定的合作关系。加快名优品牌培育，开展长沙制造业标识产品遴选、评价和推广，每年在各重点细分领域分别推出10个标识产品，打造长沙制造名片。

（三）促进大中小企业融通发展

围绕重点主机企业建立上下游配套企业分布图，开展精准招商，吸引更多中小关键零部件生产企业落地长沙。鼓励大企业为中小企业提供上游产品供给、下游产品需求、产品质量及流程标准等信息支持，提高全链条生产效率。鼓励大企业建立开放式产业创新平台，畅通创新能力对接转化渠道，实现大中小企业之间多维度、多触点的创新能力共享、创新成果转化和品牌协同。定期征集发布中小企业自主创新产品（技术），引导大企业采购中小企业创新产品，帮助中小企业创新产品快速进入市场。支持打通长株潭都市圈内外企业信息链和资金链，加速区域内外大中小企业创新能力、生产能力、市场能力的有效对接，推动资源能力的跨行业、跨区域融合互补，提升产业协同效率。

（四）提升产业链供应链现代化水平

充分发挥制造业优质企业在增强产业链供应链自主可控能力中的中坚作用，组织参与制造业强链补链行动，做强长板优势，补齐短板弱项，打造新兴产业链条，提升产业链供应链稳定性和竞争力。持续深耕长沙市22条产业链，组织领航企业开展产业链供应链梳理，鼓励通过兼并重组、资本运作、战略合作等方式整合产业资源，提升产业链竞争力和抗风险能力，强化中小企业培育发展，推动产业链企业"个转企、小升规、规改股、股上市"。支持参与全国供应链创新与应用示范创建，培育一批制造业现代供应链示范企业。推动制造业优质企业中的国有资本向关系国家安全、国民经济命脉的重要行业领域集中，加快在关键环节和中高端领域布局。鼓励增强根植性，引导有意愿的单项冠军企业、领航企业带动关联产业向湖南省其他地州市有序转移，促进区域协同发展。

第四章

强科技创新——提升省会城市创新驱动力

创新是区域发展和结构转型升级的第一动力,也是保障湖南"强省会"战略目标全面实现的必然要求。本章拟从阐述提升长沙创新驱动力的理论基础与现实逻辑出发,对长沙市科技创新能力的现状进行比较研究,探寻其存在的主要问题与瓶颈障碍,并据此提出提升其创新能力、加速创新驱动发展的对策举措,以期为湖南"强省会"战略的实施提供核心引领与动力支撑。

第一节 提升省会城市创新驱动力的理论基础与现实逻辑

习近平总书记强调,中国要强盛、要复兴,就一定要大力发展科学技术,努力成为世界主要科学中心和创新高地。提升省会城市创新驱动力,有着十分丰富的理论逻辑与现实逻辑。

一 提升省会城市创新驱动力的理论基础及主要内涵

强创新,提升长沙创新驱动力,应从创新和创新驱动的经典理论入手,把握其科学内涵,明确其方向与路径。

(一) 提升省会城市创新驱动力的理论溯源

创新是一个复杂的概念,马克思最早提出了创新思想,而美籍奥地利经济学家 J. A. Schumpeter(1912)则系统地提出了创新理论。在其

1912 年出版的《经济发展理论》一书中，Schumpeter 首次提出了创新的内涵，即将一种从未有过的生产要素和生产条件的"新组合"引入生产体系，建立一种新的生产函数①。这种"新组合"包括引入新产品、引进新生产方式、开辟新市场、开拓原材料新的供应来源、实现新的组织形式等五个方面的内容。Schumpeter 将创新内置于经济系统的循环流转中，强调创新对经济发展的重要作用，并以创新的视角解释了经济增长和经济周期的形成原因。20 世纪 80 年代后，以 Nelson（1982）、Romer（1986）、Lucas（1988）、Aghion（1992）等为代表，将人才、知识、技术和制度等因素内化于经济增长模型，揭示技术进步、人才开发、知识增长、制度创新等因素在经济增长中的重要作用，形成新熊彼特增长理论，对于创新驱动发展具有重要的借鉴意义。而以 Freeman（1987）、Cooke（1992）等为代表的区域创新系统理论则借鉴演化经济学思想对新熊彼特增长理论框架又进行了补充和完善。区域创新系统理论认为，区域创新系统包含企业、科研院所、高校和政府等创新主体。其中，企业是区域创新系统中最重要、最基础的主体，获取更大的经济利益是企业创新的重要目标；高校和科研院所是区域创新活动中基础知识与共性知识的重要供应者，其创新活动的目的是追求知识增量；政府是区域创新系统的重要组织者和引导者，追求区域创新的社会效益。同时，由于各创新主体存在着利益交织与矛盾，需要政府在创新系统运行过程中承担着"协调"与"促和"作用②。区域创新系统内部各要素相互作用，能够实现区域内部经济效益与社会效益的趋同。同时，创新系统理论认为，创新系统与环境系统紧密相连，创新环境影响创新主体的创新行为，进而影响创新绩效与创新质量。包括创新政策与文化等创新制度环境、科教资源与创新基础设施等公共创新环境，以及产业集聚平台与载体等。

创新驱动的概念则最早体现在 Michael E. Porter③（1990）的经济发展四阶段论中。Porter 从竞争现象中分析经济的发展过程，提出了国家经济

---

① 约瑟夫·阿洛伊斯·熊彼特：《经济发展理论》，九州出版社 2006 年版。
② 于凡修：《东北老工业基地创新驱动发展研究》，博士学位论文，吉林大学，2017 年，第 23—24 页。
③ 迈克尔·波特：《国家竞争优势》，华夏出版社 2002 年版。

第四章　强科技创新——提升省会城市创新驱动力

发展必然或顺序或交叉并行地经历生产要素驱动阶段、投资驱动阶段、创新驱动阶段和财富驱动阶段。顺序发展意味着经济体的发展依次由要素、投资、创新或财富四个因素之一驱动，交叉并行意味着经济体的发展可能同时由四个因素中的两个以上驱动，且发展阶段之间没有明确的划分[①]。要素驱动发展阶段的主要动力是丰富的劳动力和自然资源，投资驱动发展阶段的主要动力是大规模投资，创新驱动发展阶段的主要动力是创新能力与水平，财富驱动发展阶段的主要动力是大规模财富资本投入。前三个发展阶段经济逐渐走向繁荣，在财富驱动发展阶段经济出现转折，可能开始呈现衰退趋势。显然，在 Porter 的经济发展四阶段论中，创新驱动是经济发展到高级阶段的典型特征。

当前，中国经济已经从高速增长阶段转向高质量发展阶段，正处在转变发展方式、优化经济结构、转换增长动力的攻关期[②]。党的十八大提出实施创新驱动发展战略，强调科技创新是提高社会生产力和综合国力的战略支撑，必须摆在国家发展全局的核心位置。2016 年 5 月《国家创新驱动发展战略纲要》出台，指出创新驱动是国家命运所系、是世界大势所趋、是发展形势所迫。目前长沙经济发展总体上处于由投资驱动向创新驱动过渡的阶段，创新发展动能有待提升[③]。依据创新及创新驱动发展的经典理论，在这一阶段，深入实施创新驱动发展战略，培育提升经济增长新动能，构建现代化经济新体系，成为湖南实施"强省会"战略的必然要求和当务之急。

（二）提升省会城市创新驱动力的主要内涵

《国家创新驱动发展战略纲要》明确指出，创新驱动发展就是"使创新成为经济发展的第一动力，包括科技、制度、管理、商业模式、业态和文化等多方面创新的结合，推动经济发展方式转向依靠知识、技术与

[①] 王海燕、郑秀梅：《创新驱动发展的理论基础、内涵与评价》，《中国软科学》2017 年第 1 期，第 41—49 页。

[②] 习近平：《决胜全面建成小康社会　夺取新时代中国特色社会主义伟大胜利——在中国共产党第十九次全国代表大会上的报告》，中华人民共和国中央人民政府网，2017 年 10 月 27 日。

[③] 中华人民共和国科学技术部：《国家创新型城市创新能力评价报告（2021）》，科学技术文献出版社 2021 年版，第 164 页。

劳动力素质提升,使经济形态更高级、分工更精细、结构更合理"[①]。从创新和创新驱动的经典理论出发,综合政策层面关于创新驱动发展的内涵,提升省会城市创新驱动力的主要内涵是:将创新驱动摆在"强省会"战略的核心位置,将提升创新能力作为推动长沙经济社会发展的重要手段,充分发挥区域创新系统内企业、科研院所、高校和政府等创新主体的积极性,推动创新系统内、外部紧密相连,各要素相互作用,加速以科技创新为核心,包括科技、管理、制度、文化、业态和商业模式等在内的全面创新,推动经济增长从主要依靠资源要素投入向依靠知识、技术投入和劳动力素质提升转变,形成以创新为主要引领和支撑的经济体系和发展模式,实现长沙内生性可持续增长和高质量发展。

这一内涵包括三个层面的含义。一是通过知识、技术等创新要素的引入突破资源要素瓶颈制约,在传统生产要素的基础上实现生产方式的优化、劳动者素质提升和资源重新配置,通过提高传统生产要素的生产率,促进可持续发展;二是通过技术进步和业态、商业模式等创新,引领新的生产、生活方式与消费模式,带来高端、高品质、高附加值、多元化和个性化的产品与服务,推动传统经济发展动力的优化升级,实现高质量发展;三是关注从创意产生到产品进入市场发挥效益的创新全链条,推动科技、管理、制度、文化等创新,整合与盘活各类创新资源和创新链条的各个环节,实现全面发展。

二 提升省会城市创新驱动力的现实逻辑

2021年11月,湖南省第十二次党代会首次提出实施"强省会"战略,2022年4月13日印发《中共湖南省委 湖南省人民政府关于实施"强省会"战略支持长沙市高质量发展的若干意见》,明确提出了"创建国家中心城市、打造'三个高地'引领区、建设宜居宜业宜游的幸福城市、引领长株潭都市圈和全省各市州协同发展"的战略目标任务。在新阶段新发展格局下,要完成"强省会"战略目标任务,必须扬弃过去粗放式的"城市大扩容",依靠创新驱动实现内涵式高质量发展。

[①] 国务院:《国家创新驱动发展战略纲要》,新华网,2016年。

第四章 强科技创新——提升省会城市创新驱动力

(一) 创新是省会长沙创建国家中心城市的核心动能

创建国家中心城市是"强省会"战略的首要任务，而国家中心城市创建的关键在于提升城市的综合能级，增强经济和人口的承载能力。显然，在中国经济已从高速增长阶段转向高质量发展阶段的宏观背景下，强省会不可能再走依靠传统生产要素的高投入实现经济增长的老路，况且资源、劳动等传统生产要素总量有限，且在生产过程中存在边际报酬递减趋势。目前，长沙资源、环境的压力不断加大，投资驱动的效能逐年下降。要在竞争激烈的国家中心城市创建队伍中脱颖而出，必须走创新驱动发展与结构调整之路，通过知识、技术等要素的引入和劳动力素质的提升，对其他要素产生替代效应，提高诸要素的边际生产力，打破传统生产要素的收益递减规律，实现内生性可持续发展；依靠技术进步和业态、商业模式创新，改变固化的生产经营模式、创新管理和服务理念，打造经济发展新优势；以全要素生产率的提升来实现社会生产力和综合竞争力的大幅提升，同时以产业发展和经济增长来支撑和承载人口的大规模增长，最终形成肩负国家使命、引领区域发展、参与国际竞争、代表国家形象的现代化大都市。

(二) 创新是省会长沙打造"三个高地"引领区的内在要求

打造"三个高地"引领区是湖南"强省会"战略的重要目标任务。在全球制造业产业链竞争全面加剧、新一轮科技革命蓬勃纵深发展、国际开放格局大调整的百年未有之变局下，要完成上述目标任务，绘就现代化新湖南的宏伟擘画，唯有走创新驱动发展之路，大幅提升长沙产业发展力、科技创新力和城市开放度。从打造国家重要先进制造高地引领区看，长沙产业基础坚实，总量规模大，部分优势领域领先全国乃至世界。但要勇挑国家重要先进制造高地引领区的重担，面临加快发展与结构升级的双重任务。因此，必须加速科技创新，推动工程机械产业智能化、数字化、高端化、绿色化，加快发展电子信息、中高端新能源和智能网联汽车等优势产业，培育发展生物医药、先进储能材料、航空航天等战略性新兴产业及前沿材料、氢能与储能、类脑智能、深海深空深地等未来产业，加快发展工业设计、系统集成、实验验证等高端生产性服务业，涌现一批具有行业主导权的龙头企业，培育一批具有核心竞争力和国内外影响力的产业集群，从而引领湖南赶超进位成为国家重要先进制造高地；从打造具有核心竞争力的科技创新高地引领区看，长沙属于创新策源地城市，部分科技成果领先世界，但基础研究和成果转化力低，企业技术创新能力不强，特别是装备制造、电子信息等优势产业"卡脖子"和"缺芯少魂"问题有待破解。因此，必须加快建立具有全新机制的先进技术研究院和创新研究院，培育引领型头部高新技术企业，大幅提升优势产业创新能力，高水平建设国家创新型城市，持续提升长沙原始创新力、关键核心技术研发力和科技成果转化力，从而为湖南建设具有核心竞争力的科技创新高地贡献中坚力量、增添源头活力；从打造内陆地区改革开放高地引领区看，目前长沙改革试点和开放发展走在全省前列，营商环境全国领先，开放型平台能级较高，外向型经济发展提速。但"放管服"改革仍存诸多制约因素，开放型平台作用不强，外向型经济总量不大。因此，必须加快以科技创新为核心、包括管理、制度在内的全面创新，深入推进规则、规制、管理等制度型开放，持续推动"放管服"改革，推动要素市场化配置综合改革、投融资体制改革，通过营造一流的市场化、法治化、国际化营商环境，提升全球资源配置能力和发展外贸新业态，从而在湖南建设内陆地区改革开放高地、加快构建更高水平的对内对外开放格局中发挥示范引领作用。

（三）创新是省会长沙建设宜居宜业宜游幸福城市的根本途径

建设宜居宜业宜游幸福城市是湖南"强省会"战略的主要内容之一。这一目标任务的核心是提升城乡居民收入和基本公共服务水平，提升城市综合承载能力和城市治理能力。2007年以来，长沙连续14年获评"中国最具幸福感城市"。目前，长沙空、港、铁、路、轨道交通等立体多层次交通体系逐步建成完善，教育、医疗、卫生、文化体育等领域公共服务能力逐年提升，民生福祉显著改善。但与广州、杭州、南京等发达省会城市相比，城乡居民收入和基本公共服务水平等仍然存在差距，城市"便利化""生态化""精美化""智慧化"等水平有待进一步提升。因此，唯有加快科技进步，创新驱动经济高速、高质量增长，推进更加充分、更高质量就业，使得城乡居民收入增长和经济增长同步；唯有将创新发现或发明的成果应用于城市经济发展、社会治理、生态建设、政务管理、民生改善等领域中，特别是通过物联网、大数据、云计算、人工智能等现代信息与通信技术的渗透与扩散，增强城市综合承载力和城市治理力，提升教育、医疗、养老、社会保障等公共服务水平，使得民生福祉不断提升，居民幸福指数不断增长，从而最终实现宜居宜业宜游幸福城市的美好目标。

(四) 创新是省会长沙引领全省协同发展的有效手段

引领长株潭都市圈和全省各市州协同发展是湖南"强省会"战略的四大目标任务之一，而这一目标任务的根本是增强长沙的辐射带动力。目前，长沙作为长株潭都市圈的中心城市，其社会生产力和综合实力有待提升，辐射带动作用不够，甚至一定程度上对周边株洲、湘潭两市形成"虹吸"效应。由此，长株潭三市产业融合协同、分工协作不强，要素有效流动不畅，资源配置效率不高，辐射引领全省各区域板块和各市州协同发展不足。因此，必须更加注重走创新驱动发展之路，充分发挥科技创新的"乘数效应"和"累计效益"，提升长沙的经济能级和综合实力，增强长沙在长株潭都市圈中的支柱作用和引领作用，带动长株潭都市圈打造成为中部地区领先、具有国际影响力的现代化城市群和全国重要增长极，进而辐射带动全省区域协同均衡发展；充分发挥科技创新的"外溢效应"和"扩散效应"，助推长株潭都市圈紧密融通与同城化发展，实现都市圈内要素有效畅通流动，资源合理高效配置，产业科技联合协同创新，经济社会发展水平大幅提升。同时加强长株潭都市圈与其他市州在研发转化、平台服务、产业协同等方面的对接与合作，由点到面、由小到大、由弱到强，最终形成全省区域协调联动发展的新格局。

第二节　长沙创新能力的发展现状与主要问题

长沙是首批国家创新型试点城市，获批全国创新驱动示范市和"科创中国"试点城市。其创新能力2019—2021年连续三年居国家创新型城市第八位，表明近年来长沙市创新能力不断增强，创新驱动发展水平不断提升。但与发达省会城市相比，仍然存在差距。在科技部2021年发布的《国家创新型城市创新能力评价报告》中，长沙市创新能力总指数为69.75，居国家创新型城市第八位，在中部地区排名武汉市之后居第二位，在GDP前10强省会城市中居第五位，创新能力总指数与合肥市基本相当，高于成都、郑州、济南、福州四市，低于广州、杭州、武汉、南京四市。特别是与广州、杭州、南京三市相比，差距较大。

本节依据《国家创新型城市创新能力评价报告（2021）》的评价指标与评价结果，从创新治理能力、原始创新能力、技术创新能力、成果转化能力、创新驱动能力五个维度，对长沙市创新能力水平与2021年GDP前10强的省会城市广州、成都、杭州、武汉、南京、郑州、济南、福州、合肥市进行比较分析，以发现优势，寻找差距。

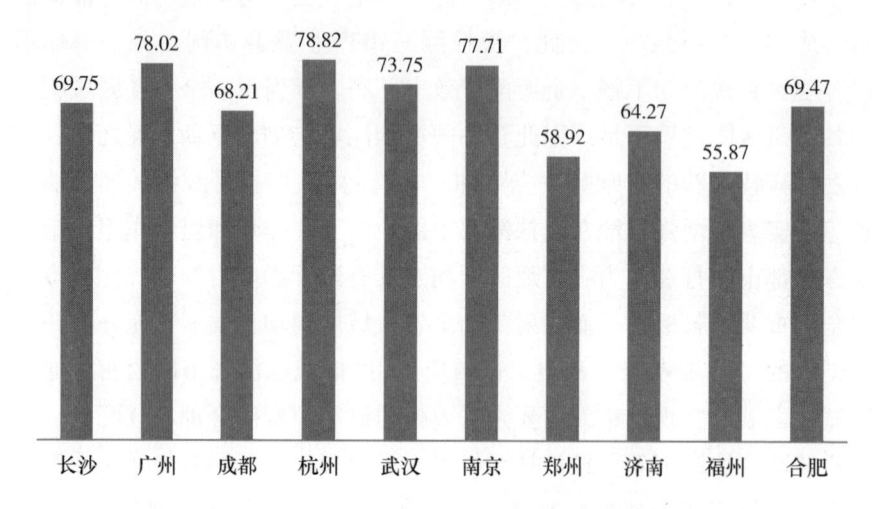

图4-1　GDP前10省会城市创新能力总指数

资料来源：《国家创新型城市创新能力评价报告（2021）》，中华人民共和国科学技术部。

表4-1　GDP前10省会城市创新能力总指数及其分项指数　（单位：%）

城市	总指数	创新治理力	原始创新力	技术创新力	成果转化力	创新驱动力
长沙	69.75	67.5	73.7	70.0	65.7	71.9
广州	78.02	82.7	80.8	72.7	80.1	74.6
成都	68.21	63.7	73.9	65.8	72.3	65.3
杭州	78.82	83.5	79.1	72.6	79.6	79.3
武汉	73.75	73.9	84.5	72.6	69.7	68.0
南京	77.71	78.7	87.1	74.5	76.7	71.5
郑州	58.92	64.7	62.8	58.4	56.8	51.9
济南	64.27	65.4	64.3	67.9	66.8	56.8

续表

城市	总指数	创新治理力	原始创新力	技术创新力	成果转化力	创新驱动力
福州	55.87	61.7	62.9	47.4	52.9	54.5
合肥	69.47	69.7	69.8	69.5	70.1	68.2

资料来源：《国家创新型城市创新能力评价报告（2021）》，中华人民共和国科学技术部。

一　创新治理能力

创新治理能力体现政府在区域创新过程中的"组织""协调""促进"等作用，通常包括科技管理的体制机制创新、创新顶层设计与支持政策、科技财政支出等。依据《国家创新型城市创新能力评价报告（2021）》的评价结果，长沙市创新治理能力指数值为67.5，在GDP前10强省会城市中居第六位，高于成都、郑州、济南、福州四市，低于广州、杭州、武汉、南京、合肥五市。其中，科技财政投入是其突出短板。

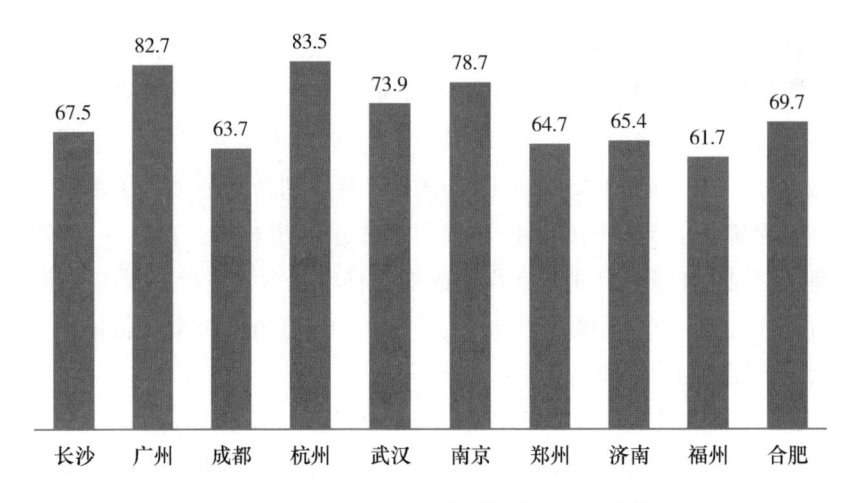

图4-2　GDP前10省会创新治理能力指数

长沙 67.5　广州 82.7　成都 63.7　杭州 83.5　武汉 73.9　南京 78.7　郑州 64.7　济南 65.4　福州 61.7　合肥 69.7

资料来源：《国家创新型城市创新能力评价报告（2021）》，中华人民共和国科学技术部。

（一）科技管理体制机制创新迈出新步伐，但仍然有待深化

目前，长沙市已成立由市委书记担任主任，市委副书记、市长担任常务副会长的市委科技创新委员会，形成了"统一指挥、上下联动、部

门协同"的工作机制。同时进一步优化涉及科技创新的行政审批，对省、市56个涉及事项实现"一窗受理"和"一件事一次办"。全面建立知识产权行政保护、司法保护、社会治理等专门机构，率先在全国建立市委统筹的知识产权保护工作机制。2021年全国城市营商环境评价中，长沙知识产权保护指标排名全国第八，进入知识产权标杆城市。知识产权改革"长沙经验"、知识产权保护"长沙方案"、高校知产管理创新"长沙模式"在全国推介或示范。但仍然存在科技管理职能转变不快、体制机制改革创新有待深化等问题。如武汉市在全国率先成立科技成果转化局，建立市、区、高校院所、中介机构"四位一体"的科技成果转化新格局体系，形成科技成果转化"武汉样板"。

（二）顶层设计与支持政策频出，但仍然有待增强

近几年，湖南省委、省政府出台了《关于实施"强省会"战略支持长沙市高质量发展的若干意见》《湖南省动力支撑能力提升行动方案（2022—2025年）》等文件，支持以长沙为核心创建国家区域科技创新中心。长沙市出台了《关于加快建设国家科技创新中心的实施意见》《打造具有核心竞争力的科技创新高地三年行动方案》等纲领性文件，并先后出台了科技创新"1+4"、知识产权12条、工业30条、制造业高质量发展20条、创新金融业配套支持政策10条、人才政策45条等一揽子配套支持政策，为长沙打造具有核心竞争力的科技创新高地提供了政策支撑和制度保障。但与广州、武汉、杭州等先进城市相比，存在一定差距。创新顶层设计不够，特别是在科技成果转移转化激励、投融资体系建设、平台载体发展、人才引培等方面缺乏精准、强有力的政策支持体系，创新活力未能充分全面释放。

（三）财政科技投入不断增长，但仍然处于较低水平

近年来，长沙市不断加大财政科技投入力度，组建了初期规模3亿元的市级科技成果转化母基金，建立高新技术企业风险补偿、科技保险机制，设立了长沙市科服创新创业投资基金，但财政科技投入仍相对不足。根据科技部2021年发布的数据，2019年，长沙市财政科技支出49.25亿元，占公共财政支出的比重为3.45%，在GDP前10省会城市中排名第八位，不到同处中部地区合肥市的1/3、武汉的1/4（见图4-3）。2021年，长沙市财政科技投入达到68.79亿元，比2019年增长28.42%，

但远低于 2019 年合肥市、武汉市的水平（2019 年合肥、武汉分别为 130.32 亿元和 176.43 亿元）。同时，尽管设立了科技成果转化母基金，但规模不大，且尚未设立天使投资风险补偿资金。虽然湘江新区、岳麓区相继设立了产业基金，但金融机构与科研成果转化、中小微企业的良性对接机制尚未建立，政府设立的投资基金更多服务于重点项目和重点企业，"投贷联动"新模式仅在长沙银行、湖南省建行 2 家金融机构开展。市级层面没有建立科技成果转化项目库或科技成果转化基金投资项目库，知识产权质押融资风补基金规模较小，政府风险分担仅占比 55%，明显低于现行各类科技型风补基金。

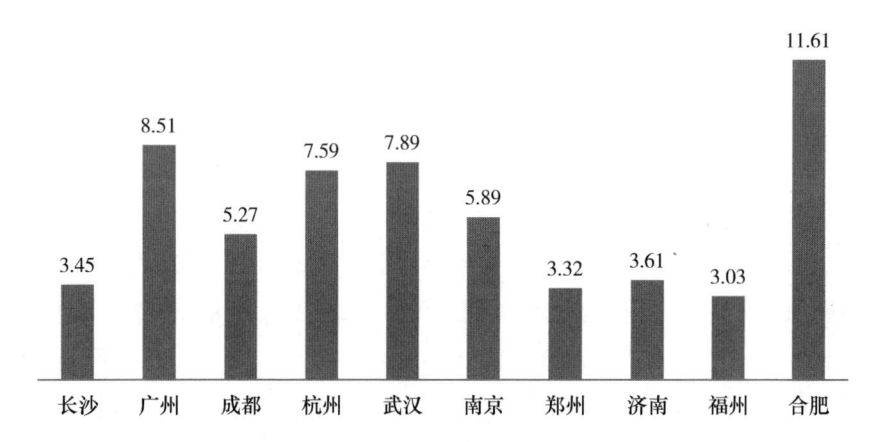

图 4-3　GDP 前 10 省会城市财政科技支出占公共财政支出比重（%）

资料来源：《国家创新型城市创新能力监测报告（2021）》，中华人民共和国科学技术部。

二　原始创新能力

原始创新能力是创新驱动的基础与源头，原始创新能力主要为创新系统内高校院所知识创造的能力。依据《国家创新型城市创新能力评价报告（2021）》的评价结果，长沙市原始创新能力指数值为 73.7，在 GDP 前 10 强省会城市中居第六位，与成都基本相当，高于合肥、济南、福州、郑州四市，低于南京、武汉、广州、杭州四市。总体来看，长沙属于全国创新策源地类别城市，创新资源和知识创造较为突出，但在全社会研发经费投入和基础研究经费投入方面存在短板。

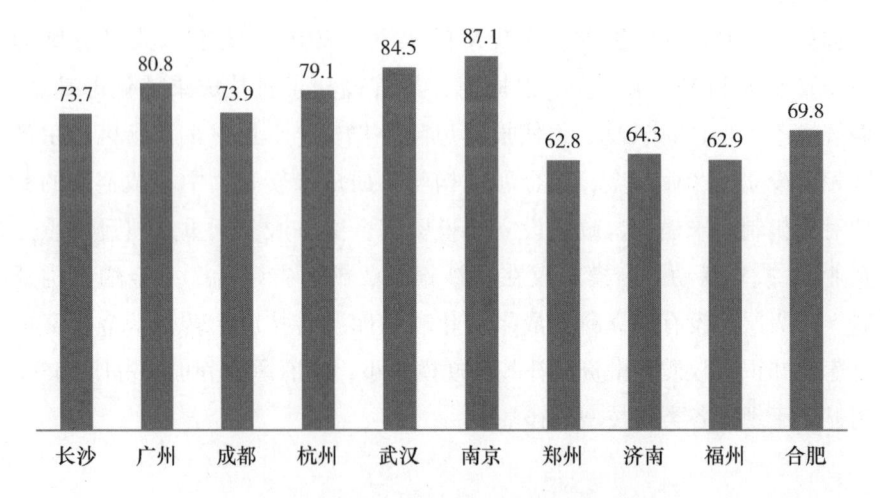

长沙	广州	成都	杭州	武汉	南京	郑州	济南	福州	合肥
73.7	80.8	73.9	79.1	84.5	87.1	62.8	64.3	62.9	69.8

图 4-4　GDP 前 10 省会城市原始创新能力指数

资料来源：《国家创新型城市创新能力评价报告（2021）》，中华人民共和国科学技术部。

(一) 研发投入处于中下水平

从研发经费看，2019 年，长沙市全社会研发经费投入 316.18 亿元，投入强度为 2.73%，在 GDP 前 10 强省会城市中居第六位。2020 年，长沙市全社会研发经费投入增加到 357.52 亿元，投入强度上升为 2.94%，但仍远低于杭州、南京、武汉、广州等城市 2019 年的水平。特别是基础研究经费投入的短板更为突出，2019 年，长沙市基础研究经费占研发经费的比重为 5.92%，在 GDP 前 10 强省会城市中居第八位，比广州市低 7.76 个百分点。

从研发人员看，2019 年万名就业人员中研发人员 113.30 人，在 GDP 前 10 强省会城市中居第六位。尽管 2021 年人才总量由 2017 年的 110 万增至 280 万，"人才吸引力指数"居全国第十，全市常驻和柔性引进的两院院士达到 58 名，但高端人才仍然不足，尤其是电子信息、人工智能、软件等行业高端专业人才缺乏。同时应用型人才引进较少，由于企业对人才评定缺乏自主性，难以留住人才。

(二) 研发机构明显不足

长沙市共有高校 58 所，其中"985"院校 3 所，"211"院校 1 所，"双一流"建设学科 12 个，在 GDP 前 10 强省会城市中居第七位；有国家级重点实验室 9 个，而成都 11 个、武汉 20 个、西安 19 个、合肥 7 个。目前长沙尚没有大科学装置和国家实验室，而同处中部的合肥已建成 8

个大科学装置，1个国家实验室，另有2个国家实验室正在筹建。武汉也已建成2个大科学装置，筹建1个国家实验室；有独立科研机构99家，其中中央驻长机构16家，在GDP前10强省会城市中位居中游水平。因此，长沙市研发机构明显不足，特别是在国家重大科技基础设施建设方面，长沙还需抓紧谋篇布局。

（三）重大研发成果丰硕

从科技成果看，"十三五"期间，长沙市共获得国家科技成果奖74项，其中国家技术发明一等奖1项，国家科技进步特等奖3项，特别是超级计算机、超级水稻、超级工程机械等战略性优势领域重大成果丰硕。2019年，长沙市国家级科技成果奖数126.63项当量，位居全国前列，在GDP前10强省会城市排名第四，远超郑州、福州、济南和合肥，也超过广州和成都。

表4-2　　　GDP前10强省会城市原始创新能力比较

城市	全社会研发经费支出与地区生产总值比（%）	基础研究经费占研发经费比重（%）	万名就业人员中研发人员人年/万人	双一流建设学科数（个）	国家级科技成果奖数（项当量）
长沙	2.73	5.92	113.30	12	126.63
广州	2.87	13.68	133.76	18	119.20
成都	2.66	7.54	100.02	13	111.37
杭州	3.45	6.13	175.38	19	143.51
武汉	3.21	5.42	137.34	29	163.39
南京	3.32	10.94	244.34	38	186.38
郑州	2.04	3.63	101.15	3	19.43
济南	2.39	6.76	98.01	2	39.92
福州	2.15	9.20	75.68	1	21.81
合肥	3.10	11.34	121.89	13	47.41

资料来源：《国家创新型城市创新能力监测报告（2021）》，中华人民共和国科学技术部。

三　技术创新能力

技术创新是创新过程中重要的一环，企业是技术创新最重要、最基础的主体。依据《国家创新型城市创新能力评价报告（2021）》的评价结果，长沙市技术创新能力指数值为70.0，在GDP前10强省会城市中居第五位，高于成都、郑州、济南、福州、合肥五市，低于广州、杭州、武汉、南京四市。其中规上工业企业研发经费支出与地区生产总值之比、万人发明专利拥有量具有较大优势，而国家高新区营业收入与地区生产总值之比、技术输出合同成交额与地区生产总值之比是其突出短板。

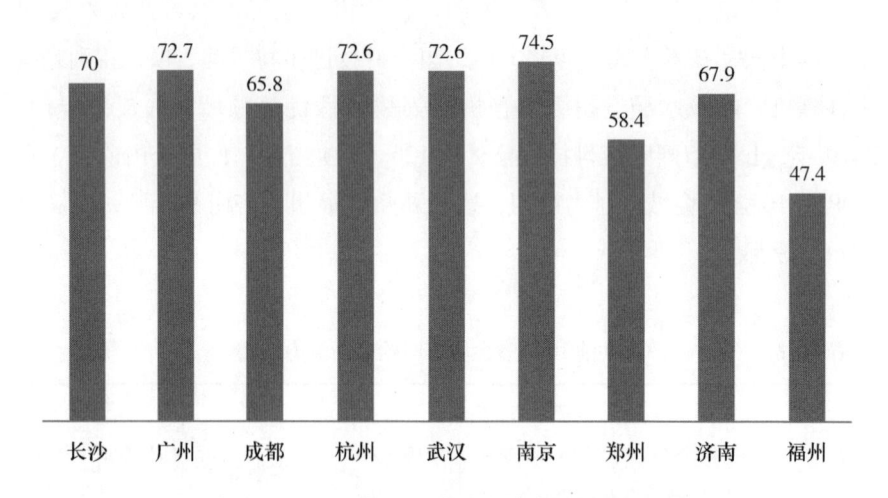

城市	指数
长沙	70
广州	72.7
成都	65.8
杭州	72.6
武汉	72.6
南京	74.5
郑州	58.4
济南	67.9
福州	47.4

图4-5 GDP前10省会城市技术创新能力指数

资料来源：《国家创新型城市创新能力评价报告（2021）》，中华人民共和国科学技术部。

（一）规上企业创新优势明显，但中小企业创新不足

从企业研发投入看，2019年长沙市规上工业企业研发经费支出与地区生产总值之比为2.15%，仅次于合肥市，位居GDP前10强省会城市第二，是成都市的2倍。

从企业研发活动看，长沙"三上"企业中开展研发活动的企业数占比为41.1%，成果承接转化能力有待提升，特别是中小企业资本积累有限、科技成果供需的信息不对称，商业化、产业化能力不强，很难依靠自身力量引进和消化校所的科技成果。

从创新企业数量看，2019年长沙市拥有高新技术企业3055家，位居GDP前10强省会城市第六，不到广州的1/3，比杭州少2047家。尽管近两年高新技术企业成长迅速，2020年高新技术企业总数达到4142家，但

仍然远低于广州、杭州等市2019年的水平，比武汉少2117家，比成都少1078家；2021年拥有全球独角兽企业3家，高于武汉、郑州、合肥等市，国家级专精特新"小巨人"企业69家，位居全国第八、中部第一。

（二）技术创新绩效位居后列，技术输出合同成交额低

从高新技术产业产值看，2019年长沙市国家高新区营业收入4782.83亿元，占地区生产总值的41.32%，居GDP前10强省会城市第八位，远低于武汉、杭州、合肥、济南四市。

从发明专利拥有量看，2019年，长沙市万人发明专利拥有量为32.97件，居GDP前10强省会城市第五位。2021年万人发明专利拥有量为41.63件，居全国省会城市第七位，虽然与南京、杭州相比差距较大，但总体位居GDP前10强省会城市中上游水平。

从技术输出合同成交额看，2019年长沙市技术输出合同成交额为234.63亿元，与地区生产总值之比为2.03%，居GDP前10强省会城市第七位，不到广州、成都、武汉、南京的1/2。

表4-3　　　GDP前10强省会城市技术创新能力比较

城市	规上工业研发经费支出与地区生产总值之比（%）	高新技术企业数（家）	国家高新区营业收入与地区生产总值之比（%）	万人发明专利拥有量（件/万人）	技术输出合同成交额与地区生产总值之比（%）
长沙	2.15	3055	41.32	32.97	2.03
广州	1.41	11897	49.62	38.22	5.18
成都	1.09	4078	41.34	25.36	6.77
杭州	1.86	5462	68.28	56.61	1.74
武汉	1.37	4276	80.46	41.12	5.08
南京	1.92	4644	48.32	68.79	4.19
郑州	1.52	1917	25.38	13.80	1.10
济南	1.99	2212	60.74	28.55	2.99
福州	1.26	1407	13.23	19.52	0.51
合肥	2.30	2531	66.13	32.18	2.33

资料来源：《国家创新型城市创新能力监测报告（2021）》，中华人民共和国科学技术部。

四 成果转化能力

成果转化是将知识、技术等潜在生产力转化为现实生产力的创新活动，是创新驱动发展的关键环节。成果转化需要创新系统内、外各主体的通力合作，特别是科技中介服务体系和政府的积极作为。依据《国家创新型城市创新能力评价报告（2021）》的评价结果，长沙市成果转化力指数值为65.7，在GDP前10强省会城市中居第八位，仅高于郑州和福州两市，低于广州市14.3个百分点。从其构成看，除规上工业企业新产品销售收入与营业收入之比外，其余所有下一级指标数值均处于GDP前10强省会城市中的最末一个方阵。

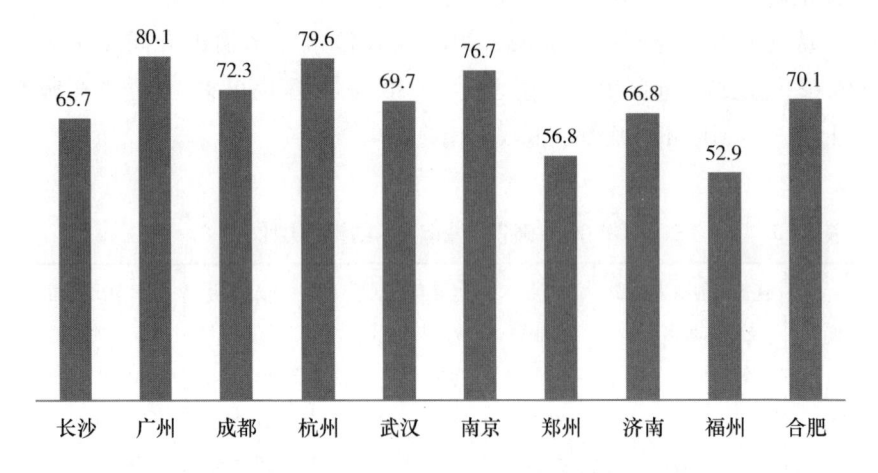

图4-6 GDP前10省会城市成果转化能力指数

长沙	广州	成都	杭州	武汉	南京	郑州	济南	福州	合肥
65.7	80.1	72.3	79.6	69.7	76.7	56.8	66.8	52.9	70.1

资料来源：《国家创新型城市创新能力评价报告（2021）》，中华人民共和国科学技术部。

（一）成果转化载体不足，功能低下

从成果转化平台载体看，目前长沙拥有湘江新区、自贸试验区长沙片区、长株潭国家自主创新示范区、国家新一代人工智能创新发展试验区等国家级平台，1个国家级高新区，12个省级以上高新产业园区。2021年，长沙市有各类科技创新平台1478家，其中国家级93家。有双创平台216家，其中国家级44家。但双创平台资金主要依靠政府补贴维持，资源利用和整合力较弱，校所的科研成果与众创空间、孵化器之间良性互动不够，协同创新能力不足。

从成果转化孵化器看,2019 年,长沙市有国家级科技企业孵化器、大学科技园、双创示范基地共 39 个,不到杭州、广州、南京、武汉的 1/2,在 GDP 前 10 强省会城市中居第七位;在孵企业 364 家,不到杭州、成都、武汉的 1/2,在 GDP 前 10 强省会城市中居第八位。

从科技型中小型企业看,2019 年长沙市有科技型中小型企业 1101 家,在 GDP 前 10 强省会城市中同样居第八位,仅为广州的 11.88%、南京的 16.45%、成都的 21.13%。2021 年,长沙市科技型中小企业已达 4451 家,同比增长 75.26%,增长迅速。但与广州、南京、成都、武汉、合肥等城市相比,无论是总量还是增速,差距较大。

(二)成果转移转化不足,技术输入合同成交额低

从技术输入合同成交额看,2019 年技术输入合同成交额 168.02 亿元,与地区生产总值之比为 1.45%,在 GDP 前 10 强省会城市中居第九位,仅高于郑州市 0.08 个百分点,不到南京、广州、济南、武汉的 1/2。

从创业板上市企业数看,2019 年长沙市创业板上市企业 8 家,在 GDP 前 10 强省会城市中居第五位,处于中游水平。

从企业新产品销售收入看,2019 年长沙市规上工业企业新产品销售收入与营业收入之比为 35.67%,在 GDP 前 10 强省会城市中居第三位,仅低于杭州市和合肥市,优势明显。

表 4-4　　GDP 前 10 强省会城市成果转化能力比较

城市	技术输入合同成交额与地区生产总值之比(%)	创业板上市企业数(家)	国家级科技企业孵化器、大学科技园、双创示范基地(个)	国家级科技企业孵化器、大学科技园新增在孵企业数(家)	科技型中小型企业数(家)	规上工业企业新产品销售收入与营业收入之比(%)
长沙	1.45	8	39	364	1101	35.67
广州	3.79	10	84	661	9267	27.8
成都	2.93	11	67	806	5211	11.25
杭州	2.39	16	101	957	2983	37.07
武汉	3.17	7	80	765	1540	14.49
南京	4.11	5	96	701	6693	20.40

续表

城市	技术输入合同成交额与地区生产总值之比（%）	创业板上市企业数（家）	国家级科技企业孵化器、大学科技园、双创示范基地（个）	国家级科技企业孵化器、大学科技园新增在孵企业数（家）	科技型中小型企业数（家）	规上工业企业新产品销售收入与营业收入之比（%）
郑州	1.37	0	37	400	3777	32.11
济南	3.41	5	48	285	1060	31.91
福州	1.65	3	16	124	1008	12.43
合肥	2.68	12	38	367	1576	42.79

资料来源：《国家创新型城市创新能力监测报告（2021）》，中华人民共和国科学技术部。

五 创新驱动能力

创新是将发现或发明的成果应用于经济生活中，或将生产要素加以重新组合，以节约物质资源和产生经济效益及社会财富的过程。因此，创新的目的或目标就是驱动经济高质量发展，提升民生福祉。依据《国家创新型城市创新能力评价报告（2021）》的评价结果，长沙市创新驱动力指数值为71.9，在GDP前10强省会城市中居第三位，与杭州、广州、南京同处于第一方阵。仅比排名第一的杭州市低7.4个百分点。从其构成看，除单位地区生产总值能耗较高外，其余指标值与GDP前10强省会城市相比优势明显。

（一）创新驱动经济结构优化成效明显，但节能减排任务重大

从经济结构看，2019年长沙市高新技术企业营业收入与规上工业企业营业收入之比为93.40%，位居GDP前10强省会城市中第一，且高出排名第二的济南市6.24个百分点。

从绿色发展水平看，2019年长沙市单位地区生产总值能耗为0.42吨标准煤/万元，在GDP前10强省会城市中排名第二位，仅低于武汉市，表明长沙市节能减排和碳中和、碳达峰的责任与任务重大。

（二）创新驱动社会财富增长和城乡协同均衡发展良好

从居民人均收入看，2019年长沙市居民人均可支配收入为5.52万元/人，在GDP前10强省会城市中居第四位，仅低于杭州、广州、南京

第四章 强科技创新——提升省会城市创新驱动力

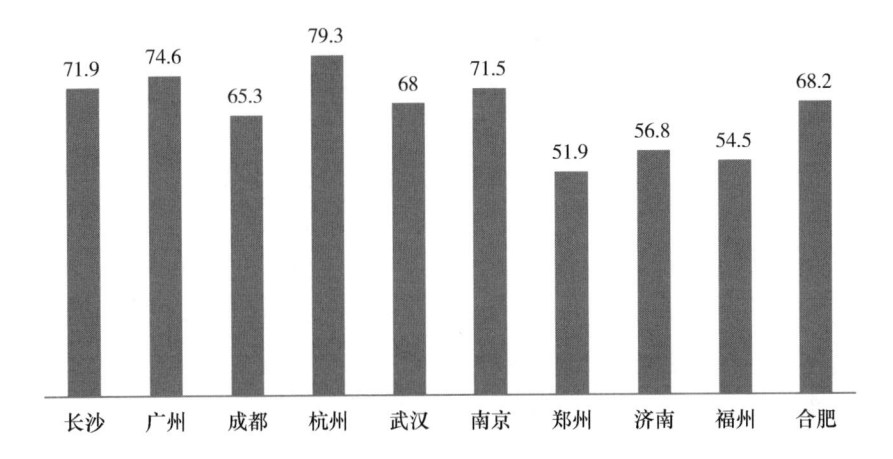

长沙	广州	成都	杭州	武汉	南京	郑州	济南	福州	合肥
71.9	74.6	65.3	79.3	68	71.5	51.9	56.8	54.5	68.2

图 4－7　GDP 前 10 省会城市创新驱动能力指数

资料来源：《国家创新型城市创新能力评价报告（2021）》，中华人民共和国科学技术部。

三市。

从城乡居民收入比看，2019 年长沙城乡居民人均可支配收入之比为 1.71，在 GDP 前 10 强省会城市中居第十位，表明长沙市城乡协同均衡发展良好。

表 4－5　　　　　GDP 前 10 强省会城市创新驱动能力比较

城市	高新技术企业营业收入与规上工业企业营业收入之比（%）	单位地区生产总值能耗（吨标准煤/万元）	城乡居民人均可支配收入之比	居民人均可支配收入（万元/人）
长沙	93.40	0.42	1.71	5.52
广州	76.92	0.37	2.25	6.51
成都	48.17	0.37	1.88	4.59
杭州	84.12	0.31	1.82	6.61
武汉	80.02	0.58	2.09	5.17
南京	59.34	0.28	2.33	6.44
郑州	33.07	0.39	1.79	4.21
济南	87.16	0.42	2.67	5.19
福州	19.81	0.40	2.25	4.79
合肥	72.84	0.26	2.02	4.54

资料来源：《国家创新型城市创新能力基础报告（2021）》，中华人民共和国科学技术部。

第三节　提升长沙创新驱动力的对策举措

目前，长沙处于由投资驱动向创新驱动的过渡阶段。从上述比较分析可知，与 GDP 前 10 强省会城市相比，长沙市创新能力水平总体处于中等水平。其中，创新驱动能力较强，而创新治理能力、原始创新能力、技术创新能力处于中下水平，成果转化能力弱。从具体指标看，在财政科技投入、基础研究经费占研发经费比、双一流建设学科数、技术合同成交额与地区生产总值比、国家级科技创新创业平台数、科技型中小型企业数、国家高新区营业收入与地区生产总值比、单位地区生产总值能耗等方面存在明显短板。因此，必须聚焦科技成果转移转化，强化政产学研协同创新，通过创新系统的有机融合与创新资源要素的有效组合，推动创新能力整体跃升，为实施"强省会"战略提供强力引擎与有力支撑。

一　提升地方政府的治理力

创新是一个渐进性的积累过程，需要投入大量的知识、人力、物力、财力，面临着极大的风险和不确定性。因此，创新需要驱动机制来保障、激励、引导、支撑其形成与转化。驱动机制的意义就在于建立一种新的组织方式和政策安排，规避或降低创新过程中的风险，同时激活和释放更多的市场活力，拓展出新的创新空间。由此，强创新不能缺少政府职能作用和治理能力的提升。

（一）强化组织领导，协同多方共建联创

一是发挥长沙市科技创新委员会的组织领导和牵头抓总作用，强化科技、发改、经信、招商、财政、金融、科协等各部门协同联动，统筹推进创新驱动的相关工作，研究重大政策、重大问题和重点工作，加强政策衔接和工作协调，跟踪、督促各项目标任务、重大项目和政策落地落实。二是区、县（市）各级主管部门要结合实际，制定相关实施方案与配套措施，明确责任主体，统筹推动政策、方案等落地，凝聚齐抓共促科技创新的强大合力。三是组建市科技创新"智囊团"，发挥在长校所学科优势和学者的专业优势，推动科技成果竞相涌现。建立市科技创新

第四章　强科技创新——提升省会城市创新驱动力

委员会领导联系院士机制，充分了解院士团队研发情况，推动院士团队科技成果转移转化。四是成立由市科技局牵头，市属国有平台公司及岳麓山大学科技城和县（市）区、园区等组成的科技成果转化专门机构，常态化开展项目发现、挖掘、策划、转化和服务工作，建立可转化科技成果项目库，促进成果与企业无缝对接。

（二）强化战略规划，健全创新治理机制

一是聚焦强省会的使命与任务，进一步完善和实施好长沙市创新发展中长期战略规划，紧盯规划目标、重点任务和重大项目，出台相应的政策措施，进一步完善营商环境，把握时序加快推进。二是建立市科技创新监测评价机制，巩固和提升现有信息化监测统计渠道，坚持目标导向，强化过程管理。完善政策实施绩效评估和督促检查机制，综合运用第三方评估、社会监督评价等多种方式，科学评估政策实施效果，确保各项政策举措落实到位。特别是定期对高校、园区的运营平台公司进行目标绩效考核，对政府支持的中小科技型企业成果转化落地进行绩效考评。三是加快推进长沙市科技创新和促进科技成果转化方面的地方立法，进一步完善知识产权制度和知识产权保护，有效激发创新创造活力。推进知识产权证券化探索，拓宽科技型企业融资渠道。

（三）强化财政投入，加大金融保险支持

一是充分发挥财政资金的作用，大幅增加财政预算中科技发展资金的支出力度，逐步提高财政科技支出占公共财政支出的比重，特别是要大幅提高基础研究经费的支出力度，支持战略性重大科技成果的产业化前期攻关和示范应用。做大科技成果转移转化基金，加大政府引导母基金扶持成果转化力度，设立长沙市天使基金并逐步扩大规模。开展股权投资引导基金改革试点，设立长沙市科技成果转化种子基金，加大基金扶早扶小扶优力度。二是引导和规范科技金融发展。探索成立长沙市科技金融集团，主导或参与科技金融产品的创新和推广。组建由政府基金、风投创投机构、大学知识产权转化中心共同组建的新型运营管理公司，为科技成果"孵化、转化、产品化、产业化"提供更全面的创新支持。整合各级风补基金，设立长沙市科技成果转化贷款风补基金，给予金融机构、国有风补基金，投资基金等运营平台尽职免责支持，提高科技成果转化专项风补基金的风险分担比例和赔付上限。全面推行科技型企业知识价值信用贷款，推进长沙高新区，岳麓山大科城知识价值信用贷款风险补偿试点工作。三是推动商业银行科技金融创新。支持商业银行发展"股权＋债权"的创新服务模式，与创投机构紧密合作，与非银行金融机构建立战略联盟，针对科技企业采取专门的客户价值管理，形成一套专门的评价模型。支持商业银行开展知识产权质押和股权质押，与政府合作推出"科贷通"并扩大风险池以降低出险后损失。四是加快非银科技金融体制创新。设立长沙市天使投资基金和长沙市天使投资风险补偿基金，在天使投资上，除资金支持外，天使投资基金管理公司负责向企业推荐优秀的创业导师进行运作辅导，以天使投资基金作为担保，从银行等金融机构获得更多的资金支持，并积极引导政府天使母基金下沉到区、县。在创业投资上，创业投资基金主要对初创期企业投资，以财政资金撬动社会资本投入，同时大力引进达晨创投、创新工场、真格基金等国内头部创投机构深度参与长沙股权投资市场。在私募股权基金上，探索建立私募机构白名单机制，着力推动风投机构向 FOF（基金的基金）发展。在科技担保上，通过创业担保、担保换期权、担保分红等方式，推动担保和创投深度融合、政策性担保和社会担保有机结合，建立完善的科技型信用担保体系。探索设立科创专项担保资金，拓宽科技保险试点领域，鼓励保险机构开发科技成果转化险种。

二 提升企业校所的创新力

企业和高校院所是创新系统中的主体。其中，企业以技术创新和知识应用为主，同时进行知识传播，主要依据市场潜在的要求来组织创新。科研机构以知识创新为主，同时进行知识传播和知识转移。高等院校以知识传播和高素质人才培养为主，同时进行知识创新和知识转移。目前，长沙市原始创新力与技术创新力不强，处于 GDP 前 10 强省会城市中后水平。由此，充分发挥企业、高校院所的能动性，提升创新系统内原始创新、技术创新能力尤为重要。

（一）提升企业技术创新能力

一是鼓励与支持"三上"企业注重自身内部创新资源组合，建立企业技术中心等各类研发平台，提高企业技术创新能力，培育具有全球影响力的科技领军型企业。鼓励中小企业快速向高新技术企业转型，加快发展科技中小型企业，培育更多"独角兽"和行业细分领域"隐形冠军"企业。二是出台"专精特新"企业专项金融支持政策，依托岳麓山大科城专精特新中小企业股权融资服务平台，强化"专精特新"小巨人企业培育。三是支持企业充分利用和整合外部资源，与校所、重点实验室、工程技术研究中心、新型研发机构等深度合作，开展产学研联合创新。鼓励企业与社会资本联合共建重点实验室、协同创新中心，开展研发和成果转化活动。支持龙头企业与国际知名机构组建海外科技中心和国际科技合作基地，实施"揭榜挂帅"重大科技攻关项目和科技重大专项，提高企业科技创新和成果承接转化能力。

（二）深化校所科技体制改革

一是加强顶层设计，建立常态、长效的支持机制和完善的支持政策，保障土地、资金、人才等要素供给，充分发挥长沙创新策源地和高端人才汇聚地的优势，发挥岳麓山大学科技城良好的创新基础和潜力，加快知识创新和知识转移，大幅提升原始创新和技术创新能力。二是在校所建立定量与定性相结合的长期考核制度，以科研团队而非个人作为考核的基本单元，破除"四唯"导向，建立以"代表作"为导向的科研评价体系，建立以创新能力、质量、贡献为导向的科技人才评价体系，出台可操作性的科技成果转化导向评价机制，探索以产学研合同的科技产出为重点、以向企业提供技术的绩效作为决定财政科研经费支持额度的依据，促进校所以市场为导向开展技术研发。三是完善创新激励机制，开展职务科技成果管理改革，尝试在部分高校开展职务科技成果所有权、处置权、收益权改革试点，将职务科技成果单列管理，以作价入股等方式转化职务科技成果形成的国有资产处置，由高校自主决定，不审批、不备案。健全职务科技成果收益（现金+股权）混合所有制，科技人员从科技成果转让或许可净收入中提取不低于70%的比例，作价投资所占股份的70%归属职务科技成果完成人，其余30%由资产经营公司代表学校持有。四是建立科技成果转移转化尽职免责机制，在科技成果转化过程中，科技成果转化单位相关负责人在履行勤勉尽责义务、没有牟取非法利益的前提下，免除科技成果定价中因科技成果转化后续价值变化产生的决策责任，通过细化制度规则、明确免责范围和条件。

(三) 推动技术创新联盟发展

一是推动建设产业技术创新联盟，依托科技领军企业组建体系化、任务型创新联合体，做强做大一批重大技术产业创新平台。二是支持组建中小企业技术创新联盟，开展行业共性技术研发。三是推动建立产学研协同创新联盟，鼓励优势产业、重点行业内建立技术创新联盟，鼓励企业与校所建立产学研协同创新联盟，提升高校、院所成果本地转化率。四是探索建立"技术创新联盟网站"，促进联盟间的信息交流和技术进步。鼓励中介机构作为国家科研项目的协调单位，参与和支持联盟发展。

三 提升平台载体的支撑力

创新平台包括技术商业化体系、科技园区、科技孵化基地、创客空间、产业化平台等。这些平台载体在数量和规模上的快速崛起，极大地促进了从"区域自主创新"到驱动"区域产业发展"的速度。目前，长沙市创新能力不强，成果转化率低，其重要成因之一是国家级科技企业孵化器、大学科技园、双创示范基地等平台载体发育滞后。因此，必须加快创新平台建设，提升区域公立性技术和产业共性技术、核心技术的集成、技术配套水平与技术工程化服务水平，为创新成果熟化与转化提供良好的孵化环境和中试条件。

(一) 加快新型研发机构建设

一是突破体制机制、资金投入等障碍，持续放大现有计算与数字经济、半导体技术与应用、汽车、现代食品等创新研究院、天仪空间科技研究院、新材料研究院、智能驾驶研究院、智能制造研究总院等社会主体新型研发机构的创新效能，加快推进增材制造、北斗产业安全、环保服务、新能源材料、创新药物、特种工程装备、干细胞与再生医学等工业技术研究院建设，在新能源、木本油料、生物基材料等领域前瞻部署新一批市级新型研发机构。二是依托校所、科技领军企业建立新型研发机构，实行"研究院+运营公司+基金"多元化投入团队持股的混合所有制模式。三是加快推进新型研发机构建设和运营的建章立制，出台新型研发机构认定细则和操作办法，协同政产学研多方资源共建新型研发机构，推动校所和大型科学仪器设施协作网向新型研发机构开放。

（二）加快中试熟化平台建设

一是依托岳麓山大学科技城、湘江科创基地及其他国家级大学科技园等，建设一批科技成果概念验证中心，按其年度收入给予奖补，并针对特定科技成果转化项目设立概念验证基金。二是建设具有长沙特色的中试城，为长沙及其长株潭都市圈提供中试服务。三是制定中试基地建设方案和备案管理办法，依托龙头企业建设一批综合性、专业性的技术中试与市场中试基地，逐步实现重点产业链中试基地全覆盖，并形成政策健全、功能齐全、开放共享、人才队伍完善的中试服务体系，推进市场化的中试服务。四是推动政企校合作共建中试基地，以市场化方式设立中试创新基金，将中试基地纳入科技创新券服务机构库，优先支持中试基地及其依托单位申报的中试项目与重大成果转化类项目。五是设立中试样品项目储备库，结合产业、科技发展需求与定位，筛选一批具有中试基础的技术和产品纳入中试储备库，探索依托中试基地推动高水平创新中试熟化和成果转化的路径与模式。六是打通中试城与各类科技平台的融合通道，依托现有的双创基地、众创空间、企业技术中心等各类科技创新平台，布局和推进中试基地建设，支持中试城申报技术中试类、市场中试类重点实验室、中试车间、中试线等平台。

（三）加快成果孵化载体建设

一是加快国家级成果孵化载体建设，推动实现国家级孵化载体区、县（市）、开发区全覆盖，布局一批硬科技孵化器。二是支持企事业单位和社会力量建设孵化器和众创空间，支持发展"品牌孵化器"。三是鼓励孵化载体设立孵化资金，推动孵化载体拓展与银行、创投机构、担保机构等金融机构的合作广度和深度。四是借鉴美国YC孵化器经验，开设创业孵化班，为创业团队提供与"合伙人""成功创业者""风险投资人"更多交流机会，助其迅速找准市场定位、商业价值、客户群体和成长策略等。

（四）加快成果转移转化平台建设

一是聚焦立体联动的"孵化器"、科技成果产业化的"加速器"、产业链和创新链深度融合的"促进器"，打造集科技资源的聚集、展示、对接、评估、服务、管理于一体，开放型、综合性的科技创新大平台，完善共享式、市场化的运行机制，加速科技创新与成果转移转化。二是积极举办科技成果转化对接、项目路演等活动，推动大型国际展会在长设立国际成果交易展区。推动潇湘科技要素大市场与高校科技成果转化的大科城市场对接,支持区(县、市)、园区联动搭建科技成果对接平台,组建潇湘科技要素大市场工作站。三是做强技术交易服务平台,推动湖南(长沙)知识产权交易中心等交易服务机构建设,积极引进国内外知名技术交易平台在长沙落地。

四 提升创新生态的聚合力

创新需要有一个开放的环境,要有知识的交流、技术的转移、信息的沟通甚至灵感的冲击[①],这些都需要营造一个良好的生态系统来实现。区域创新生态系统是区域创新系统内各行为主体之间通过长期正式与非正式合作与交流形成的、以增强创新能力为目的、相对稳定的联系网络,是促进区域创新的一种制度性安排和手段[②]。目前,长沙创新能力不强,特别是成果转化力低,表明创新系统中各子系统尚未形成紧密结合、分工协同、高效运转的整体。由此,必须构建良好创新生态,加速区域信息、技术、人员、资金、政策等创新资源的流动,使大量交流结点出现,减少区域内各行为主体创新的不确定性,从而促进创新的发展,提升创新能力与创新绩效。

(一)构建开放共享的生态系统

一是推动创新链、产业链、服务链、政策链、资金链有机耦合、政产学研金用服深度融合,打造多主体参与、网络化的创新生态圈。二是政府扮演创新创业服务的集成商角色,重点在"运营产业地产的物理空间优势、利用产业集群的禀赋优势、运作产业投资的增值服务优势、银企投贷联动的金融优势、对接资本市场的通道优势、整合平台资源的集成优势"等方面下功夫。三是加快发展科技中介服务体系,制定长沙市技术转移转化服务机构管理办法,以及长沙市科技成果转化中介服务补贴管理办法,推行科技成果挂牌转化机制,鼓励社会力量依法创办科技中介服务机构。四是充分发挥企业、高等院校、科研院所、科技服务组

---

① 唐炜等:《企业技术创新能力评价理论综述》,《科技进步与对策》2007年第5期。
② 谢瑾岚等:《区域中小企业技术创新能力测度模型及实证分析述》,《科技进步与对策》2010年第6期。

织在知识创新、技术创新与成果转移转化中的积极性与能动性，形成以企业为主体，以市场为导向，政产学研用金紧密结合、开放、协作高效的创新体系，鼓励构建科研虚拟协作网络，促进企业与金融机构、高等院校、科研院所紧密结合，实现科技创新大联盟、大协作。

（二）营建合作协同的运行机制

一是使市场在资源配置中起决定性作用的同时，更好地发挥政府作用，前瞻性、针对性的构建促进区域创新系统内协同创新的政策体系，强化顶层设计与宏观调控，推动财税、金融等领域改革，加强政策的统筹管理、系统衔接和动态调整。二是政府统筹科技创新项目布局和资金安排，依托各类科研项目和重大工程，带动形成科技创新联盟，支持产学研联合攻关解决关键共性技术，择优给予"卡脖子"科技重大专项或关键共性技术研发项目立项支持。三是推动校所与企业、科技园区深度互动。建立企业技术需求发布机制，定期向高校、院所发布技术需求信息。鼓励校所面向企业需求承接横向课题，探索多种方式支持横向科研项目结余经费投资科技成果转化。建立研发信息共享机制，由第三方技术转移机构辅助高等院校、科研院所搜集和整理研发信息，并与企业做好对接，提供中试条件，落实转化关系，促进校企（所）双方成果转化同频共振。

（三）营造和谐优化的创新环境

一是充分发挥地方政府的行政职能作用，在制定配套的产业、财税、金融等创新支持政策、建立健全知识产权保护等创新法律法规体系的提升，提高行政效率与服务水平，创造有利于创新创业的营商环境。二是鼓励支持高等院校、科研机构、新型研发机构等通过与企业合作研究、技术转让、作价入股等多种形式转移转化科技成果。支持在长校所开展前瞻性科技创新，探索科技成果"沿途下蛋"和就地转化机制，支持应用型成果研发和转化，鼓励开展订单式研发和成果转移转化，给予科研人员职务科技成果就地转化一定的奖励。三是鼓励市场组织和政府机构采购"三新""三首"产品，同时建立"首购首用"风险补充机制，对企业购买校所科技成果在长实现转化的给予奖补。四是努力在全社会培植创新文化和冒险精神，建立一种有利于创新的价值观体系，塑造出一种鼓励创新、爱护创新、引导创新的社会文化。

第 五 章

强城市消费——增强省会城市消费拉动力

近些年,通过消费发展助推城市竞争力提升,已成为当前中国城市经济发展的重要战略选择,如越来越多的省会城市积极创建国际性消费中心或区域性国际消费中心。2021年长沙市发布《长沙市国民经济和社会发展第十四个五年规划和二〇三五年远景目标纲要》明确了"四中心三城市"[①]的发展定位,首次提出建设区域性国际消费中心。2022年4月27日,长沙市出台《中共长沙市委关于奋力实施"强省会"战略全面推进高质量发展的决定》,在其中"强产业能级"的重点领域里强调要"创建国际消费中心城市"。可见,在实施"强省会"战略的实践中,长沙市更需要大力促进消费发展,提升省会城市消费活力,增强省会城市发展的动力。

第一节 城市消费发展是强省会的现实需求

消费是一切经济活动的前提,消费是经济增长的重要拉动力。"强省会"不仅要促进城市经济高质量发展,还要遵循以人为核心的新型城镇化发展规律,满足城市居民生产生活生态等综合发展需求。消费发展则

---

① 即围绕打造国家中心城市、长江经济带核心增长极、现代化新湖南示范区、具有国际影响力的现代化城市,全面建设国家重要先进制造业中心、国家科技创新中心、国际文化创意中心、区域性国际消费中心、内陆地区改革开放引领城市、国家综合交通枢纽城市、宜居乐业幸福城市。

是其不可或缺的重要力量，是"强省会"战略实施的现实需求。

一 双循环新发展格局下消费发展是城市经济发展的主动力

近些年，面对复杂的国际国内形势，中国提出构建双循环新发展格局的战略。2020年5月，习近平总书记明确指出"要把满足国内需求作为发展的出发点和落脚点，逐步形成以国内大循环为主体、国内国际双循环相互促进的新发展格局"①。2020年8月习近平总书记再次强调要"抓住扩大内需这个战略基点，使生产、分配、流通、消费更多依赖国内市场，提升供给体系对国内需求的适配性，形成需求牵引供给，供给创造需求的更高水平动态平衡"②。消费需求作为国内需求的重要组成部分，将成为双循环新发展格局形成的重要推动力。为了应对疫情带来的经济冲击，各省市纷纷响应中央关于构建双循环新发展格局以及扩大内需的政策要求，城市的消费功能越来越被重视，着力于充分发挥消费对经济增长的拉动力，积极构建高水平的双循环发展体系，消费提振、提质、扩容成为各大中心城市当下的重要目标。

长沙作为湖南省会城市，城市居民消费热情一向很高。长沙是全国知名的消费型城市，在有关机构评选的中国十大夜间经济影响力城市中，长沙位居第三。长沙还是中国旅游研究院发布的"夜间经济十强城市"之一，长沙的文和友、茶颜悦色等至今仍是全国著名的网红消费品牌，倍受中青年的喜爱。可见，长沙消费发展有着很好的基础条件，在双循环新发展格局下，长沙更需着力扩大居民消费需求，充分发挥消费与生产的互促作用，增强消费对城市经济发展的拉动力，使消费增长成为城市经济高质量发展的重要引擎力量。

二 消费发展是促进省会城市生产生活生态融合发展的必然需求

"强省会"的核心要义是提升城市能级和综合竞争力，促进城市生

---

① 习近平：《把满足国内需求作为发展的出发点和落脚点》，《人民日报》2020年5月24日第1版。
② 习近平：《在经济社会领域专家座谈会上的讲话》，《人民日报》2020年8月25日第1版。

产、生活、生态融合发展是提升城市能级的路径之一。当前,中国越来越多的中心城市不断统筹城市空间、规模、产业结构,统筹生产、生活、生态布局,从过去单一的"经济体"转向产城人融合、宜居宜业的"综合体"。这样一种城市发展新阶段主要的特点是,以生产性服务业、文化创意产业、休闲度假等为主的第三产业蓬勃兴起并发展,促进居民消费则是加快城市第三产业发展的有效途径。有研究表明,消费拉动的经济增长模式最有利于第三产业发展,对第三产业产品而言,消费依赖度平均为 82.5%,而投资依赖度平均为 6.7%,出口依赖度平均为 10.8%。[①] 很显然,要促进省会城市生产生活生态融合发展,必然要求通过居民消费的增长带动城市产业结构调整,尤其是带动城市商贸、文旅、金融、物流等第三产业发展。

2022 年 5 月中共长沙市委长沙市人民政府印发《关于贯彻落实"强省会"战略的行动方案(2022—2026 年)》,明确"强省会"战略的目标要求是:以创建国家中心城市、打造"三个高地"引领区、建设宜居宜业宜游的幸福城市、引领长株潭都市圈和全省各市州协同发展为重点,努力把长沙建设成为更具国际影响力的现代化城市。长沙要建设宜居宜业宜游的幸福城市,必然要求高度重视消费发展,重视与消费密切相关的城市商贸、文旅、金融、物流等第三产业发展。这样,也更有利于提升城市综合承载能力,为打造"三个高地"提供高质量的城市功能配套,吸引更多的高层次人才参与"三个高地"引领区建设。

三 消费发展是满足城市居民美好生活需求的根本途径

2020 年 10 月,党的十九届五中全会对新型城镇化战略作出重要部署,特别指出要"推进以人为核心的新型城镇化"。2022 年 3 月,国家发展改革委印发《新型城镇化和城乡融合发展重点任务》,在"加快推进新型城市建设"上强调:坚持人民城市人民建、人民城市为人民,建设宜居、韧性、创新、智慧、绿色、人文城市。当前,中国社会生产力水平明显提高,人民生活显著改善,对美好生活的向往更加强烈,人民群众

[①] 钟陆文、孙得将、龙树国、吴艳:《双重结构失衡、消费增长与产业结构升级》,《经济数学》2013 年第 2 期。

的需要呈现多样化多层次多方面的特点，期盼有更好的教育、更稳定的工作、更满意的收入、更可靠的社会保障、更高水平的医疗卫生服务、更舒适的居住条件、更优美的环境、更丰富的精神文化生活。[①] 对于省会城市而言，更需要全面统筹城市布局的经济需要、生活需要、生态需要、安全需要，大力发展与居民消费相关的行业，不断优化居民消费的基础条件和外部环境，努力满足城市居民的美好生活需求。

2022年4月，中共湖南省委湖南省人民政府出台《关于实施"强省会"战略支持长沙市高质量发展的若干意见》，明确指出，支持长沙市持续提升教育、健康、社会保障等公共服务水平，逐步实现全生命周期公共服务优质共享，推进民生福祉显著改善，不断提高居民幸福指数。为实施"强省会"战略，长沙印发了《关于贯彻落实"强省会"战略的行动方案（2022—2026年）》，明确了制造强市、创新引领、数字赋能、开放融通、交通枢纽、能源保障、绿色低碳、精美城乡、文旅名城、全龄友好、金融保障、人才强市共12个专项行动，这些行动让长沙居民的幸福美好生活触手可及，未来生活愈发可期，而消费发展则更能直接满足长沙居民的美好生活需求。

第二节　长沙消费发展的现状分析与比较[②]

2021年中国省会城市GDP排名中，长沙位居第六。与排名前十的其他九个城市相比，长沙消费发展又处于怎样的位置，需进行深入的比较分析。

一　社会消费品零售的比较

社会消费品零售总额（Total Retail Sales of Consumer Goods）是指企业（单位）通过交易售给个人、社会集团，非生产、非经营用的实物商品金额，以及提供餐饮服务所取得的收入金额。社会消费品零售总额包

---

① 汪晓东、李翔、马原：《江山就是人民　人民就是江山》，《人民日报》2021年6月27日。
② 以下数据来自中国统计年鉴（2019—2021年）或每个城市的国民经济和社会发展统计公报（2019—2021年）。

括实物商品网上零售额,但不包括非实物商品网上零售额。在各类与消费有关的统计数据中,社会消费品零售总额是表现国内消费需求最直接的数据,是研究国内零售市场变动情况、反映经济景气程度的重要指标。

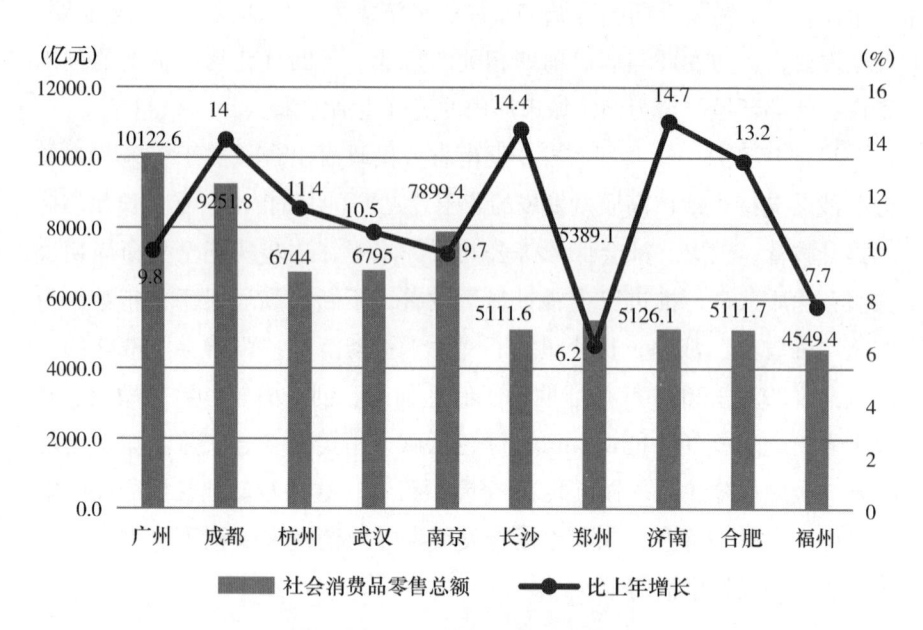

图 5-1 2021 年十个城市的社会消费品零售总额与增速

资料来源:2021 年十个城市的国民经济和社会发展统计公报。

图 5-1 显示,2021 年十个省会城市的社会消费品零售总额看,广州市高达 10122.56 亿元,成都市 9251.8 亿元,武汉市 7439.84 亿元,杭州市 6744 亿元,郑州市 5389.2 亿元,济南市 5126.1 亿元,合肥市 5111.69 亿元,长沙市 5111.57 亿元,南京市 5018.37 亿元,福州市 3198.02 亿元。广州市的社会消费品零售总额高,长沙位居第八,与广州、成都、武汉、杭州的差距较大。可见,长沙尽管是一座消费型网红城市,增速较快,处于十个城市的前列(排名第二),但长沙市社会消费品零售总额仍偏低。

由于 2021 年十个城市中南京的餐饮收入零售总额和商品零售总额统计口径不一样,所以只能对九个城市的社会消费品零售进行结构分析。从上图 5-2、图 5-3 可以看出,餐饮收入零售总额长沙位居第七,商品零售总额长沙位居第五,都比较靠后。从增速上看,餐饮收入零售增速

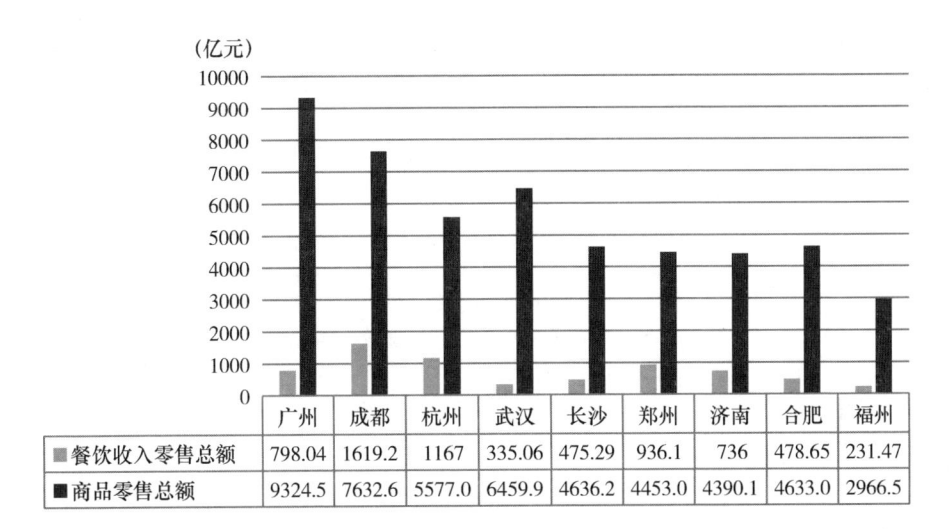

	广州	成都	杭州	武汉	长沙	郑州	济南	合肥	福州
■餐饮收入零售总额	798.04	1619.2	1167	335.06	475.29	936.1	736	478.65	231.47
■商品零售总额	9324.5	7632.6	5577.0	6459.9	4636.2	4453.0	4390.1	4633.0	2966.5

图 5-2　2021 年九个城市的社会消费品零售结构

资料来源：2021 年九个城市的国民经济和社会发展统计公报。

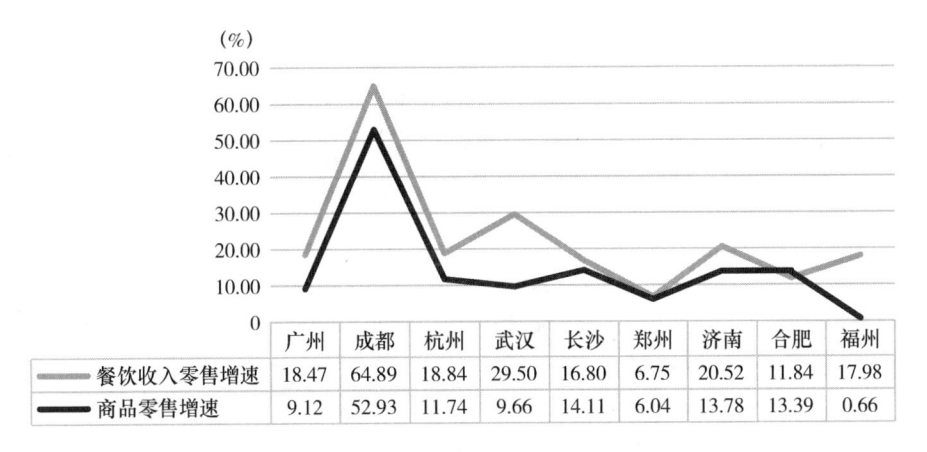

	广州	成都	杭州	武汉	长沙	郑州	济南	合肥	福州
——餐饮收入零售增速	18.47	64.89	18.84	29.50	16.80	6.75	20.52	11.84	17.98
——商品零售增速	9.12	52.93	11.74	9.66	14.11	6.04	13.78	13.39	0.66

图 5-3　2021 年九个城市的社会消费品零售增速

资料来源：2021 年九个城市的国民经济和社会发展统计公报。

长沙位居第七，商品零售增速长沙位居第二。可见，长沙餐饮收入零售总额与增速都偏低。

二　城乡居民收入与消费支出的比较

从图 5-4、表 5-1 可以看出，十个城市的城乡居民人均可支配收入总额和增速的比较看，长沙城镇居民人均可支配收入 62145 元，位居第四,农村居民人均可支配收入总额38195元,位居第二。长沙城镇居民人均可支配收入增速7.20%,位居第九,农村居民人均可支配收入增速为9.90%,位居第九。可见,长沙城乡居民人均可支配收入增速都偏低。

表5–1　　　2021年十个城市的城乡居民人均可支配收入

	城镇居民人均可支配收入总额（元）	农村居民人均可支配收入总额（元）	城镇居民人均可支配收入增速（%）	农村居民人均可支配收入增速（%）
广州	74416.17	34533.26	8.95	10.45
成都	52633	29126	8.32	10.19
杭州	74700	42592	8.79	10.32
武汉	55297	27209	9.80	13.10
南京	73593	32701	8.94	10.40
长沙	62145	38195	7.20	9.90
郑州	45246	26790	5.50	8.10
济南	57449	22580	7.73	10.51
合肥	53208	26856	10.20	10.60
福州	53421	25201	8.36	11.17

资料来源：2021年十个城市的国民经济和社会发展统计公报。

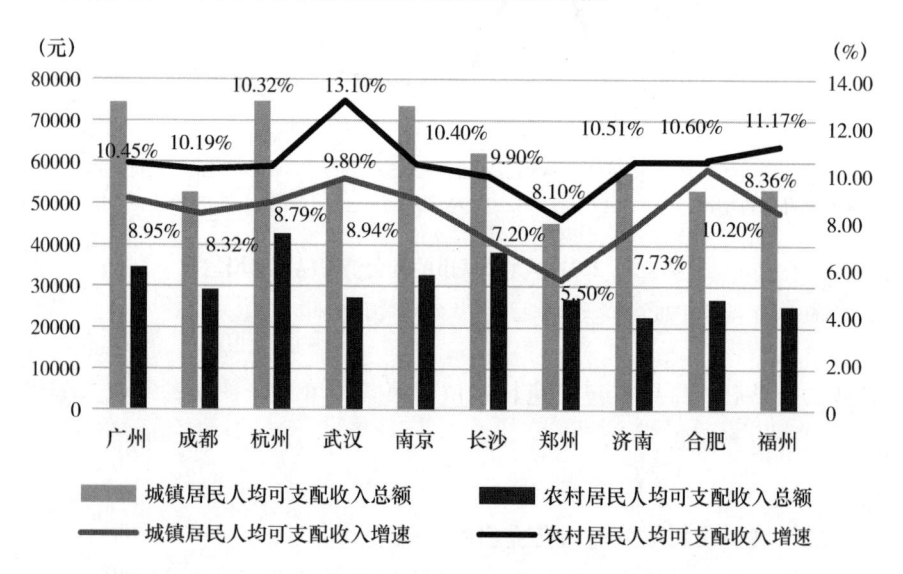

图5–4　2021年十个城市的城乡居民收入总额与增速

资料来源：2021年十个城市的国民经济和社会发展统计公报。

第五章 强城市消费——增强省会城市消费拉动力

表 5－2　　2021 年十个城市的城乡居民人均消费支出

	城镇居民人均消费支出总额（元）	农村居民人均消费支出总额（元）	城镇居民人均消费支出增速（％）	农村居民人均消费支出增速（％）
广州	47161.86	26099.2	6.50	13.52
成都	31581	20460	9.90	10.59
杭州	48629	30224	16.02	17.77
武汉	36684	21558	17.90	18.10
南京	42487	24006	18.50	23.61
长沙	41324	27676	5.60	13.30
郑州	28710	19868	12.81	13.41
济南	36866	14591	7.20	12.70
合肥	32445	16927	32.80	19.28
福州	35664	20911	11.38	18.05

资料来源：2021 年十个城市的国民经济和社会发展统计公报。

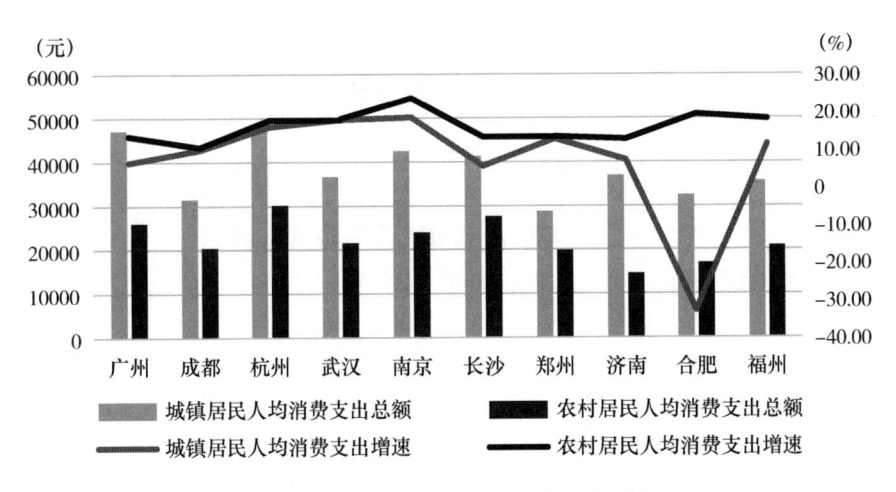

图 5－5　2021 年十个城市的城乡居民人均消费支出总额与增速

资料来源：2021 年十个城市的国民经济和社会发展统计公报。

从上图 5－5、表 5－2 可以看出，十个城市的城乡居民人均消费支出总额和增速的比较看，长沙城镇居民人均消费支出总额 41324 元，位居第四，农村居民人均消费支出总额 27676 元，位居第一。长沙城镇居民人均消费支出增速为 5.60%，位居第十，农村居民人均消费支出增速为 13.30%，位居第八。可见，长沙城乡居民人均消费支出增速都偏低。

三 旅游消费市场的比较

一个城市的旅游消费市场发展状况在一定程度上反映了城市的魅力和影响力，也是拉动城市经济增长的重要消费力量，从统计口径上可以城市旅游相关数据作为分析对象。

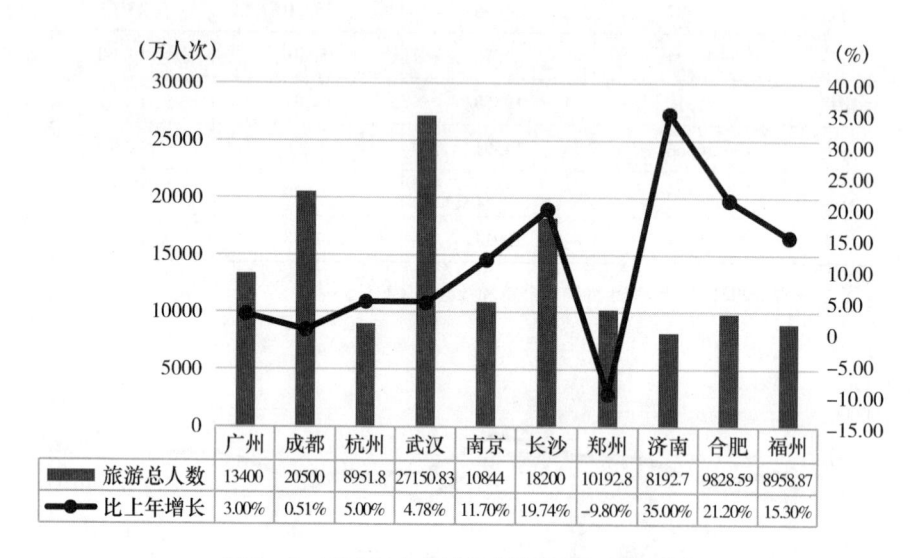

	广州	成都	杭州	武汉	南京	长沙	郑州	济南	合肥	福州
旅游总人数	13400	20500	8951.8	27150.83	10844	18200	10192.5	8192.7	9828.59	8958.87
比上年增长	3.00%	0.51%	5.00%	4.78%	11.70%	19.74%	-9.80%	35.00%	21.20%	15.30%

图 5-6 2021 年十个城市的旅游总人数与增速

资料来源：2021 年十个城市的国民经济和社会发展统计公报。

从上图 5-6 可以看出，2021 年长沙与其他九个省会城市的旅游总人数和增速看，长沙的旅游总人数 18200 万人次，位居第三，增速为 19.74%，位居第三，说明长沙作为网红城市，对于外地游客的吸引力较大。但与武汉、成都相比还有一点差距。

从上图 5-7 可以看出，2021 年长沙与其他九个省会城市的旅游总收入和增速看，长沙市旅游总收入 1926.44 亿元，位居第五，增速为 15.96%，位居第四。可见，长沙市旅游总人数与旅游总收入不是完全的正比例关系，说明城市旅游的经济效益还有待提升。

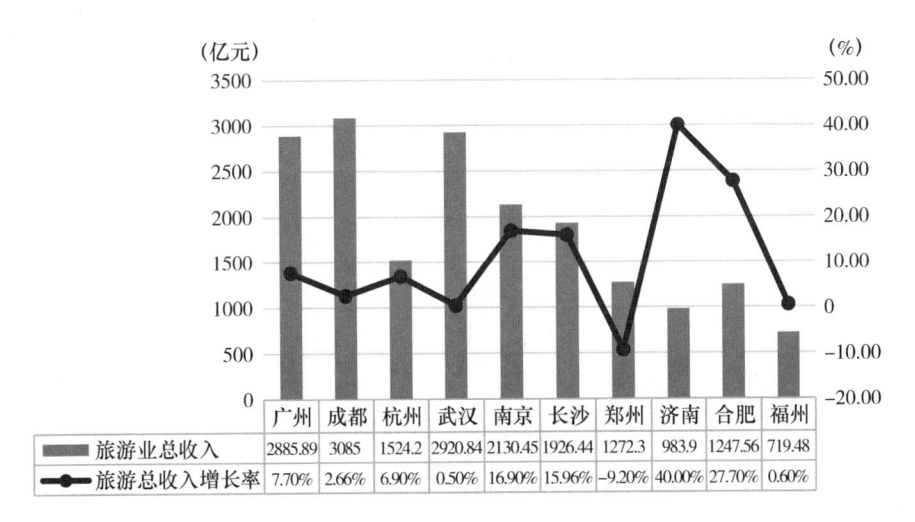

第五章 强城市消费——增强省会城市消费拉动力

图 5-7 2021 年十个城市的旅游总收入与增速

	广州	成都	杭州	武汉	南京	长沙	郑州	济南	合肥	福州
旅游业总收入	2885.89	3085	1524.2	2920.84	2130.45	1926.44	1272.3	983.9	1247.56	719.48
旅游总收入增长率	7.70%	2.66%	6.90%	0.50%	16.90%	15.96%	-9.20%	40.00%	27.70%	0.60%

资料来源：2021 年十个城市的国民经济和社会发展统计公报。

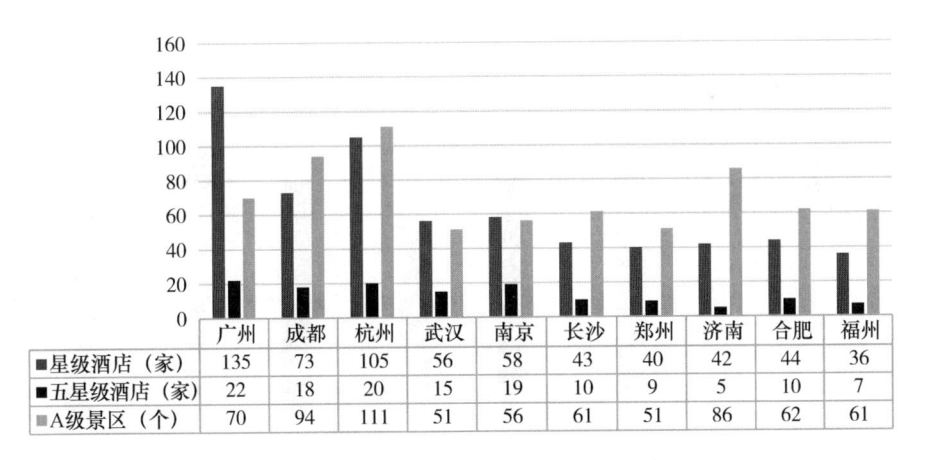

图 5-8 2021 年十个城市的旅游酒店住宿设施

	广州	成都	杭州	武汉	南京	长沙	郑州	济南	合肥	福州
星级酒店（家）	135	73	105	56	58	43	40	42	44	36
五星级酒店（家）	22	18	20	15	19	10	9	5	10	7
A 级景区（个）	70	94	111	51	56	61	51	86	62	61

资料来源：2021 年十个城市的国民经济和社会发展统计公报。

从图 5-8 可以看出，2021 年长沙与其他九个省会城市的旅游酒店住宿设施看，长沙的星级酒店 43 家，位居第七，五星级酒店 10 家，位居第六，A 级景区 61 个，位居第六。说明长沙的城市酒店住宿设施状况有待加强。

四 长沙市 2019—2021 年消费发展情况

2022 年，随着促消费政策的陆续出台，长沙市消费市场持续复苏。

有数据显示，上半年，全市社会消费品零售总额2503.58亿元，同比增长1.5%。线上消费持续壮大，上半年全市限额以上企业通过公共网络实现的商品零售额增长30.6%，占限额以上零售额的比重达18.8%，较2021年提升2.4个百分点。[①]

从图5-9、图5-10所示2019—2021年长沙市社会消费品零售的变化看，2021年（5111.57亿元）超过了2019年（4591.06亿元），获得了恢复性增长。这也说明，经历了2020年疫情最严重时期的居民消费锐减的考验，长沙市居民消费开始逐步回升。从社会消费品零售的内部结构看，2019—2021年乡村消费品零售总额分别是483.39亿元、501.76亿元、572.58亿元，一直处于稳定增长态势，受疫情影响较小。而2019—2021年城镇消费品零售总额分别是4107.67亿元、3968.01亿元、4538.99亿元，受疫情影响波动较大。餐饮收入零售和商品零售也受疫情影响波动较大。

	2019年	2020年	2021年
城镇消费品零售总额	4107.67	3968.01	4538.99
乡村消费品零售总额	483.39	501.76	572.58
餐饮收入零售总额	436.15	406.93	475.29
商品零售总额	4154.23	4062.84	4636.29

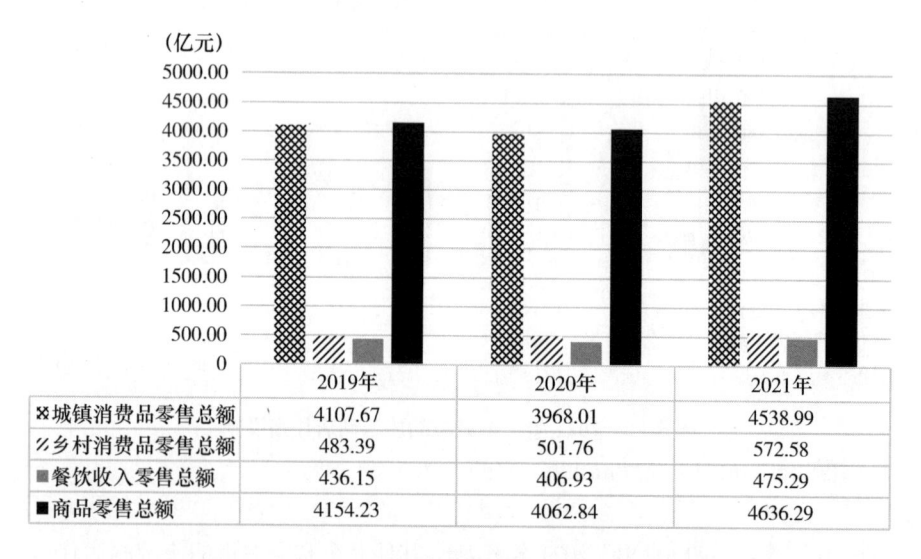

图5-9　2019—2021年长沙市社会消费品零售总额

资料来源：《湖南省统计年鉴》（2019—2021）以及2021年长沙统计公报。

---

① 《2022年上半年长沙地区生产总值6711.29亿元，同比增长4.3%》，《长沙晚报》2022年7月19日。

第五章 强城市消费——增强省会城市消费拉动力

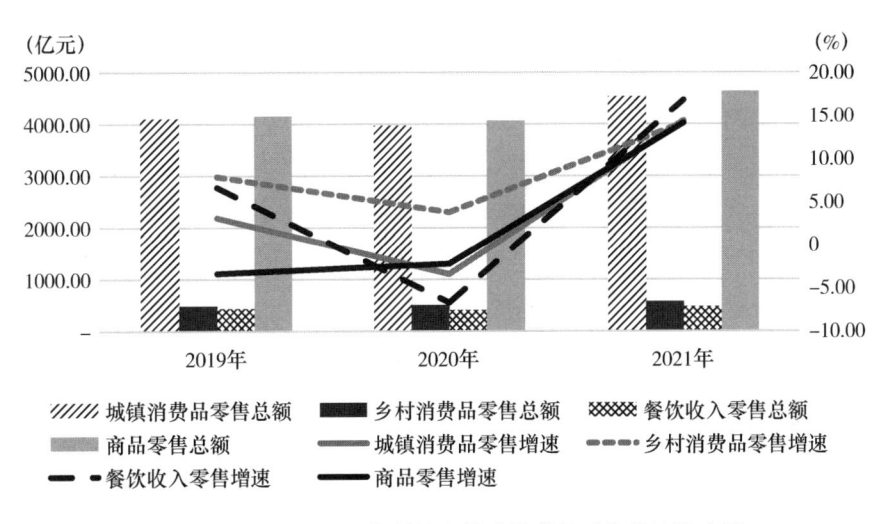

图 5-10 2019—2021 年长沙市社会消费品零售的结构分析

资料来源：《湖南省统计年鉴》(2019—2021) 以及 2021 年长沙统计公报。

从图 5-11 近三年长沙市城镇居民消费八大类支出的变化看，食品烟酒类与衣着消费 2020 年有所减少，2021 年逐步恢复并超过 2019 年；居住消费支出 2020 年锐减，2021 年逐步恢复并超过 2019 年；生活用品及服务消费 2020 年有所减少，2021 年虽有恢复但没有达到 2019 年的水平；交通通信支出从 2019 年开始一直处于逐步减少状态，其中一个原因应是受疫情影响，居民的公共交通支出减少，而私家车出行越来越多。这一点从城镇居民每百户家庭汽车拥有量的不断增长可以得到证明，2019—2021 年分别是 61.8 辆、63.5 辆、67.7 辆；教育文化娱乐支出 2020 年有所减少，2021 年逐步恢复并大大超过 2019 年，增长幅度较大；医疗保健支出从 2019 年开始一直处于逐步增长态势，说明受疫情影响，居民更加注重医疗保健。

从图 5-12、图 5-13 近三年长沙市城乡居民收入与消费支出的变化看，城镇与农村居民人均可支配收入一直处于不断增长状态，只是在 2020 年疫情最严重期间增速有所降低。城镇居民人均消费支出在 2020 年有所减少，2021 年逐步恢复并超过 2019 年；农村居民人均消费支出一直处于不断增长状态，2021 年超过 2019 年的幅度较大，城镇居民人均消费支出增速在 2020 年疫情最严重期间为负增长（-0.97%），农村居民人均消费支出增速有所降低。这说明城镇居民消费受疫情影响最为严重。

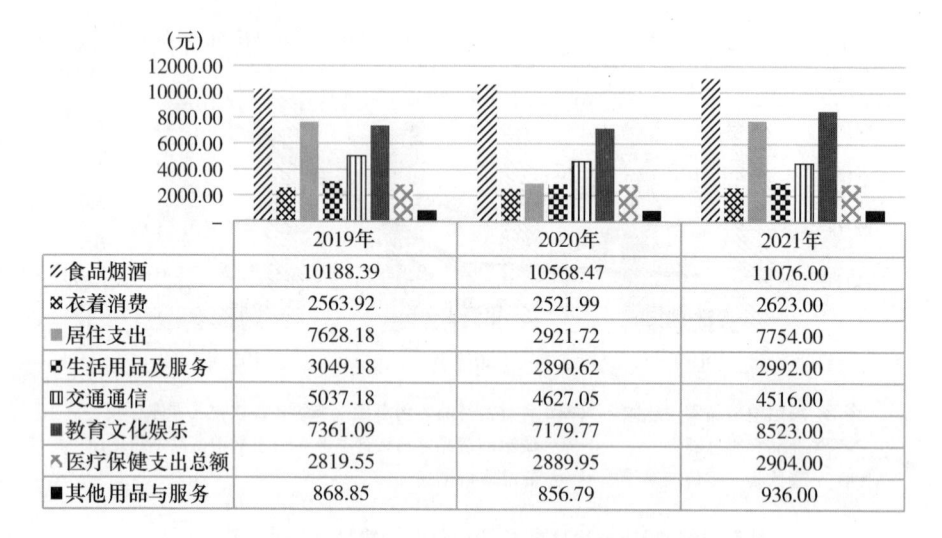

	2019年	2020年	2021年
食品烟酒	10188.39	10568.47	11076.00
衣着消费	2563.92	2521.99	2623.00
居住支出	7628.18	2921.72	7754.00
生活用品及服务	3049.18	2890.62	2992.00
交通通信	5037.18	4627.05	4516.00
教育文化娱乐	7361.09	7179.77	8523.00
医疗保健支出总额	2819.55	2889.95	2904.00
其他用品与服务	868.85	856.79	936.00

图 5-11　2019—2021 年长沙市城镇居民消费八大类支出总额

资料来源：《湖南省统计年鉴》（2019—2021）以及 2021 年长沙统计公报。

	2019年	2020年	2021年
城镇居民人均可支配收入总额	55210.79	57971.23	62145.00
农村居民人均可支配收入总额	32328.92	34754.34	38195.00
城镇居民人均可支配收入增速	8.70%	5.00%	7.20%
农村居民人均可支配收入增速	8.80%	7.50%	9.90%

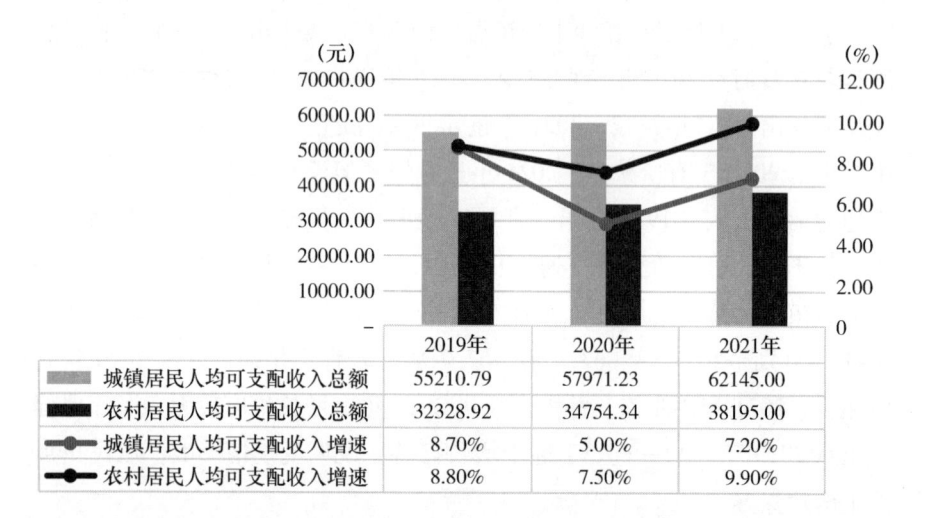

图 5-12　2019—2021 年长沙市城乡居民人均可支配收入与增速

资料来源：《湖南省统计年鉴》（2019—2021）以及 2021 年长沙统计公报。

通过以上长沙市与其他九个省会城市消费发展的横向比较，以及长沙市近三年来消费发展的纵向比较，可以看出长沙市消费发展存在以下不足：社会消费品零售总额、餐饮收入零售总额与增速、城乡居民人均可支配收入增速、城乡居民人均消费支出增速都偏低；城镇消费品零售

第五章　强城市消费——增强省会城市消费拉动力

	2019年	2020年	2021年
城镇居民人均消费支出总额	39516	39133	41324
农村居民人均消费支出总额	23090	24427	27676
城镇居民人均消费支出增速	7.45%	−0.97%	5.60%
农村居民人均消费支出增速	10.17%	5.79%	13.30%

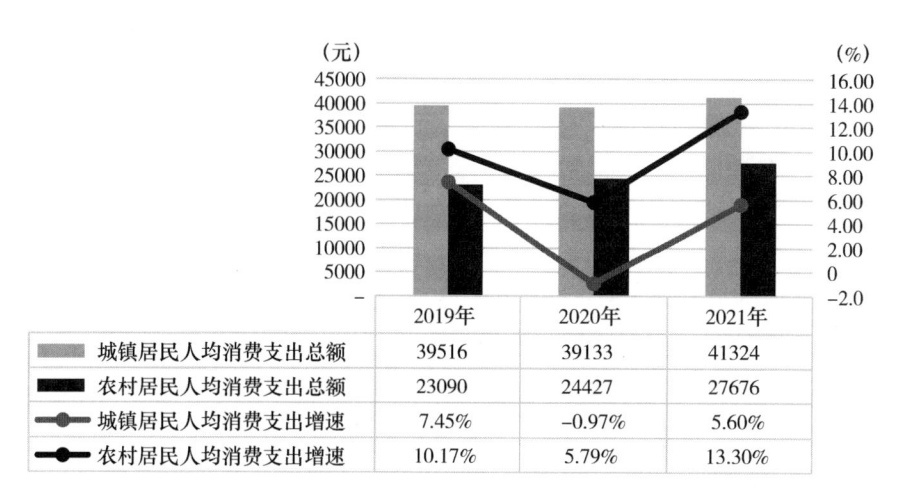

图 5-13　2019—2021 年长沙市城乡居民人均消费支出与增速

资料来源：《湖南省统计年鉴》（2019—2021）以及 2021 年长沙统计公报。

总额、餐饮收入零售和商品零售受疫情影响波动较大，其中城镇居民消费受疫情影响最为严重；生活用品及服务消费虽有恢复但没有达到疫情前的水平，交通通信支出一直处于逐步减少状态。

五　长沙市消费发展存在的主要问题及其原因

（一）消费发展的国际化水平不高

据 21 世纪经济研究院发布的《2021 年国际消费中心城市评价报告》，对 19 座城市进行系统评价，长沙居第十一位，很显然，长沙的消费国际化发展仍有较大差距。

主要原因有：一是高端消费商圈发展不足。长沙十分缺乏具有全球影响力和美誉度的高端消费商圈，除了传统的五一商圈外，其他新兴商圈基本处于规划建设阶段或不成熟阶段。即便是传统的五一商圈，目前仍然存在商业楼宇电梯数量不足、容量小，设施设备老化、停车位缺少，步行街购物环境脏乱差等问题。二是跨境电商服务效率不高。长沙市口岸通关所涉及的海关、检验检疫等 10 余个部门单位之间缺乏高效的协调配合，导致整体通关时间延长，形成外贸服务"孤岛"现象。此外，跨境电商服务"最后一公里"尚未打通，跨境电商企业的小货车不能进城、不能快捷送达成为跨境电商发展的瓶颈。三是长沙领事馆发展有欠缺。

领事馆是一个城市国际化程度的重要标签，也是增强消费发展的国际影响力的重要途径。迄今为止，在长沙设立的领事馆只有一个老挝。成都有20个领事馆，包括美国、德国、韩国、泰国、法国、澳大利亚、新加坡等，武汉有5个：美、法、英、韩、俄，无论是数量还是国家经济体量，长沙在领事馆布局上都有很大努力空间。

（二）城市文旅消费品牌建设不足

从前面十个省会城市的旅游消费市场比较，可以看出长沙旅游总人数与旅游总收入不成正比，说明长沙文旅消费看起来很热闹，但带来的经济效益却不高，根本问题在于长沙文旅消费品牌建设不足。

主要原因有：一是串珠连线的融合发展不够。虽然长沙市景区、街区、文化园区、体育赛场、娱乐场馆、知名企业等各类资源丰富，但互不串联，未能形成"串点成线、汇线为面"的良好局面，游客对旅游资源的丰富体验感不强。区域联动不够，市内各区县（市）未抱团发展，城乡旅游发展不平衡，存在"城市热乡村冷""城市堵乡村荒"现象；长株潭、湘赣边等跨区域合作模式、内容均处于浅层次合作状态。二是城市文化品牌内涵挖掘不力。目前长沙虽有马王堆汉墓、岳麓书院、橘子洲、铜官古镇、梅溪湖国际艺术中心等一批知名的文化品牌，但深度挖掘不够，核心内涵提炼不足，缺乏具有国际影响力的城市品牌形象，同西安大唐文化、杭州西湖文化、成都天府文化等的影响力相比还有一定差距。三是缺乏吸引游客的多元产品。来长游客出行多数以一日游为主，过夜游少，经济效益偏低。以长沙2018年、2019年国庆假期为例，游客人均消费仅800元。据统计，来长的省外客源占比约45%，其中珠三角、中部地区占比达50%，对国内其他地区游客吸引力明显不够；长沙旅游收入、接待人次及入境游排在全国第12—15位，综合竞争力不强，整体上缺乏高品质、高效益、高价值的文体旅产品供给。

（三）新消费品牌发展后劲不强

近些年，文和友、茶颜悦色、水羊股份旗下御泥坊、兴盛优选等都已经成长为长沙的知名新消费品牌，但是从2022年的发展趋势看，这些新消费品牌发展放缓，后劲明显不足。

主要原因有：一是疫情预期不明带来消费市场风险。2020年以来，新冠肺炎疫情给全国消费发展都带来了显著的负面影响，尤其是与文旅消费相关的服务行业受冲击最大。如2022年上半年长沙全市限额以上住宿和餐饮业营业额分别下降17.7%和4.4%。① 长沙的新消费品牌如文和友、茶颜悦色等受外地游客减少的影响，城市的消费流量下滑，有些实体门店关门歇业，消费市场有所收缩。二是新消费行业整体开始降温。资本的偏爱能加快品牌的扩张，自然也会引起行业的降温。近些年，美妆、茶饮等领域的新消费头部品牌，市场规模及用户数遥遥领先，呈现饱和的状态。同时，消费者的消费力有所改变，消费更加理性，导致新消费行业逐步降温。如天眼查APP显示，长沙2021年下半年新消费品牌的融资仅有4起；某餐饮品牌企业从2021年底开始裁员，省外项目投资频频失利。三是电商平台企业竞争加剧。当前，电商购物盛行，根据CNNIC数据显示：截至2021年12月，中国网络购物用户规模达8.42亿，较2020年12月增长5968万，占网民整体的81.6%。② 然而，由于电商平台之间竞争激烈，且行业头部卖家的"太过强势"、新的卖货方式出现等原因，导致长沙的兴盛优选、御泥坊、步步高"better购"等电商平台的发展压力越来越大。

（四）居民消费预期明显不足

从前面长沙市居民消费的纵向比较可知，城镇居民消费受疫情影响最为严重，城镇居民人均消费支出负增长-0.97%，生活用品及服务消费虽有恢复但没有达到疫情前的水平，交通通信支出一直处于逐步减少状态。可见，长沙市居民消费预期明显不足。

主要原因有：一是消费行为收缩。2021年，受疫情防控的常态化、全球供应链的不稳定等影响，加上能源、原料、大宗商品、海运物流涨价等因素的叠加影响，尤其不少地区还被"拉闸限电"，导致一些企业的状况犹如坐过山车一般大起大落。所以，居民同比之前的生活压力突然增大，加之物价一定程度的上涨，人们的消费行为趋于理性，消费支出有所收缩。二是房地产业持续下行。2022年上半年，长沙市商品房销售面积下降26.5%，受商品房销售面积下降的影响，与家装关联度高的家用电器、家具、建筑装潢材料等消费同比回落较大。上半年，全市家用

---

① 胡志伟：《上半年长沙消费品市场呈加速恢复态势》，湖南省统计网，2022年8月2日。
② 王思北、白瀛：《努力把我国建设成为网络强国》，《瞭望》2022年第35期。

电器、家具、建筑装潢材料零售额分别下降 19.2%、20.2%、2.0%，其中 6 月份分别下降 49.1%、30.8%、9.5%。① 三是居民就业预期下降。有数据显示，长沙市 2020、2021 年末城镇登记失业率分别为 3.27%、1.74%。② 2022 年 3 月底，城镇登记失业率为 1.96%，③ 2022 年 6 月，国家统计局长沙调查队先后走访部分高校以及部分用人单位，开展毕业生就业创业情况调查，结果显示，有 69.94% 的被访者表示可以找到工作，但仍有 22.06% 的被访者表示就业困难，很难找到合适的工作。④ 就业形势的不稳定，就业竞争的加剧，使居民就业预期降低，收入预期相应降低，必然也引致消费预期不足。

第三节　国内其他省会城市强消费的经验做法

从社会消费品零售总额看，排在长沙前面的城市有七个，其中排名靠前的广州、武汉、成都作为东中西部的代表性省会城市，在建设国际性消费中心、发展新型消费、优化消费政策等方面都有很多的经验做法，值得学习和借鉴。

一　广州市的经验做法

（一）建设国际消费中心城市

2021 年 7 月 19 日，广州市进入全国开展国际消费中心城市试点建设名单，主要实施五大工程。一是实施"尚品"工程：构建全球消费资源集聚地，提升制造业价值品牌，拓展定制消费新领域，广聚国际高端消费资源，推动农产品双向流通。二是实施"提质"工程：打造全球消费潮流新高地，建设国际知名商圈，提升拓展都市特色商圈，发展国际化新型社区商业，提升商品市场能级，做强电商之都，培育新消费新场景。三是实施"强能"工程：建设多元融合服务消费引领区，提升城市文化

---

① 胡志伟：《上半年长沙消费品市场呈加速恢复态势》，湖南省统计网，2022 年 8 月 2 日。
② 《长沙市 2021 年国民经济和社会发展统计公报》，长沙市政府网，2022 年 4 月 2 日。
③ 李昆励：《二季度岗位需求超 5.7 万个　长沙就业服务"不打烊"》，华声在线，2022 年 4 月 14 日。
④ 《2022 届高校毕业生就业创业情况如何?》，《长沙晚报》2022 年 6 月 9 日。

消费品质，打造世界旅游消费目的地，建设国际康养高地，打造全球会展之都，建设世界美食之都，建设世界体育名城。四是实施"通达"工程：构建面向全球的交通网络，建设国际综合交通枢纽，构建国内直达交通网络，提升城市公共交通便利度，完善现代物流供应链体系。五是实施"美誉"工程：营造具有全球吸引力消费环境，提升城市环境品质，完善相关标准体系，优化消费市场监管，打造重大国际消费平台，构建共建共享体系，形成区域消费联动发展新格局，共建共享现代产业体系，共建共享国际消费枢纽，共建共享优质生活圈。

（二）加速培育与发展新型消费

近几年，广州市高度重视新型消费的培育与发展，主要表现在四个方面：一是大力发展信息消费。支持各类信息消费体验中心旗舰店建设，支持大型企业提升信息技术服务能力，推广5G+VR/AR、赛事直播、游戏娱乐、虚拟购物等应用，协同建设综合型信息消费示范城市。二是加快发展健康服务消费。推动健康体检、专业护理、母婴照料、高端医疗等专业健康服务机构规范化、多样化发展。鼓励医美服务消费，发挥广州庞大医疗资源潜力，为消费者提供专业、安全的医美服务。三是积极创建国家级夜间文旅消费集聚区。依托北京路、天河路、珠江琶醍等重点商圈，在全市推动创建30个高品质夜间消费地标和多个夜间消费打卡地，构建夜间消费新发展格局，打造全国夜间消费创新标杆。四是拓展创造丰富消费新场景。开发蕴含城市元素、广府文化符号、时尚潮流的新消费场景，打造新型旅游、商业综合性消费场景，鼓励购物中心、商场利用物联网、大数据、人工智能等优化消费场景。积极争取设立市内免税店，统筹协调在机场隔离区内为市内免税店设置离境提货点，打造免税购物业态。

（三）2020年以来促消费的相关政策文件

2020年以来广州市为了应对疫情带来的经济冲击，在提振消费上出台了一系列政策文件。一是《广州市推动跨境电子商务高质量发展若干措施》（2020）：着力于建设跨境电商产业园区，打造一站式办理平台，推动区块链技术在溯源、信用、风险防控等领域应用，鼓励企业引进跨境电商专业人才。二是《广州市促进汽车生产消费若干措施》（2020）：主要内容包括提振新能源汽车消费，鼓励汽车加快更新换代，营造汽车消费环境。三是《关于提振消费促进市场繁荣的若干措施》（2020）：从活跃消费氛围、优化市场供给、创新消费模式、促进消费升级、提升消费载体、壮大企业主体等六个方面提出了促进广州消费的20条措施。四是《广州构建世界级旅游目的地三年行动计划（2021—2023）》（2021）：制定促进文化和旅游消费发展的相关政策措施，积极创建国家文化和旅游消费示范城市。五是《广州市促进外贸供应链畅通若干措施》（2022）：针对疫情带来的跨境供应链困境，提出了13条直达企业需求的具体举措。六是《广州市促进服务业领域困难行业恢复发展的若干措施》（2022）：共53条措施，既在普惠层面制定纾困政策，也针对餐饮业、零售业、旅游业、水路公路铁路运输业和民航业等五大行业进行纾困扶持。同时，开展促消费专项行动，定向发放消费券、服务券等惠民补贴。

二 武汉市的经验做法

（一）建设国际消费中心城市

武汉市虽然没有进入中国国际消费中心城市试点名单，但在建设国际消费中心上出台了20条具体举措，主要体现在5个方面。一是打造国际消费新地标。包括打造国际化商圈商街、建设国际范旅游景区。二是集聚国际消费新资源。包括汇聚高端消费品牌、丰富进口商品供给、发展本土优势品牌、增强国际会展功能、扩大城市国际交往。三是培育国际消费新业态。包括培育发展零售新业态、加快发展"互联网+服务"、大力发展跨境电商、壮大新型消费市场主体。四是拓展国际消费新场景。包括挖掘文旅消费潜力、做大做强体育消费、培育壮大康养消费、充分激活餐饮消费、加快发展信息消费、提升便民消费品质。五是营造国际消费新环境。包括提升消费基建水平、优化消费服务环境、加快区域消费一体化发展。

（二）大力发展信息消费

武汉作为中国软件名城、"光芯屏端网"产业集群高地，在信息产品制造、软件、互联网信息服务等产业领域实力强劲，信息消费产品供给和服务能力全国一流。一是开展国家信息消费试点城市建设。武汉市实施了宽带武汉、软件名城、服务业倍增、新消费引领等一系列计划和工程，信息消费发展水平跻身全国第一方阵。2014年成为国家信息消费试点城市，2021年成功获评综合型信息消费示范城市。二是着力建设新型智慧城市。2022年武汉市制定《新型智慧城市"十四五"规划》，着力打造泛在协同的物联感知、安全高效的基础设施、集约共享的数据底座、智能敏捷的处理响应和惠民优政的应用场景。三是结合国际消费中心城市建设加快发展信息消费。开展信息消费进商圈、进社区、进医院、进校园、进企业等体验活动，打造信息消费体验中心；积极申报数字人民币试点；争创信息消费示范城市。

（三）2020年以来促消费的相关政策文件

2020年以来武汉市为了应对疫情带来的最为严重的经济冲击，在提振消费上出台了一系列政策文件：一是《武汉市支持文化旅游产业复苏发展若干措施》（2020），旨在切实解决该市文旅产业因疫情影响面临的困难，通过发放奖金、补贴和降费等举措推动文旅行业复苏发展。二是《武汉市激发消费潜力促进消费升级的若干措施》（2021）：积极组织投放消费券，精心组织消费促进活动，着力促进文旅休闲消费，支持旅游行业加快复苏，支持商贸企业做大做强，支持老字号企业加快振兴，支持新型消费加快发展，支持小微企业进限纳统。三是《武汉市加快消费恢复提振若干措施》（2022）：鼓励大宗商品消费，扩大重点行业消费，促进重要领域消费，完善消费支撑保障体系，营造良好消费环境。四是《进一步促进夜游经济发展若干措施》（2022）：举办夜间光影秀、美食节、啤酒节、音乐节、特色演艺等夜间文旅活动，推出门票减免、打折消费券等惠民措施，发布全市夜游十大产品和十大夜游线路，持续促进夜间消费。

三 成都市的经验做法

（一）建设国际消费中心城市

成都市虽然没有进入中国国际消费中心城市试点名单，但在建设国际消费中心城市上积极作为。一是打造富有巴蜀特色的国际消费目的地。成都市抢抓成渝地区机遇，实施全球消费资源融合聚集、标志性消费场景影响力提升、全球消费潮流引领、便民舒心消费环境营造、国际消费政策制度优化提升、成渝地区双城经济圈消费联动六大行动，提升成都在全球消费的吸聚带动能力、资源配置能力和创新引领能力。二是制定建设国际消费中心城市的五张清单。包括重点任务清单、场景建设清单、重大活动、重要平台、拟出台政策等五张清单。即统筹协调推进公园城市消费场景建设，评选一批示范性消费场景、"新旅游·潮成都"主题旅游目的地、体育消费新场景、精品林盘消费场景；开展成都"520购物节"等线上促消费活动，根据疫情情况适时开展线下文旅赛事展会和促消费活动；建设跨境电商O2O体验展示中心、国家数字服务出口基地、外贸综合服务平台等重大平台；推动相关配套政策加快出台。

（二）培育壮大城市新型消费

近些年，成都市十分注重培育壮大城市新型消费，促进居民消费不断升级，主要表现在以下方面：一是加快线上线下消费有机融合。扩大升级信息消费，培育壮大智慧产品和智慧零售、智慧旅游、智慧广电、智慧养老、智慧家政、数字文化、智能体育、"互联网+医疗健康"、"互联网+托育"、"互联网+家装"等消费新业态。二是加快布局直播电商。建设直播电商基地，招引集聚引领行业发展的直播电商平台、MCN机构，开展系列有影响力的直播活动，扶持成长一批电商"小巨人"，支持平台企业扩大线上销售、发展线下体验店。三是充分发挥新技术和新经济赋能作用。促进5G、大数据、VR/AR、人工智能等新一代信息技术与文创、旅游、体育、金融、医疗等服务消费深度融合，打造沉浸式全景在线产品，拓展数字文创、数字旅游、线上赛事、线上会展、在线医疗等服务。四是打造美好生活消费新场景。推进八类消费新场景建设，创新在线消费新模式，支持传统商贸业数字化转型，拓展"云体验"服务消费新空间。

（三）2020年以来促消费的相关政策文件

2020年以来成都市为了应对疫情带来的经济冲击，在提振消费上出台了一系列政策文件。一是《关于持续创新供给促进新消费发展的若干政策措施》（2020）：着力促进新消费创新供给，形成一批技术创新、产品创新、模式创新、服务创新典范，推动城市成为消费新场景试验田、消费新业态策源地、消费新模式先行区、消费新生态"培育场"。二是《关于支持企业促消费稳外贸的若干政策措施》（2021）：从强化企业服务、激发消费活力、发展新型消费等维度促进经济与城乡消费市场复苏。强调进一步发展夜间经济，依托地标性夜间经济集聚区，开展24小时营业区试点。三是《关于增强发展韧性稳住经济增长若干政策措施》（2022）：出台"稳增长40条"，全力以赴稳增长、稳市场主体、保就业，保持经济运行在合理区间。四是《关于促进外贸高质量发展若干政策措施》（2022）：支持扩大进口贸易，支持外贸创新发展，加强外贸风控支持力度。

第四节 增强长沙城市消费拉动力的对策举措

通过与国内其他九个省会城市的消费比较，长沙消费发展的明显短板在于未成为国际消费中心城市，城市新消费业态发展不足，长沙消费辐射力不强，城市文旅消费的国际影响力较小。为此，未来要增强长沙的消费拉动力并以此提升城市竞争力，需从以下四个方面采取行动举措。

一 着力创建国际消费中心城市

（一）科学规划布局，培育建设四个高端消费商圈

以老的五一商圈为载体打造长沙夜消费商圈，加快潮宗街历史文化街区建设，依托现有的火宫殿、酒吧一条街、黄兴路步行商业街、大型商场等，使之成为吸引国内外游客吃、喝、玩、乐、购一条龙的夜消费集聚区。以河西滨江金融商务区为核心，依托该商务区升级为湖南金融中心的有利条件，大力打造湘江新区高端消费商圈；以黄花保税区为核心打造国际化消费商圈，加快临空经济示范区建设，依托国际名品展示中心、百联奥特莱斯以及"四园三中心"，形成长沙国际名牌消费中心；以高铁新城为核心打造高端时尚消费商圈，利用其即将形成的高铁、磁浮、地铁、长途汽车、公交、出租车"六位一体"的交通枢纽体系，依托其作为长沙城市发展副中心的政治优势，形成全新的消费概念和生活体验中心。大力招引世界各地国际时尚消费品牌企业在以上高端消费商圈落户开设首店，联动发展新经济，聚力打造消费新场景。

（二）加强消费创新，不断提升消费商圈的国际影响力

不断拓展跨境商品展示区的功能和范围，促进购物、休闲、娱乐于一体的消费链形成。开展进口商品集中折扣、欧洲和东南亚主题购物节、世界文化生活体验、全球美食品鉴等活动，实现"在长沙、购全球"。推

进消费领域互动融合和创新发展,特别是强化商品消费和服务消费间的融合互动,促进旅游、文化、购物、娱乐、健康、餐饮等行业之间的积聚和一体化发展。创新消费业态和商业模式,打造多样化消费共同发展的良好生态,进一步提升国际消费中心的创新能力和综合吸引力。开展智慧商圈建设工程,全面推进重点商圈区域宽带和4G网络全覆盖,扩大重点商圈WiFi覆盖范围和水平,加强智能交通引导、城市旅游线路规划、购物路径引导等多语种服务软件的开发应用,提升国外游客旅游的便捷性和购物体验。

(三)加强对外交流合作,扩大国际市场知名度

长沙市政府要积极加强与世界旅游组织、亚太旅游组织及相关专业性国际旅游组织的交流与合作,积极寻找国际旅游企业在引进国际品牌度假酒店、国际知名主题公园、国际知名旅游集团等方面的可能性。积极开发东亚、东南亚和南亚、西南亚旅游市场、欧美旅游市场,鼓励市内旅游企业到境外开设旅游办事处和推广中心,开发适应国际市场需求的旅游产品,优化入境客源结构。以长沙媒体艺术节暨"一带一路"青年创意与遗产论坛、中国长沙国际名校赛艇挑战赛、长沙国际马拉松赛、中非博览会、世界媒体艺术之都等系列活动为契机,广泛开展旅游宣传,扩大长沙的国际影响。积极申办国际性旅游交易会、大型博览会、体育赛事、文化文艺活动和会议,并在大型节会举办期间,策划旅游配套活动,推广长沙城市形象。

(四)完善消费激励政策,引导消费国际化高端化发展

以湖南自贸区(长沙)建设为契机,积极向国家争取境外旅客购物离境退税试点,争取国家政策批准进境免税店落地和建设大型免税购物中心。如果短期难以争取到国家免税政策,建议在黄花机场国际名品交易中心和金霞保税店以及其他保税店实施一定的税收优惠政策,进一步降低中高端消费进口税负,以降低本土高品质商品和国外品牌商品的价格,吸引更多消费者。同时,通过财政补贴或税收优惠的方式,鼓励大型电商平台与国际知名品牌合作,引进国外优质商品和服务,满足中高端消费需求。完善城市交通管理制度,允许跨境电商企业的中型货柜车白天晚上皆可进城,允许跨境电商企业在城区设分销中心和仓库。

二　大力发展城市消费新业态

（一）加大对网络交易平台的监管力度

进一步加大对电商法的宣传力度，从舆论环境上约束电商平台行为。同时，切实落实电商法的相关规定，如强调微商从业者主体登记制度、强化社交平台责任、建立信用评级制度、加大处罚力度、健全行业标准等。应结合网络交易中的新问题进一步完善其信息技术服务，扩大该系统的运用范围，如将微信的朋友圈微店纳入该系统监管，弥补网络监管盲区。强化网络监管结果的直接反馈，如系统可直接面向消费者即时推送网店黑、灰名单，为消费者理性网购提供消费提示、警示，强化信用管网。通过联系淘宝网等网购平台、进行内部市场准入系统查询筛选、开展实地排摸以及网络搜索等，逐渐探清辖区网络经济的基本情况，推行备案制度，逐步建立准确完善、动态更新的网络经济户口数据库，掌握网络交易主体日常经营情况，实现落地监管。

（二）加快推进新兴消费示范应用场景建设

优先推进与新兴消费密切相关的"新基建"项目建设。2022年湖南全省有"数字新基建"100个标志性项目，包括5G项目18个、工业互联网项目27个、大数据项目22个、人工智能项目12个、物联网项目11个、区块链项目10个，其中长沙有50个项目入选。[①] 建议长沙未来优先推进5G网络建设、智慧公交、智能网联汽车、人工智能等新基建，以打通未来投资供给与新兴消费需求的通道，以数字基础设施赋能新兴消费市场。结合我省5G应用创新发展三年行动计划，在基础条件较好的区县开展新兴消费应用场景试点，如在智慧交通、智慧医疗、智慧社区、智慧商圈等方面，重点打造示范应用场景。同时，市财政给予一定比例的引导资金支持，鼓励民间投资参与。加快建设长沙大数据中心。健全全市公共数据目录，统一数据接入的规范和标准，制定数据开放计划，优先将与民生紧密相关、社会迫切需要、行业增值潜力显著的公共数据纳入开放清单。深化大数据精准监管，出台各级政府与社会数据共享治理

[①]《湖南"数字新基建"100个标志性项目发布　长沙50个项目入选》，《长沙晚报》2022年5月26日。

规则，打破"数据烟囱"和"信息孤岛"。

（三）不断创新发展长沙智慧物流模式

制定和实施《长沙智慧物流专项行动计划（2020—2025年）》。在规划期内有步骤分阶段推进长沙智慧物流体系建设的一系列行动。如开展大数据开发利用、智能仓储改造、智能货运提升、重大载体联通、智慧供应链创新应用、市场主体赋能、服务品牌塑造等一系列具体行动。以湖南交通物流信息共享平台为依托，建立跨地区、跨行业、覆盖全省的物流公共信息平台，实现物流园区、物流企业等信息资源共享，支持物流配送终端及鼓励在法律规定范围内发展共同配送等物流配送组织新模式。发展新型的"公路港物流"模式，通过"互联网+物流"，构建"智慧物流"网络体系，弥补公路物流短板，提升物流效率，形成全省公路物流一盘棋、智慧化的运行格局。创新"物流+互联网+金融"的模式，集平台化、智能化、网络化为一体，在基础平台上搭建起共享信息服务系统，建立、打造配套的互联网、金融产品。

（四）完善与落实扩大新兴消费需求的相关政策

与一些发达省会城市相比，长沙市财政适用于全市居民线上线下消费的消费券发放力度太小。建议加大通用型消费券的发放力度，不断改进消费券发放方式和内容，实现消费券的最广覆盖和精准发放。针对本土消费品牌的线上线下购买，扩大消费券发放比例。加大创业担保贷款投放力度，支持智慧社区、智慧教育、智慧医疗等服务机构发展。大力发展专利权质押融资，支持可穿戴设备、智能家居等智能终端技术研发和推广。鼓励银行业金融机构与网络零售平台在小额消费领域开展合作，自主发放小额消费信贷。改善小城镇、农村集市、商业聚集区银行卡受理环境，提高用卡便捷度。大力支持线下零售企业拓展线上业务，推广"平台销售+直播带货+短视频"全渠道矩阵营销，打造一批智慧零售示范企业，市财政按照其商品零售额增量部分的0.5%给予奖励。

三 积极构建长株潭都市消费圈

（一）加强统筹规划和组织协调

在中部地区，长株潭都市圈作为唯一能形成半小时生活圈的城市集群，可凭借其独特的消费优势和特色，通过三市消费供给互补、消费市场一体化、消费服务便利化，构建以长沙为核心的长株潭"半小时消费圈"，形成独具湖南特色的"中心城市＋半小时城市群消费圈"长株潭模式，助推长沙创建国际消费中心城市。建议出台《打造长株潭都市消费圈，争创国际消费中心城市的指导意见》。由省商务厅与长株潭三市政府共同制定《长株潭都市消费圈发展规划》。由长沙市政府制订"长沙市建设国际消费中心城市规划和实施方案"及相关行动计划，出台相应政策措施，争取早日跻身国际消费中心城市试点行列，抢占新一轮城市竞争先机。

（二）大力提升长株潭国际化水平

尽快建设好高铁新城规划的领事馆区，争取更多领事馆入驻长沙。支持长株潭三市积极申办国际性旅游交易会、大型博览会、体育赛事、文化文艺活动和学术会议，在中非合作论坛基础上再争取一些国际性论坛、展会、赛事等永久落户长株潭。充分发掘长株潭的特色文旅资源，如长沙湘潭的红色文化、株洲的工业文化、长沙的马王堆历史文化，利用长沙创建国家文化与旅游消费示范城市的契机，积极打造长株潭都市圈国际黄金旅游线路。依托长沙黄花综合保税区、湘潭综合保税区、长沙金霞保税物流中心（B型）、株洲铜塘湾保税物流中心（B型）等开放平台，合力打造长株潭国际名品消费中心。

（三）加快长株潭城市群中心生态消费区建设

2021年，湖南省发布《长株潭一体化2021年三十大标志工程名单》，绿心中央公园作为重点工程纳入其中。目前长株潭绿心中央公园规划设计工作已启动，未来的它将成为长株潭一体化制度创新设计的试验田、生态优势转化的新标杆、绿色创新发展的新高地、人与自然和谐宜居的新典范。围绕绿心中央公园将建设长株潭城市群中心生态消费区，必将成为连接三市的重要消费枢纽中心。要以长株潭"绿心"的中央公园建设为契机，联动周边大托、暮云、洋湖、坪塘、跳马、云龙、九华等区域，依托于科创研发、信息技术、数字经济、设计创意、医养健康、文体旅游等绿色创新产业，打造集生态休闲、绿色消费场景与快乐购物于一体的"长株潭城市群中心生态消费区"。

（四）打造长株潭全域消费合作平台

通过客源互送、市场互享、产业互补、信息互通等方式，共同打造长株潭品质消费合作区、示范区，助力中高端消费、高端资源要素加速向都市圈聚集。推动长株潭全域同城化建设，建立三市消费同城联动机制，加强双方在新零售、跨境消费、消费金融、供应链物流等商贸领域全方位合作，联合开展消费领域招商引资、资源共享、品牌共建、市场共拓等行动。依托大数据赋能，建立长株潭都市圈消费大数据服务平台。平台功能主要包括三个方面：消费数据收集和分析、消费环境监测与预警、消费者服务与咨询。

（五）促进跨区域水上旅游协同发展

聚焦水上旅游建设发展相关部门工作条块分割、协同不足的问题，建立长沙市交通、旅游、水利、国土、规划、环保、农业、公安等部门的协商机制，实现跨区域水上旅游高效协同发展。加强长株潭三市文旅市场一体化发展，结合三市区域经济发展水平和文化旅游特点，打造区域级水上旅游综合枢纽，并进一步促进枢纽与城市综合交通体系的高效衔接。推进湘江主流与支流的水上旅游交通管理、服务管理模式的规范化、一体化发展。

四　加快建设世界文旅名城

（一）建设湘江"一江两岸"百里画廊

按照"多规合一"理念，高起点、高标准编制《湘江滨水区总体城市设计暨湘江"百里画廊"总体规划》，形成点面结合、上下联动的规划体系，建立《"十四五"期间两条百里画廊的项目储备库》，整理"政策库、项目库、案例库"，大力推进湘江水上旅游项目建设。重点打造湘江夜游、魅力都市游、水上观光游三大旅游产品。着力打造湖湘名人故事为主题的山水实景音乐歌舞剧或室内情景剧，讲好历史故事彰显湖湘文化。大力开发水上旅游项目和低空旅游项目，延长"夜游湘江"线路，引进高规格现代游轮，加强品牌宣传。加快长沙坪塘通用机场建设，打造湖南通用机场与低空旅游示范基地。专设"腾飞湘江"低空飞行线路，让游客亲身体验飞机驾驶、空中跳伞、航空拍摄等项目，以全新视角欣赏湘江两岸自然生态与人文风光。

（二）持续打造浏阳河百里画廊

深入挖掘浏阳河流域丰富的历史底蕴、资源要素、文化底色，打造好"冰川记""石头记""漂流记""杜鹃记""星空记""革命记"等品牌特色，讲好红色文化、客家文化、儒家文化、水文化等故事，实现内涵式发展。策划和扶持投资主体打造一条经典线路、一批精品民宿、样板景观、示范项目，如浏阳河天空剧院、浏阳河航道游船项目、浏阳河艺术小镇、大围山冰雪项目、毛泽东浏阳革命活动旧址群、湘鄂赣革命旧址群、谭嗣同历史文化街区等。充分发动带动原住民，做好在地非遗的活化，打造浏阳河百里画廊IP，提供优质公共文化服务。运用系统思维，坚持数字赋能，打造文旅新基建，解构产业新业态，重构产业新功能，将浏阳河百里画廊打造成为游客向往的目的地、乡村振兴的先行区、文旅融合发展的示范区。

（三）提质升级长沙历史步道

加快贯通南起天心阁、北至开福寺、全长6千米的独具长沙特色的历史步道，将历史步道打造成长沙文旅场所的串联线。建议文旅部门加大历史步道的宣传、策划、推广力度，绘制历史步道文化地图、推进历史文化步道数字化、智慧化，试点建设数字孪生历史步道，丰富历史步道及周边区域的历史文化内涵，植入旅游休闲消费新场景。结合城市空间更新，梳理城市地标建筑、优秀历史建筑等资源，规划和设计"建筑可阅读"旅游线路，正确处理好历史街区保护与旅游开发的关系。深度挖掘和演绎长沙历史文化，打造开放式的"城市建筑博物馆"，设置建筑导览二维码系统，实现"一码入口、多种体验"。采取以奖代补方式，鼓励市场主体盘活利用存量物业，打造一批文化艺术附加值高的特色集市、店铺、咖啡馆、酒吧、书店、餐馆、小剧场、美术馆、博物馆、竞技场等消费场所，复兴老字号，发展新消费。

（四）实施"超级城市IP"塑造工程

充分挖掘长沙世界级品牌资源，建立城市独特形象标识，推出辨识度高、传播性强的鲜明城市形象IP、LOGO和长沙文化旅游宣传语。从家喻户晓的湖南卫视，到人手一杯的茶颜悦色；从排位过万的超级文和友，到争相前往拍照打卡的坡子街派出所；从点燃"手可摘星辰"梦想的灯光秀，到一阅湖湘千年的铜官窑古镇……围绕这些城市IP的代表符号，以"长沙，手可摘星辰"为城市宣传品牌，实施"超级城市IP"塑造工程。从培育"城市超级IP"到打造"超级城市IP"，从文创衍生开发到数字经济孪生，通过工业制造与文化塑造相结合、城市形象与文创 IP 相结合、现代服务业与数字新经济相结合，实现文化增量与产业结构升级，实现"网红"到"长红"的蜕变。

第 六 章

强重大平台——提升省会城市发展支撑力

本章所指的平台是指经济活动的特定区域或空间，通常它是由政府批准设立，在所划定的范围内，对其实行特殊的体制机制、政策和管理制度的经济区域。从最初的"特区"到"新区"再到"自贸区"，尽管平台的名称、性质和功能都发生了改变，但有一点没有变，那就是通过赋予这些平台先行先试的政策权限，为更大范围的改革创新发展进行探索和积累经验，以此推进国家经济和地方经济的健康发展。这些平台尤其是国家级平台的建设极大地推动了中国改革开放的进程，在创造中国经济"增长奇迹"中发挥着中流砥柱的作用。同时，地方政府也以各种类型的平台为支撑，在招商引资和推动地方经济增长方面展开激烈竞争，以省会城市为龙头的省域竞争则处于这场较量的"前沿"。省会强，在区域竞争中则能获得更多资源和优势，在国家重大战略布局中能获得一席之地，平台尤其是国家级平台是当下"强省会"战略重要支撑。

第一节 国家级平台是实施"强省会"战略的主战场

从世界经济发展历史看，这种特定的经济区域最初的形式是自由港或自由贸易区，它起源于16世纪西欧一些海外贸易比较发达的地中海沿岸国家，这时候的平台功能比较单一，主要以商业贸易为主。经过400多年的发展和演变，平台的性质、形式、名称都发生了很大变化，功能也由单一的商业贸易向加工、出口贸易、科技开发、产业发展等多功能方向转变，平台设立的范围也由欧洲向全球扩展，世界各国都将设立特定的经济区域作为促进本国经济或地区经济及国际贸易发展的重要手段。

从中国经济发展看，改革开放之初，国家首先在广东、福建设立4个"经济特区"，随着改革开放的推进，不断有"经济技术开发区"和"高新技术开发区"在全国范围内陆续成立。到进入21世纪，国家先后又在全国各地设立19个"国家级新区"，21个"自由贸易试验区"，以及其他诸多类型的国家级平台。与此同时，各省市也相应设立了大量省市级开发区。经过40多年的发展，逐步形成了以国家级开发区为龙头、省级开发区为主体的类型多样和功能完备的平台支撑体系①。实践表明，国家级平台是经济建设的主战场和改革开放的前沿阵地。

一　国家级平台是产业发展的主阵地

作为特定的发展区域，平台的基本功能是经济功能，重点是发展和壮大产业，支撑和带动国家和地方经济的快速发展。国家级平台之所以成为政府组织产业发展的重要空间载体，主要是因为平台具有区别于其他区域的优势。

一是政策优势。优惠政策是中国政府推动平台建设最直接、最有效的手段，是平台快速发展的原动力。相比于平台以外的企业，平台内的企业通过土地、财政和税收等优惠政策大大降低了企业发展成本，从而吸引外资和企业不断进驻平台，特定的政策优势对平台内产业的形成和快速发展起到了至关重要的作用。

二是产业集聚优势。平台是中国政府实施产业政策的主要空间载体，最初通过优惠政策在较短的时间内吸引企业入驻平台，以此实现平台内产业集聚和区域经济的发展。随着平台建设不断成熟，政府在推进产业建设时，重心也由以产业政策优惠为主向以政策优惠加良好的营商环境

---

① 截至2021年，国务院共批准设立开发区2780家，包括国家级开发区673家，其中国家经济技术开发区232家、国家高新技术产业开发区169家、海关特别监管区168家、边境（跨境）经济合作区19家、国家级新区19家、国家级自贸区21家、国家级自创区21家、其他类型开发区24家；省级（自治区、直辖市）开发区2107家［资料来源：根据《中国开发区审核公告目录》（2018年版）中华人民共和国海关总署官网和中国开发区网整理］。

为主转变。在完善基础设施建设的同时积极改善软环境,大力推进政府职能转变、提升政务效率、规范工作流程等,通过打造良好的营商环境,形成了各具特色且有利于产业集聚的体制与环境,产业集聚优势进一步强化,平台成为产业集聚重要的载体和推动力量。

三是比较优势。新结构经济学认为,一国禀赋结构升级的最佳方法是在任一特定时刻根据它当时给定的禀赋结构所决定的比较优势发展它的产业。这一理论运用于中国开发区产业发展同样适应。事实上,中国各地开发区,特别是国家级开发区建设正是因为因地制宜动态地发挥了比较优势才取得了成功。随着新区、自由贸易区建设的推进,国家级平台依托已形成的产业比较优势,产业发展的主力军作用将得以不断强化。

四是产业基础优势。经过多年的发展,以技术开发区、新区、自由贸易试验区等为代表的国家级平台大多成为先进制造业或现代服务业的集聚区,形成了良好的产业基础,对所在地区的经济发展起到了重要的拉动作用。国家级新区就是典型代表。以湘江新区为例,2021年新区实现地区生产总值3674.2亿元,比上年增长8.4%,对长沙市GDP贡献率超过27%。全年规模以上工业总产值比上年增长10.6%。其中,高技术产业（制造业）总产值增长34.8%;战略性新兴产业总产值增长7.7%,新材料、电子信息产业规上工业产值增速分别达52.1%、27.4%;以中联重科、比亚迪电池、三安光电、华为手机等为代表的工程机械、新材料、新能源、电子信息、移动互联网等产业产生全国性影响[①]。湘江新区成为现代产业体系发展的重要载体和平台。

二 国家级平台是改革开放的重要窗口

平台另一个功能是开放功能,通过平台内先行先试,创新体制机制,推进对外开放,带动区域发展。40多年的改革开放实践证明,以国家级新区、自由贸易区为代表的国家级平台与中国改革开放进程紧密联系在一起,成为改革窗口、开放龙头、发展引擎,在构建国家开放型经济体制,推动经济社会发展进程中发挥着特殊而重要的作用。

一是制度创新的试验场。中国40多年的改革开放的历程,实际上就

---

① 湖南湘江新区:《湖南湘江新区来之不易的成绩单》,2022年3月8日。

是体制机制不断改革创新的历史，而特定的空间区域即平台则起到体制机制创新试验场的作用。从早期经济特区实行"特殊政策"，到经济开发区内享有"优惠政策"的制度安排，到国家新区推进国家重大发展和改革任务，再到自由贸易试验区推进投资贸易便利化改革等，国家级经开区、国家新区、自由贸易试验区等国家级平台始终走在体制机制创新的前沿。以国家自由贸易试验区为例，截至2021年，全国21家自贸试验区累计推广制度创新成果达278项[1]，极大地推动了国家自贸试验区的改革开放。从湖南自贸试验区来看，尽管批准设立时间不到两年，但发展态势良好，占湖南自贸试验区总面积三分之二的长沙片区113项改革任务实施率达93.81%，形成34项制度创新成果，其中14项全国首创[2]，充分展现出平台的改革创新能力。

二是外资外贸发展的重要支撑平台。无论是20世纪80年代初的经济特区，还是近年代在全国范围内设立的国家新区、国家自由贸易试验区等，吸引外资和发展对外贸易一直是中国实施对外开放战略的首要任务。特别是自由贸易试验区的设立，标志着中国的对外开放从外向型经济向开放型经济的转变，开放的大门更大更广。在对外开放的进程中，国家级平台凭借政策支持和不断优化的软硬环境，成为中国吸收外资、承接产业转移和开展对外贸易的重要载体。2021年，21个自贸试验区利用外资增长19%，比全国高出4.1个百分点；外贸进出口增长29.5%，比全国高出8.1个百分点。自贸试验区面积虽小，却占到全国利用外资总额的18.5%，全国进出口总额的17.3%[3]。从湖南自贸区的发展情况看，同样可以得到印证，2021年，湖南自贸区长沙片区实现进出口总额948.94亿元，同比增长25.07%，实际利用外资1.86亿美元，同比增长54.7%[4]。在当下经济下行压力加大和疫情防控常态化影响下，国家级平台充分展现出在对外开放中的支撑和引领作用。

改革开放以来，湖南先后获批国家级经济技术开发区、高新技术产

---

[1] 冯其予：《自贸试验区硕果累累》，《经济日报》2022年5月2日。
[2] 刘志雄：《一岁半的它要当引擎，湖南自贸区这次底气有点足》，红网，2022年3月22日。
[3] 冯其予：《自贸试验区硕果累累》，《经济日报》2022年5月2日。
[4] 唐璐、黄超：《勇立潮头谱新篇》，《湖南日报》2022年4月19日。

业开发区、长株潭"两型建设"示范区、湘江新区、中国（湖南）自由贸易示范区等多个国家级平台，这些平台成为长沙和湖南改革开放"主战场"、连通国际国内两个市场的"枢纽平台"、湖南经济发展的"主引擎"。进入新的发展阶段，湖南省委省政府提出实施"强省会"战略，这是新一届省委和省政府适应以国内大循环为主体、国内国际双循环相互促进的新发展格局和新的竞争态势的要求作出的重大决策。实施"强省会"战略，做大做强省会长沙，打造核心增长极，必须紧紧依托湘江新区、自由贸易试验区长沙片区等国家级平台，持续发挥其经济发展"主引擎"、改革开放"主战场"的作用。

第二节 长沙与其他省会城市国家级平台的比较

根据省会城市发展情况，考虑到可比性，主要从中部地区选取武汉、郑州、合肥、西安4个省会城市，西部选取成都市，东部沿海地区选取广州、杭州、南京、济南4个省会城市，共9个城市与长沙市进行比较，比较重点是国家级平台类型、数量以及平台典型代表发展情况。

一 国家级平台类型与数量比较

纳入比较范围的国家级平台是指由国务院或者是国家发改委批准设立的，主要包括国家中心城市、国家新区、国家自由贸易试验区、国家自主创新示范区、国家经济技术开发区、国家高新技术产业开发区、海关特殊监管区、临空经济示范区、跨境电子商务综合试验区等。

国家中心城市。国家中心城市是所在区域城市群的核心龙头城市，是国家发展战略的重要平台和战略支点，承载着国家赋予的重大历史使命。目前全国共有9个国家中心城市，在进行比较的10个省会城市中，广州、成都、武汉、郑州、西安5个省会城市均为国家中心城市，长沙、杭州、南京、济南、合肥都未进入国家中心城市行列。

国家级新区。国家级新区是承担国家重大发展和改革开放战略任务的综合功能平台。从1992年设立上海浦东新区至今，全国先后共设立了19个国家级新区，其中东部8个，为上海浦东新区、天津滨海新区、青岛西海岸新区、福建福州新区、南京江北新区、广州南沙新区、浙江舟山群岛新区和河北雄安新区；中部 2 个，为湖南湘江新区和江西赣江新区；西部 6 个，为重庆两江新区、甘肃兰州新区、陕西西咸新区、贵州贵安新区、成都天府新区和云南滇中新区；东北 3 个，为大连金普新区、黑龙江哈尔滨新区和吉林长春新区。在上述 10 个省会城市中，只有广州、成都、南京、长沙和西安 5 个城市设立有国家新区，其他 5 个省会城市未设立。

国家自由贸易试验区。自由贸易试验区是新时期全面深化改革和扩大开放的试验场。2013 年 9 月，上海自贸试验区率先成立，到 2021 年，共分六批次在全国 21 个省市设立了自由贸易试验区，共计 67 个片区，涉及 55 个地级市以上的城市，自由贸易试验区成为中国改革开放的前沿主阵地。上述 10 个省会城市均设立有自由贸易片区，其中长沙自贸片区设立时间较短，与杭州自贸片区、合肥自贸片区一起于 2020 年 9 月批准设立。

国家级园区。国家级园区包括国家经济技术开发区和国家高新技术开发区，不管是国家经济技术开发区，还是国家高新技术开发区，都是为实行特定优惠政策而设立的现代产业园区，是对外开放的重要组成部分和中坚力量。截至 2021 年，中国共设立国家经济技术开发区 232 家，国家高新技术产业开发区 169 家，遍布全国各地。上述 10 个省会城市均设有多个国家级园区，其中杭州有 6 个，广州和西安均有 4 个，成都、武汉、南京、长沙、合肥均有 3 个，郑州和济南各有 2 个。

国家自主创新示范区。国家自主创新示范区是在国家高新区发展的基础上，推进自主创新发展新模式、新机制等先行先试的区域，是加快转型发展实现区域创新发展的重要平台。截至 2021 年底，全国共设立国家自主创新示范区 21 个，涉及全国 56 个城市，覆盖 61 个国家高新区。上述 10 个省会城市均在各自国家自主创新示范区覆盖范围内，其中长株潭国家自主创新示范区依托长沙、株洲、湘潭三个国家高新技术产业开发区建设，也是首个以城市群为基本单元的国家自主创新示范区。

海关特殊监管区。海关特殊监管区是被赋予承接国际产业转移、连接国内国际两个市场的特殊功能和政策，由海关为主实施封闭监管的特定经济功能区域。截至 2021 年底，全国共有海关特殊监管区域 168 个。

上述 10 个省会城市均设有海关特殊监管区域，其中广州和西安各有 5 个，成都和武汉各有 2 个，郑州和合肥各 2 个，杭州、南京、长沙和济南各 1 个，此外，成都、杭州、南京、长沙和合肥 5 个城市还设有保税物流中心。

临空经济示范区。临空经济示范区是依托航空枢纽重点发展航空运输、高端制造、现代服务业的特殊经济区域，是推进民航业与区域经济融合发展的重要载体。截至目前，全国共设有 17 个临空经济示范区。在上述 10 个省会城市中，郑州、广州、成都、长沙、杭州、西安和南京 7 个城市先后设立了临空经济示范区，武汉、济南和合肥 3 个城市还未设立。

跨境电子商务综合试验区。跨境电子商务综合试验区是跨境电子商务综合性质的先行先试的城市区域。截至 2021 年底，全国共在 105 个城市和地区设立跨境电子商务综合试验区，在上述 10 个省会城市中均有设立。

总体而言，长沙除了不是国家中心城市外，其他类型的国家级平台基本具备。

表 6-1　　　　　长沙市与主要省会城市国家级平台

省会城市	国家级平台							
^	国家中心城市	国家级新区	国家自由贸易试验区	国家自主创新示范区	国家级园区	海关特殊监管区	临空经济示范区	跨境电子商务综合试验区
广州	国家中心城市	广州南沙新区	广东自贸区广州南沙新区片区	珠三角国家自主创新示范区	广州经济技术开发区、广州南沙经济技术开发区、增城经济技术开发区、广州高新技术产业开发区	广州南沙综合保税、广州白云机场综合保税区、广州黄埔综合保税区、广州保税区、广州出口加工区	广州临空经济示范区	广州跨境电子商务综合试验区

续表

省会城市	国家级平台							
	国家中心城市	国家级新区	国家自由贸易试验区	国家自主创新示范区	国家级园区	海关特殊监管区	临空经济示范区	跨境电子商务综合试验区
成都	国家中心城市	四川天府新区	四川自贸区天府新区片区、成都青白江铁路港片区	成都国家自主创新示范区	成都经济技术开发区、成都青白江经济技术开发区、成都高新技术产业开发区	成都高新综合保税区、成都西园综合保税区、成都国际铁路港综合保税区、成都空港保税物流中心（B型）、天府新区成都片区保税物流中心（B型）	成都临空经济示范区	成都跨境电子商务综合试验区
杭州			浙江自贸区杭州片区	杭州国家自主创新示范区	杭州经济技术开发区、杭州余杭经济技术开发区、萧山经济技术开发区、富阳经济技术开发区、杭州高新技术产业开发区、萧山高新技术产业开发区	杭州综合保税区、杭州保税物流中心（B型）	杭州临空经济示范区	杭州跨境电子商务综合试验区
武汉	国家中心城市		湖北自贸区武汉片区	武汉国家自主创新示范区	武汉经济技术开发区、武汉临空港经济技术开发区、武汉东湖高新技术产业开发区	武汉经开综合保税区、武汉新港空港综合保税区、武汉东湖综合保税区		武汉跨境电子商务综合试验区

第六章 强重大平台——提升省会城市发展支撑力

续表

省会城市	国家级平台							临空经济示范区	跨境电子商务综合试验区
^	国家中心城市	国家级新区	国家自由贸易试验区	国家自主创新示范区	国家级园区	海关特殊监管区	^	^
南京		南京江北新区	江苏自贸区南京片区	江苏苏南国家自主创新示范区	南京经济技术开发区、南京江宁经济技术开发区、南京高新技术产业开发区	南京综合保税区、南京空港保税物流中心（B型）	南京临空经济示范区	南京跨境电子商务综合试验区
长沙		湖南湘江新区	湖南自贸区长沙片区	长株潭国家自主创新示范区	长沙经济技术开发区、望城经济技术开发区、长沙高新技术产业开发区	长沙黄花综合保税区、金霞保税物流中心（B型）	长沙临空经济示范区	长沙跨境电子商务综合试验区
郑州	国家中心城市		河南自贸区郑州片区	郑洛新国家自主创新示范区	郑州经济技术开发区、郑州高新技术产业开发区	郑州新郑综合保税区、郑州经开综合保税区	郑州航空港经济综合实验区	郑州跨境电子商务综合试验区
济南			山东自贸区济南片区	山东半岛国家自主创新示范区	明水经济技术开发区、济南高新技术产业开发区	济南综合保税区		济南跨境电子商务综合试验区
合肥			安徽自贸区合肥片区	合芜蚌国家自主创新示范区	合肥经济技术开发区、合肥蜀山经济技术开发区、合肥高新技术产业开发区	合肥综合保税区、合肥经济技术开发区综合保税区、合肥空港保税物流中心（B型）		合肥跨境电子商务综合试验区

续表

省会城市	国家级平台							临空经济示范区	跨境电子商务综合试验区
^	国家中心城市	国家级新区	国家自由贸易试验区	国家自主创新示范区	国家级园区	海关特殊监管区	^	^
西安	国家中心城市	陕西西咸新区	陕西自贸区中心片区、西安国际港务区片	西安国家自主创新示范区	西安经济技术开发区、陕西航空经济技术开发区、陕西航天经济技术开发区、西安高新技术产业开发区	西安综合保税区、西安高新综合保税区、西安航空基地综合保税区、西咸空港综合保税区、西安关中综合保税区	西安临空经济示范区	西安跨境电子商务综合试验区

二 国家级平台的典型代表发展比较

从近年国家级平台发展情况来看，国家新区、自由贸易试验区这两类国家级平台备受各方关注，因此主要就这两类国家级平台的发展情况进行比较。

（一）国家级新区比较——湘江新区总体处于国家级新区第二方阵的前列，但追赶标兵挺进第一方阵，以及被赶超的压力均较大。

2021年，国家级新区保持快速发展势头，经济增长极功能进一步显现。总体来看，上海浦东新区、天津滨海新区远超其他17个新区，处于第一方阵。青岛西海岸新区、重庆两江新区、四川天府新区、湖南湘江新区、南京江北新区、福州新区、大连金普新区、广州南沙新区8个新区GDP均超过2000亿元，处于第二方阵。另外9个新区为第三方阵，其中西咸新区GDP仅612.5亿元。在上述10个省会城市中，设立国家级新区的有广州、成都、南京、长沙和西安，下面对5个省会城市国家级新区的管理模式、经济发展情况进行比较。

1. 管理模式比较

就管理体制而言，目前国家级新区管理模式可分为政府模式、政府与管委会并行模式、管委会模式三种类型。

表 6-2 中国新区管理模式

类型	政府管理模式	政府与管委会并行模式	管委会管理模式
新区	浦东新区、滨海新区	广州南沙新区、舟山群岛新区、青岛西海岸新区	两江新区、天府新区、湘江新区、江北新区、西咸新区、兰州新区、贵安新区、金普新区、福州新区、滇中新区、哈尔滨新区、长春新区、赣江新区

从表 6-2 可知，5 个省会城市的新区中，广州南沙新区属于政区合一模式，两江新区、天府新区、湘江新区、江北新区、西咸新区均为管委会模式。从中国新区建设实践来看，管委会模式属于新区建设的中间必经阶段，新区管理最终走向政府管理模式。如早期建立的浦东新区、滨海新区都经历了开发开放办公室—管委会—建制政府的发展历程，成立了建制政府，有完整的一级政府架构，政府下设相应的职能部门。作为过渡阶段的管委会模式，管理体制方面存在的问题是行政主体多元、责权难分、利益难调。因为新区管委会只是政府的派出机构，还不是一级政府，尽管上级政府赋予了新区的权限，但这也只是部分经济管理权限行政管理权限，随着新区开发建设不断推进，行政壁垒和利益冲突的矛盾越发明显，阻碍着新区运行效能。

湘江新区成立以来，采取的是管委会管理模式。这些年来，新区管理体制上的弊端不断暴露，严重影响了新区建设。2022 年 6 月，湖南省委省政府对湘江新区管理体制实行重大改革，出台了《关于优化湖南湘江新区管理体制的实施方案》，明确长沙市岳麓区委、区政府与湘江新区党工委、管委会实行区政合一的运行方式[1]，这是新区破解体制障碍的必然要求，也是实施"强省会"战略的关键之举。但湘江新区不仅包含岳麓区，还涉及长沙宁乡市、望城区的部分镇、街道以及湘潭九华片区、岳阳湘阴新片区等，进一步深化改革和理顺新区与新区内分属不同行政辖区的街道、镇和相关片区的管理体制和关系，仍是湘江新区下一步要

---

[1] 胡锐、陈凡：《湖南湘江新区、长沙岳麓区，区政合一》，《三湘都市报》2022 年 6 月 27 日。

重点解决的问题。

2. 经济发展情况比较

从GDP来看，2021年湘江新区实现GDP3647.20亿元，在19个新区中排第六，在5个省会城市国家新区中排第二。但湘江新区GDP比四川天府新区要少484.6亿元，短期内实现超越有一定难度。湘江新区之后是南京江北新区，GDP只比湘江新区少36.2亿元，湘江新区随时被赶超的压力很大。增速上，湘江新区GDP增长8.6%，在全国新区中居于中游水平，比5个省会城市新区GDP平均增速低0.74个百分点，在5个省会城市新区中排第四，增速排名靠后。

从固定资产投资来看，2021年，湘江新区增速达9.9%，比上年高3.5个百分点，比长沙市高1.7个百分点，在5个省会城市国家新区中排第三。

从财政收入来看，2021年，湘江新区一般公共预算收入实现快速增长，达633.1亿元，在19个国家级新区中排第二，在5个省会城市中，总量上，湘江新区排第一，增速上，湘江新区达17.5%，在5个省会城市中，排名靠后，比5个省会城市新区平均增速低2.55个百分点。

从对外开放来看，2021年，湘江新区实现进出口总额922.8亿元，在5个省会城市中排第二，与广州南沙新区的2600.3亿元相差较大。增速上湘江新区达24.2%，尽管湘江新区进出口总量比四川天府新区和南京江北新区的要高，但增速比四川天府新区要低19.4个百分点，比南京江北新区低14.7个百分点。外商投资方面，2021年湘江新区实际利用外资18.5亿美元，在5个省会城市中排第二。

从产业发展来看，2021年，湘江新区规模以上工业总产值达3628.79亿元，在5个省会城市中排第二。增速上，湘江新区达10.6%，在5个省会城市中排第四。

总体来看，湘江新区处于国家级新区第二方阵的前列，与其他4个省会城市的新区相比，湘江新区的GDP、财政收入、进出口总量、规模以上工业总产值等均排在前2位，仅固定资产投资排第三，但比较这些指标的增速，湘江新区在5个省会城市的新区中，排位均靠后，湘江新区追赶标兵，挺进第一方阵，以及被后面追兵赶超的压力均较大。

表6－3　　　　　　　2021年国家级新区经济发展情况表

新区名称	GDP（亿元）	GDP增速（%）	固定资产投资（亿元）	固定资产投资增速（%）	一般预算收入（亿元）	一般预算收入增速（%）	进出口总额（亿元）	利用外资（亿美元）	规模以上工业总产值（亿元）	规模以上工业总产值增速（%）
广州南沙新区	2131.61	9.6	—	22.3	108.16	19.8	2600.3	63.87	3401.7	11.2
陕西西咸新区	652.78	3.7	—	-19.1	106.49	26.8	—	5.73（1—10月）	423.85	4.6
四川天府新区	4158.8	9.7	3142.3	12.7	101.21	23.58	80.68	15.0	414.5	25.23
湖南湘江新区	3674.2	8.4	—	9.9	633.1	17.5	922.8	18.5	3628.79	10.60
南京江北新区	3638.0	14.3	803.0	0.37	215.3	12.6	470.8	8.81	4013.0	20.70

资料来源：根据各新区统计公报或各新区官方网站整理。

（二）国家自由贸易试验区比较——湖南自由贸易试验区长沙片区成立时间短，总体上长沙自贸片区创新发展成效在全国处于中等水平，在10个省会城市自贸片区中处于中偏下水平，但发展潜力和空间较大。

自由贸易试验区是党中央在新时代推进改革开放的一项战略举措。自2013年国内第一个自贸试验区——中国（上海）自由贸易试验区成立以来，截至2021年底，国务院共在全国21个省、市设立了自贸试验区，9年来，各自贸试验区坚持大胆试、大胆闯、自主改，形成了一大批可复制的制度创新成果，自贸试验区"试验田"的作用得以充分展现。

1. 自贸试验区发展定位、发展重点比较

从表6－1可知，10个省会城市均设立有自贸区片区，各片区的发展定位因各自所处地理区位、发展基础、开放程度等因素的影响而不同。东部沿海地区，因区位优越，基础较好，这些省会城市自贸片区主要是依托开放优势向国际贸易的规则和标准看齐，形成与国际投资贸易通行规则相衔接的基本制度框架，如广州南沙片区、杭州片区等。南京片区则是依托长三角发挥科教优势,着力打造有国际影响力的自主创新先导区和对外开放合作重要平台。西部成都自贸区地处内陆,因此成都自贸区片区主要是重点打造西部地区门户城市开放高地和西向国际贸易大通道的重要支点。郑州、武汉、长沙、安徽尽管地处内陆,但具有交通或者黄金水道优势。郑州片区主要发挥贯通南北、连接东西区位优势,建设成为服务于"一带一路"建设的现代综合交通枢纽和内陆开放型经济高地。武汉片区要发挥交通动脉和九省通衢的优势打造中部内陆地区对外开放新高地。长沙片区要依托"一带一路"优势,建设成为中部地区崛起增长极。合肥片区则要依托"长三角"做好文章,发挥长江经济带发展中重要节点作用。

表 6-4　　长沙市与主要省会城市自贸区片区发展定位、发展重点

城市	自贸试验区片区	发展定位	发展重点	批准时间
广州	广州南沙片区	建设以生产性服务业为主导的现代产业新高地和具有世界先进水平的综合服务枢纽,构建引领广州乃至广东产业发展的现代产业体系,形成与国际投资贸易通行规则相衔接的基本制度框架,打造广东省对外开放重大平台	航运物流、特色金融、国际商贸、高端制造	2015年4月
成都	成都片区	建设国家重要的现代高端产业集聚区、创新驱动发展引领区、开放型金融产业创新高地、商贸物流中心和国际性航空枢纽,打造内陆地区联通丝绸之路经济带的西向国际贸易大通道重要支点,建成为西部地区门户城市开放高地	国际商品集散转运、分拨展示、保税物流仓储、国际货代、整车进口、现代服务业、高端制造业、高新技术、临空经济、口岸服务	2017年4月

续表

城市	自贸试验区片区	发展定位	发展重点	批准时间
杭州	杭州片区	建设成为链接国内大循环和联通国内国际双循环、服务构建新发展格局的重要平台	数字经济、金融科技、人工智能、跨境电商	2020年9月
武汉	武汉片区	以制度创新为核心,以可复制可推广为基本要求,立足中部、辐射全国、走向世界,努力成为中部有序承接产业转移示范区、战略性新兴产业和高技术产业集聚区、全面改革开放试验田和内陆对外开放新高地	新一代信息技术、生命健康、智能制造等战略性新兴产业和国际商贸、金融服务、现代物流、检验检测、研发设计、信息服务、专业服务	2017年4月
南京	南京片区	打造具有国际影响力的自主创新先导区、现代产业示范区和对外开放合作重要平台	集成电路、生命健康、人工智能、物联网、现代金融	2019年8月
长沙	长沙片区	打造全球高端装备制造业基地、内陆地区高端现代服务业中心、中非经贸深度合作先行区和中部地区崛起增长极	高端装备制造、新一代信息技术、生物医药、电子商务、农业科技	2020年9月
郑州	郑州片区	以制度创新为核心,以可复制可推广为基本要求,加快建设贯通南北、连接东西的现代立体交通体系和现代物流体系,将省自贸试验区郑州片区建设成为服务于"一带一路"建设的现代综合交通枢纽、全面改革开放试验田和内陆开放型经济示范区	智能终端、高端装备及汽车制造、生物医药等先进制造业以及现代物流、国际商贸、跨境电商、现代金融服务、服务外包、创意设计、商务会展、动漫游戏	2017年4月

续表

城市	自贸试验区片区	发展定位	发展重点	批准时间
济南	济南片区	建设全国重要的区域性经济中心、物流中心和科技创新中心	人工智能、产业金融、医疗康养、文化产业、信息技术	2019年8月
合肥	合肥片区	以制度创新为核心,以可复制可推广为基本要求,发挥在推进"一带一路"建设和长江经济带发展中重要节点作用,打造具有全球影响力的综合性国家科学中心和产业创新中心引领区	高端制造、集成电路、人工智能、新型显示、量子信息、科技金融、跨境电商	2020年9月
西安	西安片区	打造面向"一带一路"的高端产业高地和人文交流高地、建设"一带一路"国际中转内陆枢纽港、开放型金融产业创新高地及欧亚贸易和人文交流合作新平台	高端制造、航空物流、国际贸易、金融服务、旅游会展、电子商务	2017年4月

资料来源:根据各省自由贸易试验区实施方案整理。

就发展重点而言,10个省会城市都是各自省域的经济中心,经过多年的发展,均形成了各自重点发展的产业以及与之相配套的产业集群。从表6-4可知,10大省会城市各自贸片区发展重点的选择呈现出一定差异性。如广州地处珠三角,紧临港澳,因此航运物流、国际商贸是南沙片区发展重点。成都是西南中心,区位独特,国际商品集散转运、分拨展示、保税物流仓储、国际货代、口岸服务等成为其自贸区重点发展的选择。武汉片区之所以重点发展新一代信息技术、生命健康、智能制造等战略性新兴产业,主要是因为当地已形成雄厚的产业基础。长沙片区因为装备制造在全国乃至全球都具有重要影响,高端制造自然成为发展重点,等等。这主要由各自贸片区的地理区位条件或者产业发展的基础决定其发展的重点不同。同时由于各自贸片区位于省会城市,以及新技术革命对区域经济影响的一致性,各自贸片区发展重点也表现较高的趋同性。如各片区都将现代商贸、现代物流、金融等现代服务业作为发展重点。由于新一代信息技术代表未来发展方向，各片区都把人工智能、信息技术、物联网等高科技产业作为重点产业。高端制造代表未来制造业水平，且各片区都形成了各自特色的产业基础，也是各自贸片区发展的重点。

2. 自贸区创新发展比较

从表 6-4 可知，上述 10 个省会城市自贸片区分四个批次获国务院批准，广州南沙自贸片区在 10 个省会城市中是最早的，郑州、武汉、成都、西安等自贸片区紧随其后，济南、南京自贸片区于 2019 年 8 月获批，长沙、合肥、杭州自贸片区设立时间不到两年。总体而言，设立早的自贸区，发展相对成熟，创新成效也较好。下面依据中山大学自贸区综合研究院发布的 2021—2022 年度中国自由贸易试验区制度创新指数报告，对 10 个省会城市自贸片区创新发展情况进行比较分析。

中国自由贸易试验区制度创新指数报告主要围绕"投资自由化""贸易便利化""金融改革创新""政府职能转变""法治化环境"五个方面，对全国 54 个自贸试验片区开展系统性评估，并给予了评分。本章主要从中选择纳入比较范围的 10 个省会城市的自贸片区得分情况进行比较（见表 6-5）。

表 6-5　　长沙市与主要省会城市自贸区片创新发展评价

片区名称	投资自由化指数得分	贸易便利化指数得分	金融改革创新指数得分	政府职能转变指数得分	法制化环境指数得分	总体评价得分
广州南沙片区	94.06	93.56	85.11	80.54	85.87	89.14
成都片区	86.98	87.97	81.17	76.77	74.27	82.63
杭州片区	84.18	86.64	74.85	73.23	69.22	78.95
武汉片区	86.65	85.52	80.77	75.34	76.47	82.12
南京片区	79.68	83.84	74.94	74.47	74.01	78.14
长沙片区	79.23	84.08	71.22	71.01	66.52	75.76
郑州片区	81.60	86.24	75.79	75.58	68.60	78.52
济南片区	79.01	83.18	71.47	72.37	70.75	76.38
合肥片区	79.25	82.33	68.74	71.08	65.56	74.55
西安片区	82.58	85.63	76.17	75.65	70.25	79.18

资料来源：中山大学自贸区综合研究院《2021—2022 年度中国自由贸易试验区制度创新指数》。

2021—2022年度中国自由贸易试验区制度创新指数显示，长沙自贸片区总体得分为75.76，位列全国第27位，处于中游水平，但与上年度相比，综合排名上升6个位次，进步较为明显。上述在表6-5可以看出，从总体评价来看，长沙自贸片区在10个省会城市自贸片区中排第9位。从"投资自由化""贸易便利化""金融改革创新""政府职能转变""法治化环境"五个维度的得分来看，长沙自贸片区在10个省会城市自贸片区中排位都比较靠后。总体来看，长沙自贸片区创新发展成效在全国处于中等水平，在10个省会城市自贸片区中处于中偏下水平。这主要还是由于湖南自由贸易试验区设立时间还不到两年，同时因为地处内陆，相较沿海省份以及成立自贸区较早的省会城市，长沙自贸区还存在差距，但这也表明，长沙自贸区还有很大的发展空间。

第三节 推进长沙重大平台创新发展的对策举措

长沙国家级平台是长沙市经济建设的主战场和改革开放的前沿阵地，是实施"强省会"战略的空间载体和重要支撑。新的发展阶段，国家级平台建设必须坚持"创新、协调、绿色、开放、共享"的新发展理念，破除体制机制障碍，充分利用国际与国内两个市场和两种资源，深度融入到"双循环"新发展格局中，为实施"强省会"战略提供强有力保障。

一 加大开放力度，积极对接国家战略

加快长沙国家级平台建设是国家战略在湖南的具体实践，推进国家级平台高质量发展必须立足湖南，站在国家战略层面、放眼国际加以谋划，进一步加大对外开放力度。

一是充分发挥国家战略的政策叠加效应。湖南及长沙不仅为"一带一路"倡议所覆盖，也是促进中部地区崛起、长江经济带发展、长江中游城市群发展等国家战略实施的重要区域，同时长株潭都市圈建设也上升为国家战略，湖南及长沙享有多重国家战略叠加优势和战略红利。因此国家级平台建设，应结合几大国家战略实施，积极对接国家相关政策，放大政策叠加效应，抢抓国家战略实施带来的新一轮高水平对外开放机

遇，进一步做好借势借力的大文章，将湘江新区、长沙自贸片区等国家级平台建设成为连接和融入双循环的重要枢纽和平台。

二是主动服务国家开放战略。国家级平台是省会长沙对外开放的窗口，也是服务国家开放战略的重要平台。推进平台建设，要在新发展格局中找准自己的位置，明确定位，精准发力，在服务于国家战略中，增强自身发展的优势和潜力。要以国家级平台为桥梁，积极与东部沿海先进省份构建开放合作机制，依托自身优势产业，推动融入到"一带一路""长江经济带""粤港澳大湾区"建设中，不断促进产业分工深化、市场深度融合，为强省会注入新动力、拓展新市场。

三是推进高水平对外开放。改革开放实践表明，越开放就越发展，越发展就越开放，二者相互促进。推进国家级平台高水平开放，要树立大格局开放意识，构建二者联动开放发展格局。要以平台为支撑加强与"一带一路"沿线国、RCEP成员国在相关重点优势领域的产学研合作。要以长沙自贸片区内中非经贸合作先行区为平台，深入推进中非经贸合作，拓展非洲国家新兴市场。积极创新湘江新区、长沙自贸片区共同搭建招商机制和平台，开展联合招商，形成规模效应，提高引资水平。

二　创建国家中心城市，提升省会能级

在经济全球化背景下，区域经济的发展主要表现为中心城市和城市群的发展，中心城市和城市群的发展成为引领和带动区域协同发展的普遍规律。如美国东北部大西洋沿岸城市群、五大湖城市群、日本太平洋沿岸城市群、欧洲西北部城市群等，都遵循着以中心城市为核心带领城市群发展的规律。从中国区域发展来看，无论是东部沿海先进地区的京津冀城市群、长三角城市群、粤港澳大湾区等，还是中西部内陆地区的成渝城市群、长江中游城市群等，都是选择以中心城市为核心、以大中小城市为组团的"中心城市+城市群"发展模式。中心城市成为影响区域发展至关重要的因素，尤其是国家中心城市作为国家发展战略的重要平台，承载着国家发展的战略目标和任务，是国家发展的战略支撑，是区域实现高质量发展的促推器。

长沙作为长江经济带的重要节点城市，是中部崛起战略的重要支点，是长江中游城市群的中心城市。近年来，随着湘江新区和长沙自贸区等

国家战略平台集中发力,现代产业体系逐步形成,城市综合功能快速提升,长沙拥有了更强的辐射带动功能,城市能级在不断提升。从上述比较的10个省会城市来看,广州、成都、武汉、郑州、西安5个城市均为国家中心城市,但长沙还未进入国家中心城市的行列。创建国家中心城市,既是湖南省第十四个五年规划的奋斗目标,也是湖南省委省政府在《关于实施"强省会"战略支持长沙市高质量发展的若干意见》提出的目标任务。因此,必须把创建国家中心城市作为实施"强省会"战略的重要举措加以推进,加大创建力度,积极争取进入国家中心城市行列。

三　加大改革力度,推动平台创新发展

推进制度改革创新,是国家级平台的核心任务。无论是湘江新区,还是长沙自贸片区,或者是其他国家级平台,改革创新既是国家赋予的使命,也是实施"强省会"战略的要求,更是做大做强省会长沙的需要。因此,必须加大改革创新力度,推动国家级平台加快发展,才能为"强省会"战略实施提供强有力支撑。

一是进一步理顺国家级平台管理体制机制。对长沙自贸片区来说,要借鉴国内外成熟自由贸易区的成功经验和做法,优化管理机构设置,积极推行扁平化、专业化管理模式,进一步推进管理体制创新。对湘江新区而言,要在岳麓区与湘江新区实行区政合一的基础上,进一步优化新区管委会机构设置,健全法治化管理机制,科学确定管理权责。同时无论是湘江新区,还是长沙自贸片区,都涉及多个行政辖区、多种类型的功能区等,各方关系错综复杂。因此在优化机构设置的同时,必须适应发展新要求,进一步理顺新区、长沙自贸片区与所在行政区域以及区域内各类园区、功能区等的关系,明确各责任主体职责,做到分工明确,各司其职。

二是适时调整有关行政区划。湘江新区范围不仅涉及岳麓区,还包括望城区和宁乡市部分区域,还跨市域拓展至岳阳湘阴、湘潭九华两大新片区,在行政管理上增加了协调难度。对涉及的望城区和宁乡市部分区域,可采取托管的模式,在条件成熟时,新区按程序开展行政区划调整,以此促进功能区与行政区协调发展、融合发展。对湘阴、湘潭九华两大新片区,新区管委会要加强统筹,政府层面要加强协调联动,有关

部门积极对接合作，不断创新完善合作机制，形成共同推进两大片区建设的强大合力。

三是积极创新制度成果。对长沙自贸区而言，一方面，深入推进规则、规制、管理等制度型开放，主动对标国际一流自贸区规则，先行先试国际多边、区域和双边谈判中的国际贸易投资新规则，加大压力测试，探索符合国际惯例的制度规则和操作模式；另一方面，加快国家层面制度创新成果的推广，推进制度创新成果的自贸区的运用和发展，积极推进有关服务领域开放，进一步放宽市场准入，实现各类市场主体平等开放。对湘江新区来说，要加快推进中国（湖南）自由贸易试验区联动区建设，按规定和要求复制推广自由贸易试验区制度创新成果和有关政策。

四 强化要素保障，统筹推进平台基础建设

推进国家级平台建设，要素保障是根本。要坚持强化人才、土地、资金、技术基础设施等要素的保障，确保平台建设实现高质量发展。

一是强化人才支撑。依托长沙国家海外人才离岸创新创业基地、海归人才基地等，从国内外吸引科学家、优秀青年人才、优秀企业家、卓越工程师、高级技能人才等，培育人才队伍。加强领军型、成长型企业家培育，提升企业家全球视野。推广"订单式"人才培养和新型学徒制，培养工匠型人才。加快优化科研人才成长生态，创新人才服务机制，深入推进知识产权归属和利益分配机制改革，激发人才干事创业的主动性和积极性。

二是加强信息技术设施建设。全面推进新型信息基础设施建设，推动5G网络深度覆盖，加快5G等新兴技术规模化应用，为湘江新区、长沙自贸片区发展"互联网＋"、跨境电商、大数据等数字经济提供支持。

三是加强资金保障。创新各类资金投入方式，充分发挥政府资金在提升服务、促进研发、降低生产及运营成本方面的引导作用，鼓励社会资本投向国家级平台建设。积极落实省级财政支持国家级平台发展的政策措施，综合运用财政资金激励方式，加快推进平台的建设。创新金融服务，充分发挥金融资本在国家级平台建设中的促进作用。

四是强化土地要素保障。要根据发展需要，充分考虑用地空间布局，优化调整建设用地结构，统筹安排各类功能用地，优化土地要素资源配

置。保障国家平台项目建设用地需求，新增建设用地指标向平台倾斜，支持符合条件的重大建设项目纳入耕地占补平衡全省统筹。坚持节约集约用地原则，强化开发强度、投资强度、产出强度等要求，优化平台内产业布局，推进产业集聚发展，推进土地利用全生命周期管理制度。

五 加快产业发展，夯实平台发展实力

国家级战略平台集国家战略、区位优势、产业基础、改革创新优势于一体，是要素资源的集聚地、产业发展的高级量级平台，加快推进国家级平台产业发展，必须依托自身优势，把握科技前沿趋势和特点，突出重点产业，才能在产业发展竞争中赢得广阔空间。

一是坚定不移地推进制造业高质量发展。推进制造强市工程，持续壮大先进制造业集群，全面推动工程机械产业智能化、高端化、绿色化发展，创建世界级品牌。

二是加快发展战略性新兴产业。推进国家重要信创产业基地、全国最大碳化硅半导体产业基地和全球北斗产业示范应用基地建设，加快优势电子信息产业发展，加快推进数字产业化和产业数字化，积极培育数字经济新业态，加快发展生物医药、新能源新材料、航空航天等战略性新兴产业。

三是加快现代服务业发展。依托国家级平台开放优势，加快推进现代商贸、现代物流、现代金融、信息服务、工业设计等生产性服务业，推进先进制造业与现代服务业深度融合。

四是加强未来产业谋划。未来产业应紧跟科技前沿，发挥长沙比较优势，挖掘发展潜力，前瞻布局前沿材料、氢能与储能、类脑智能等未来产业，集中力量发展两三个未来产业，培育发展新动能，形成竞争新优势。

五是积极推进产业发展一体化。围绕长株潭都市圈，统筹产业链供应链布局，加强经济圈相关产业链整合，推进"飞地园区""共管园区""异地孵化"等跨区域产业合作模式，共建研发创新体系，建立都市圈产业协同、园区协作、创新协力、利益共享机制，加快形成都市圈产业一体化发展新优势。

第七章

强人才队伍——提升省会城市人才竞争力

功以才成,业由才广,千秋基业,人才为先。党的十八大以来,党中央作出人才是实现民族振兴、赢得国际竞争主动的战略资源的重大判断,作出全方位培养、引进、使用人才的重大部署,推动新时代人才工作取得历史性成就、发生历史性变革[①]。强省会离不开人才支撑,将人才集聚到实施"强省会"战略的光荣使命中来,加快形成人才辈出、人尽其才的生动局面,方能为强省会提供更强劲、更澎湃的动能。

第一节 强省会必须聚力打造人才高地

在奋力实施"强省会"战略的进程中,省会长沙必须进一步强化做好人才工作的使命担当,把握新形势、抢抓新机遇、厚植新优势,坚持将提升城市人才竞争力放在最优先位置,在引才、育才、用才、留才上凝心聚力,进一步激发人才创新创业创造活力,高质量地做好新时代人才工作。

一 "强人才"是落实新时代人才强国战略的客观要求

2002年,为应对中国加入WTO后经济全球化和综合国力的竞争,中共中央、国务院制定下发《2002—2005年全国人才队伍建设规划纲要》,首次提出"实施人才强国战略",对新时期中国人才队伍建设进行总体谋

[①] 习近平:《深入实施新时代人才强国战略 加快建设世界重要人才中心和创新高地》,《求是》2021年第12期。

划，具体明确了当前和今后一个时期中国人才队伍建设的指导方针、目标任务和主要政策措施。2007年，人才强国战略作为发展中国特色社会主义的三大基本战略之一，被写进了中国共产党章程和党的十七大报告。由此，人才强国战略的实施进入了全面推进的新阶段。

党的十八大以来，面对错综复杂的国际局势和艰巨繁重的改革发展稳定任务，以习近平同志为核心的党中央立足中华民族伟大复兴战略全局和世界百年未有之大变局，作出人才是实现民族振兴、赢得国际竞争主动的战略资源的重大判断和实施新时代人才强国战略的重大部署[①]。在2021年9月召开的中央人才工作会议上，习近平总书记着眼百年未有之大变局，聚焦实现中华民族伟大复兴，明确提出新时代人才工作的战略目标，就是要建成世界重要人才中心和创新高地，为实现高水平科技自立自强、建设世界主要科学中心提供强大人才保障，为2035年基本实现社会主义现代化提供人才支撑，为2050年建成社会主义现代化强国奠定坚实人才基础。这是以习近平同志为核心的党中央在人才发展领域提出的新目标、新指向、新愿景，明确了中国在未来全球人才发展版图中的角色定位，表明了我们党对人才工作布局的战略雄心、战略自信和战略气魄。在空间安排上，习近平总书记强调建设世界重要人才中心和创新高地要形成战略支点和雁阵格局：在北京、上海、粤港澳大湾区建设高水平人才高地；在高层次人才集中的中心城市建设吸引和集聚人才的平台；加快建设承载国际一流人才创新创业平台[②]。

2021年11月，党的十九届六中全会通过《中共中央关于党的百年奋斗重大成就和历史经验的决议》，再次强调深入实施新时代人才强国战略，加快建设世界重要人才中心和创新高地，聚天下英才而用之；要源源不断培养造就爱国奉献、勇于创新的优秀人才，真心爱才、悉心育才、精心用才，把各方面优秀人才集聚到党和人民的伟大奋斗中来[③]。人才强

[①] 陈红旗、石慧：《新时代人才强国战略的根本遵循——学习习近平总书记关于人才工作重要论述》，《新湘评论》2022年第6期。

[②] 习近平：《深入实施新时代人才强国战略 加快建设世界重要人才中心和创新高地》，新华网，2021年9月28日。http://cpc.people.com.cn/n1/2021/0928/c64094-32240855.html.

[③] 《中共中央关于党的百年奋斗重大成就和历史经验的决议（全文）》，新华网，2021年11月6日。http://www.gov.cn/xinwen/2021-11/16/content_5651269.htm.

则国家强，国家强则省会强。新时代人才强国战略是把握新一轮科技革命和产业变革机遇的第一抓手，是其他各项强国战略顺利实施的重要基础，是破解中国发展难题的必由之路。实施"强省会"战略，加快构建人才资源竞争优势对于长沙而言，可谓时不我待、正当其时。

二 "强人才"是全面落实"三高四新"战略定位与使命任务的关键支撑

2020年9月，习近平总书记在湖南考察时强调，要着力打造国家重要先进制造业、具有核心竞争力的科技创新、内陆地区改革开放的高地，在推动高质量发展上闯出新路子，在构建新发展格局中展现新作为，在推动中部地区崛起和长江经济带发展中彰显新担当，奋力谱写新时代坚持和发展中国特色社会主义的湖南新篇章。打造"三个高地"、践行"四新"使命，构成了"十四五"乃至更长一个时期湖南发展的指导思想和行动纲领。长沙作为全面落实"三高四新"战略定位与使命任务的领头雁，必须将创新摆在发展的突出位置，走创新引领发展之路，其中最关键的一条在于人才驱动，因为无论是打造国家重要先进制造业高地，还是具有核心竞争力的科技创新高地，都离不开强有力的人才支撑。

"惟楚有材，于斯为盛"是千百年来长沙的重要文化符号，也是近现代长沙聚集人才、珍视人才、造就人才的生动写照。习近平总书记在湖南考察时，深刻指出"惟楚有材、于斯为盛"的"斯"，不仅指历史上湖南这个地方代有才人出，也指我们这个时代英雄辈出，强调湖南"要激发人才创新活力，发挥领军人才作用，加强创新团队建设，完善成果转化和激励机制，保护好调动好科技创新人才积极性"[①]。深入贯彻落实习近平总书记为湖南擘画的宏伟蓝图，将人才优势转化成为"三个高地"胜势，不断开创"惟楚有材，于斯为盛"的生动局面，是湖南更是长沙的历史使命与责任担当。

三 "强人才"是应对人才竞争现实挑战的必然选择

人才兴，则城市兴；人才强，则城市强。人才是城市未来发展的重

[①] 张庆伟：《不断开创新时代人才强省建设新局面》，《新湘评论》2022年第6期。

要动力之一，硬实力、软实力，归根到底要靠人才实力[①]。近年来，各地纷纷认识到人才对于城市发展的重要性，全国各省份和城市也相继加入人才争夺战之中，在政策"热浪"助力之下，"抢人大战"持续升级。尤其是省会城市，纷纷打出"政策组合拳"，不遗余力地拿出真金白银吸引人才落户。长沙要实施"强省会"战略，也不得不面对并加入"抢人大战"，不断加码对人才的吸引力度。

2022年4月13日，湖南省委省政府印发《关于实施"强省会"战略支持长沙市高质量发展的若干意见》，长沙实施"强省会"战略的帷幕正式拉开。在随后召开的省委实施"强省会"战略暨长株潭都市圈建设推进会上，湖南省委书记、省人大常委会主任张庆伟指出，要"发挥好科教和人才资源聚集优势，紧盯前沿关键核心技术攻关，促进科技成果转化，积极育才引才聚才，让创新成为城市发展主动力"。长沙紧抓实施"强省会"战略重大机遇，为在持续升级的"抢人大战"中争得先机，以提档升级人才政策、优化创新创业环境为突破口，在2022年4月28日召开的市委人才工作会议上，重磅发布《长沙市争创国家吸引集聚人才平台若干政策（试行）》，从7个方面提出45条具体措施，此政策含金量更高、普惠面更广、突破性更大、操作性更强。6月24日，长沙人才政策"升级版45条"配套实施办法发布会召开，会上发布26个配套实施办法，充分释放了省会识才、爱才、敬才、用才的强烈信号，可谓为"强省会"战略实施配备了一个大大的人才"政策礼包"。这背后，是长沙对创新发展的无限渴求，也彰显着长沙"强省会"崛起的斗志决心。在奋力实施"强省会"战略的征途中，要聚力打造引才聚才的"长沙磁场"，奋力争创国家吸引集聚人才的平台，长沙方能在"人才大战"的激烈竞争中跑得更快、更稳、更远。

第二节 长沙人才竞争力的比较分析

城市发展离不开人才这个关键变量。长沙要"强省会"，关键是要建

[①]《青年说 | 让城市和人才互相成就——"强省会"战略大家谈⑧》，华声在线，2021年4月21日。https：//baijiahao.baidu.com/s? id=1730699169666703173&wfr=spider&for=pc。

设一支规模宏大、结构合理、素质优良的创新人才队伍，激发各类人才的创新活力和创造潜力。通过与其他省会城市人才竞争力的比较分析，有助于全面掌握长沙人才队伍建设情况，找出长沙人才发展的优势与短板，为未来长沙提升人才竞争力提供依据和趋势研判。

一　长沙人才队伍建设主要做法

近年来，长沙人才工作坚持以习近平新时代中国特色社会主义思想为指引，全面贯彻习近平总书记关于做好新时代人才工作的重要思想和中央人才会议精神，围绕深入落实"三高四新"战略定位和使命任务，全方位实施更加积极、开放、有效的人才政策。

（一）人才工作格局和政策水平不断升级

长沙坚持党管人才原则，率先升格成立由市委书记任组长的市委人才工作领导小组，成立市委人才工作局，组建长沙人才集团，建成国家级人力资源服务产业园，形成"一局一中心一集团一产业园"的工作格局。长沙人才政策体系不断升级，2017年，主动对标先进发达地区，聚焦民营经济领域，出台《长沙市建设创新创业人才高地若干措施》，并配套推出高精尖人才领跑、紧缺急需人才集聚、青年人才筑梦、"长沙工匠"铸造和国际化人才汇智5大工程以及27个实施办法，构建引育留用全链条"1+5+N"政策体系。2021年，根据全面推进乡村振兴、自贸区落子长沙及长株潭一体化发展的战略要求，出台《长沙市乡村振兴产业人才队伍建设若干措施》《中国（湖南）自由贸易试验区长沙片区人才集聚发展若干措施（试行）》《长沙市贯彻落实省委关于长株潭人才一体化部署工作要点》。2022年，为争创国家吸引集聚人才平台，长沙出台《长沙市争创国家吸引集聚人才平台若干政策（试行）》，并配套26个实施办法，各区县（市）配套出台相关人才政策，这些政策特色鲜明、成效显著。

（二）人才队伍规模质量不断提升

近五年，长沙市级人才经费投入近30亿元，较2017年前平均增长近10倍，人才资金保障力度大幅提升。强投入带来了人才的强引力，长沙的人才总量由2017年的110万增至2021年280万，实现倍增，四年增加170万人，2021年中高端人才净流入率居全国前三，高精尖人才集中在战略性新兴产业比例达95%，拥有83万在校大学生、59名两院院士，

"人才吸引力指数"跃居全国第十位、中部第一位。长沙聚焦重点产业靶向引才,围绕22条产业链和重点项目,突出技术引领推动作用,每年编制"紧缺急需人才需求目录",靶向引进高精尖人才104名、紧缺急需人才567名(含军民融合人才),认定25批次ABCD类高层次人才2688名。长沙统筹加强技能人才队伍建设,突出以赛促学、以赛代训、以赛代评,连续五年举办长沙市"十行状元 百优工匠"职业技能竞赛,表彰36名行业状元、324名长沙工匠,每人分别给予6万元、3万元奖励。全面强化激励措施,建立以岗位经历、年薪待遇和实际贡献为标准的企业工程师认定体系,共表彰17名"全国技术能手"和107名省级以上职业技能竞赛获奖选手,积极有效的人才政策为实施"强省会"战略提供了强有力的人才保障。

(三)人才发展生态不断优化

长沙大力弘扬"店小二"服务精神,加快建设岳麓山大科城、海归人才基地平台,打造人才智慧导航,自此申报类业务实现足不出户全流程办理。成立19个人才服务窗口,通过"前台受理、后台分派"方式,使人才可就近办理,大部分业务实现"跑一趟""三分钟"办结。开辟高端人才和留学归国人才购房绿色通道,发放租房和购房补贴。建立3个市级青年人才驿站示范点,在岳麓高新区、浏阳市新建成长沙青年人才驿站3个,为7000多名来长沙求职青年提供免费住宿、就业指导、城市融入等服务,在长沙就业率达40%,有效解决人才住房和就业需求,持续优化长沙发展生态。建立"优才贷"风险补偿资金,截至目前,共投放156笔,发放贷款6.69亿元。加强人才政治引领,推荐125名专家人才担任"两代表一委员"。通过保障各类人才安心安身安业,着力营造"近悦远来"的人才生态。

二 省会城市人才竞争力评价体系构建

(一)省会城市人才竞争力评价体系的理论框架

要比较城市人才竞争力,首先要明确人才和人才竞争力的内涵。人才是指具有一定的专业知识或专门技能,进行创造性劳动并对社会作出贡献的人,是人力资源中能力和素质较高的劳动者,人才是中国经济社会发展的第一资源①。而人才竞争力是指存在于人才自身，且受外部环境影响的综合能力体现，是竞争主体能否吸引、培养和留住人才的关键因素，同时也是决定竞争主体是否拥有并高效利用优秀人才资源的重要基础。一个城市的人才竞争力则是指一个城市在集聚、吸引、使用和转化人才资源时所体现出来的核心能力的强弱②。城市人才竞争力评价体系作为衡量城市人才竞争力的重要工具，主要包括人才竞争力的内在要素、影响人才竞争力的外在要素和表征人才竞争力现状的产出水平要素。一方面，城市竞争力评价体系需全方位、多层次地反映城市人才数量质量的真实情况；另一方面，评价体系应重点考虑人才推动科技、经济的发展效能以及城市创新发展的环境因素等。

在当前全面推进中国高质量发展，建设世界科技强国和社会主义现代化强国的新时代背景下，城市对人才的实际需求提出了更高的要求，更加注重对创新人才的引进培养使用。建设结构合理、素质优良的创新人才队伍，激发各类人才的创新活力和创造潜力，发挥人才在科技创新中的引领作用，成为当前提升城市竞争力的核心要义。因此，本章聚焦创新人才，从创新人才竞争力对城市的影响机理出发，基于对创新人才的本质、成长规律与培养机制，并结合国内外相关研究成果，最终确定评价体系的基本框架。新时代城市人才竞争力评价体系主要从人才规模结构（内在要素）、人才生态环境（外在要素）、人才发展效能（产出水平）三个维度来评估各城市的人才发展竞争力水平。人才规模结构不仅反映人才的规模总量，还反映人才的分布结构情况，是人才质量最重要的体现。人才效能用以反映人才带来的科技产出与经济价值，包括科技效益和经济效益两个维度。人才环境是指与人才密切相关的各种外部因素的总和，良好的人才生态环境将加速创新人才的成长，激发创新人才的创造活力，为提升城市人才竞争力推波助澜，主要包括人才吸引、培养和创新支持三个维度③。

---

① 《国家中长期人才发展规划纲要（2010—2020年）》，中央政府门户网站，2010年6月6日。http://www.gov.cn/jrzg/2010-06/06/content_1621777.htm.

② 娄峰、潘晨光：《中国城市人才综合竞争力实证分析》，《中国集体经济》2011年第8期。

③ 陈劲、幸辉、陈钰芬等：《中国城市创新人才评价体系构建》，《创新科技》2022年第4期。

（二）省会城市人才竞争力评价体系的指标设计原则与评价方法

省会城市人才竞争力评价体系的指标设计主要遵循以下原则：一是科学性和典型性原则。评价指标须客观真实地反映省会城市人才竞争力发展的特点和现状，同时兼具典型代表性，不宜过多过细、相互重叠，亦不宜过少过简、遗漏信息，各指标之间相互协调、相互补充。二是可获得性和可操作性原则。应从数据的权威性和可公开获取性角度出发，所选指标要便于量化、数据便于采集和计算，具有权威性和可信度，且计算量度和方法必须统一，统计口径须保持一致。

综上，选取2021年GDP排名前十强的省会城市，即广州、成都、杭州、武汉、南京、长沙、郑州、济南、合肥、福州作为研究对象，重点比较长沙与其他九个省会城市之间的人才竞争力发展差距与短板。原始数据主要来自2021年的《中国城市统计年鉴》《中国教育统计年鉴》以及各城市国民经济和社会发展统计公报、各地市统计年鉴和科技统计年鉴以及各级政府公开网站等，部分缺失数据由相关度较高的指标推算得出。由于研究指标不属于同一层次，且存在较大差异度，故运用德尔菲法通过背对背征询专家意见方式确定各评价指标的权重，其优势在于能够依靠多次反馈的过程来实现专家意见的趋同。首先对原始数据进行无量纲化处理，再依据确定好的权重和逐层加权求和方法，最终得到十大省会城市人才竞争力综合评价得分，见表7-1。

表7-1　　省会城市人才竞争力评价指标体系

一级指标	二级指标	三级指标	权重
人才规模结构	人才规模	1. R&D 人员数	0.4
		2. 本科学历就业人员数	0.3
		3. 院士数	0.3
	人才结构	4. 本科及以上学历人员占比	0.5
		5. 每万人拥有 R&D 人员数	0.5
人才发展效能	科技效益	6. 专利授权数	0.4
		7. 发明专利授权书	0.5
		8. 权威期刊发表论文数	0.1
	经济效益	9. 人均 GDP	0.2

续表

一级指标	二级指标	三级指标	权重
人才发展效能	经济效益	10. 中国科创板企业数	0.2
		11. 中国创新企业100强企业数	0.2
		12. 世界500强企业数	0.1
		13. 中国500强企业数	0.3
人才生态环境	人才吸引	14. 平均劳动者报酬	0.4
		15. 人均一般公共预算支出	0.4
		16. 每万人拥有执业医师数	0.3
	人才培育	17. 人均教育经费支出	0.4
		18. 普通高等教育专任教师数	0.6
	创新支持	19. R&D内部经费支出	0.4
		20. 中国民营企业500强企业数	0.3
		21. 独角兽企业估值（总产值）	0.3

（三）省会城市人才竞争力评价实证分析

1. 城市人才竞争力总体评价分析

依据上述权重确定方法和综合计算得出十大省会城市人才竞争力最终评价得分，详情见表7-2。

表7-2　省会城市人才竞争力综合及分项得分及排名

排名	城市	综合得分	规模结构	发展效能	生态环境
1	广州	100.00	89.35	100.00	95.54
2	南京	98.77	100.00	83.75	95.05
3	杭州	96.44	79.23	94.06	100.00
4	武汉	90.27	85.71	90.86	83.70
5	长沙	74.25	80.09	68.32	68.84
6	济南	72.65	67.45	70.89	73.89
7	成都	71.36	69.12	71.10	69.66
8	合肥	69.02	74.58	69.22	61.51
9	郑州	60.00	69.10	60.00	69.53
10	福州	60.00	60.00	60.05	60.00

整体而言，十大省会城市人才竞争力发展水平存在显著差异。具体来看，广州、南京、杭州、武汉的人才竞争力发展水平处于全国领先地位，以上四个城市综合得分均超过 90 分，成为省会城市人才竞争力发展的第一梯队；而第二梯队包括长沙、济南、成都三个城市，综合得分均在 70—80 分区间，城市人才竞争力水平较高，但与第一梯队城市的差距较大；第三梯队包括合肥、郑州、福州等三个城市，综合得分均在 60—70 分区间，城市人才竞争力水平一般。从综合得分来看，长沙处于第二梯队的领头羊位置，但与第一梯队相比还有较大的进步空间。

2. 长沙人才竞争力的横向比较分析

为深入了解与其他九大省会相比，长沙人才竞争力在各维度的现实发展水平，并从中发现其中存在的短板和问题，现进一步对长沙在人才规模结构、人才发展效能和人才生态环境三个维度以及二级指标的具体分数进行了横向比较和单项排名，详情见表 7-3。

表 7-3　　　　　　　　　长沙人才竞争力分项得分横向比较

一级指标	二级指标	分数
人才规模结构	人才规模	81.21
	人才结构	80.46
人才发展效能	科技效益	65.53
	经济效益	74.63
人才生态环境	人才吸引	68.36
	人才培育	70.42
	创新支持	63.46

从表 7-2 我们可以得知，长沙市人才竞争力的综合得分为 74.25，位于中上游水平，但是从表 7-3 的分项得分结果来看，形势不容乐观。首先，长沙在人才规模结构维度上得分为 80.09，人才规模和结构得分分别为 81.21 和 80.46，说明近年来长沙实施更加积极、开放、有效的人才政策取得显著成效，人才净流入率大幅增加，人才规模得到有效提升，引进人才的学历结构和技能结构不断向高层次攀升。但是与广州、南京相比，在高层次人才和青年人才存量方面仍存在较大差距，尤其是在高

精尖人才总量短缺，国际化人才规模无法满足现实发展需要，青年人才和高技能人才供需矛盾突出等方面还存在可提升的空间。其次，长沙在人才发展效能维度上的得分仅为68.32，与领先城市差距较大，表现不尽人意。其中，科技效益和经济效益得分分别为65.53与74.63，说明长沙创新人才在赋能经济增长中发挥的作用亟须进一步提高，特别是在如何打通科技成果转化的痛点堵点方面仍需大幅努力。再次，在人才生态环境维度，长沙得分仅为68.84，在人才吸引、人才培育和创新支持方面得分分别为68.36、70.42和63.46，说明在人才引进和培养方面尚未达到平均水平，与其他大部分省会城市相比还存在较大差距，在优化人才生态环境方面任重而道远。

三 省会长沙提升人才竞争力存在的主要问题

（一）人才队伍建设有待加强

从比较分析结果中可以看出，长沙在人才规模结构上处于比上不足比下有余的尴尬境地，对标当前"强省会"战略和"三高四新"目标，仍存在差距和挑战。尤为明显的是，高精尖创新人才依然不足，特别是新兴产业、"卡脖子"技术尖端人才、领军人才数量不多，高层次人才、支撑外向发展的国际化人才供需矛盾较为突出。且由于区位、待遇等影响因素，导致以科技领军人才、海归人才为代表的高层次人才多次出走他国，其中教育、医疗、文化产业技术骨干流失率较高。

（二）科技成果转化渠道有待畅通

通过上述分析发现，长沙创新人才带来的科技产出和经济价值还有待增强，特别是在打通科技成果转化的痛点堵点上还需做大量工作。主要表现在科技成果转化环境不优和缺乏高水平技术转化人才两方面。一方面，中试阶段缺少资本投入。通常科技成果转化过程包括创新开发、中试和产业化生产三个阶段，经费投入比例一般为1∶10∶100，然而当前长沙财政资金和社会资本对后两个阶段投入相对偏低，风投资本数量有限，种类不多，融资难问题始终得不到破解；另一方面，高水平技术转化人才不足。缺少既懂成果转化，又具备法律、财务、市场等专业能力的复合型人才。由于科技成果转化队伍不强，加之技术经纪人整体素质偏弱，严重制约了成果转化效率和效果。

（三）人才引育效能有待提升

长沙在人才吸引与培养方面较其他省会城市竞争力偏弱的原因主要体现在三个方面。一是存在"重引进轻培养"的误区，当前人才引进政策主要聚焦已取得科技成果和事业成就的"高层次人才"，希望引来的人才马上就能用，很快就能出科研成果或解决技术难题。然而由于缺乏对高层次人才的长远培养规划，以及对本土人才"用才""育才"体制机制的建设，片面强调人才引入量和占有比重导致"等靠要"思维和人才"花瓶化"现象以不同程度存在，很多高层次人才引进来后发现，在现行科研环境条件，以及高校管理体制下开展工作受到诸多掣肘，出现了引进又出走的现象，人才引进效率低下。二是人才引进评价机制有待突破。当前长沙高层次人才引进评价整体上还是政府主导，采用基本条件＋专家评审的单一化模式，一方面存在基本条件门槛严格且覆盖面较窄，很多优秀人才难以达到某些条件的弊端；另一方面该类评价方式对专家的专业性要求较高，很多创业人才项目的评审"专家"权威性不足，加之评审时间短、任务重，很难对人才未来的发展潜力做出科学正确的评估，往往偏向于以申报人本身的学历、职位、荣誉等"帽子""光环"为主要依据，这种"锦上添花"的评价方式对需要"雪中送炭"的青年人才来说尤为不利。三是服务配套不完善。高层次人才对教育、医疗、交通、金融等方面的优质资源需求强烈，但是由于公共资源服务配套有限，难以满足不同年龄层人才与国际接轨的多样化需求，长沙的房价、基础教育、优质医疗等优势尚未得到充分挖掘，并运用到增强人才吸引力上面。

第三节　国内其他省市人才队伍建设的经验做法

从十大省会城市人才竞争力评价结果来看，长沙还存在很多短板和不足。针对当前长沙在人才队伍建设方面存在的主要问题，学习借鉴其他省市的经验做法，有助于开阔视野，拓展思路，推动长沙人才工作取得新成效。

一　创新人才工作体制机制

一是实施更加开放的人才政策。北京实施《关于持永久居留身份证外籍人才创办科技型企业的试行办法》，明确"持有外国人永久居留身份证的外籍人才"创办科技型企业，可享受国民待遇。根据《海南自由贸易港建设总体方案》以及有关规定，在个人所得税优惠政策方面，2025年前个人所得税税负不超过15%，2025年后直接实行3%、10%、15%三档税率。深圳启动光明科学城国际人才街区示范点，授牌"国际人才服务驿站"。二是创新人才评价机制。推动职称和工作许可跨地区互认。北京实施《北京市职称评审管理暂行办法》，明确提出京津冀职称评审结果在人才引进、岗位聘用、职称晋升、培养选拔、服务保障等领域实行三地互认。甘肃自2018年9月起启动实施特殊人才职称特殊评价工作，产生了该省第一个"工人教授"，第一个"农民教授"，第一个以引进急需紧缺人才身份获评的高级工程师和第一个以博士后身份获评的正高级职称。三是提升人才环境"指数"。大力培育发展人力资源服务产业，采取政府优化环境、专业机构运营的外包式建设运营模式，为人才干事创业提供良好的条件保障，提升人才环境"太太指数""先生指数"和"奶酪指数"等新人才"指数"，真正用软环境留住人才。

二 推动人才链与产业链协同共振

一是发布人才产业地图。江苏省人才发展战略研究院、泰州医药城、无锡高新区、苏州工业园区等地区和单位，对标全球生物医药、物联网等6大重点领域产业，通过大数据检索、专利分析、文献计量、专家发现等方法，对各个产业的发展和人才分布进行深入研究，为每个重点产业绘制了产业人才地图。二是推进校企合作。中关村集成电路设计园与包括北京大学在内的7所在京示范性微电子学院和北京市半导体行业协会等共同发起成立"中关村芯学院"，现已与兆易创新、兆芯、中庆现代、广利核等30余家芯片企业达成订单式人才培养合作。2020年10月，中国首个"芯片"大学——南京集成电路大学在南京江北新区揭牌，并与华为海思、中芯国际等企业开展深入合作。2021年3月，郑州印发《大数据人才培养"码农计划"实施方案》，力争3年储备10万名应用型大数据人才，全面推广订单式培养，鼓励企业利用资本、技术、知识、设施和管理等要素参与校企合作，与试点院校合作开设订单班、冠名班等。

三 推进人才服务市场化多元化

一是培育多元的市场化主体。杭州注重培育多元市场化主体，成立信息经济人才协会、市金融人才协会、市旅游休闲人才协会、市文化创意人才协会和市人才猎头专业委员会等系列人才协会（组织），有序承接政府转移的职能。二是向市场购买人才服务。上海闵行区通过公开招标的方式，用2020年度人才工作专项经费购买高端人才服务。山东烟台出台《关于做好人才工作领域政府购买服务的意见》，规范和推动人才工作领域政府购买服务，提升人才工作市场化社会化水平。三是建立人才创业飞地模式。山东临沂通过市场主体以"人才+项目+园区+金融+服务"的引才方式，推行人才创新创业在市里园区、转化收益在县区、受益在企业的"飞地模式"。

四 强化人才工作数字化智慧化管理

一是建立数字化人才资源库。浙江建立对内的"人才电子名册"和对外的"人才资源库"，人才工作相关部门通过内部终端浏览分析各类人才信息数据，市场企业通过互联网浏览公开的人才信息。贵州通过建设人才大数据中心，实现权威、即时、精准的人才数据统计、分析和监测。二是通过信息化手段提升人才服务水平。江苏开发"场景式"高层次人才主题服务，按照服务对象、服务内容、服务流程设计不同服务场景，共推出健康保障、入籍落户、出入签证、子女入学、居住证办理等35个高层次人才场景式服务。三是数字化赋能精准引才育才。山东通过全面掌握山东籍高层次人才和主导产业需求人才数据，建立了数字化人才地图，实现"按图索才"，变"撒网式"引才为"打靶式"引才。

第四节 提升长沙人才竞争力的对策举措

针对"强省会"战略的新要求，长沙要全面对标争创国家吸引集聚人才平台的新任务，进一步统一思想，强化高地意识、危机意识，齐心协力强弱项、补短板，不断提升人才竞争力，切实强化作为省会城市的担当与责任。

一 立足政策精益创新，集聚高精尖紧缺人才

一是针对科技领军人才和创新团队，大力支持重点企业在人才分类认定、科研立项、服务保障等方面提供个性化支持。实施高精尖人才和紧缺急需人才集聚工程，赋予重点企业自主认定权限。创新高层次人才认定方式，推行按薪认定、企业自主认定、专家机构推荐认定等多种方式，为产业发展提供强大的人才支撑。

二是针对优秀企业家群体，根据企业规模、纳税、研发经费投入、行业创新引领作用等，开展企业家高层次人才认定。推动实施"企业合伙人"计划，以品牌思维、创新模式开展人才工作，以人才带动产业、产业集聚人才。

三是针对卓越工程师和高技能人才群体，加快培育支撑22条产业链和重点项目发展的技能人才体系，打造长沙国家工匠学院，建立市级工程师认定评价体系，支持企业建设卓越技工学校、示范型高级技工学校、技能人才培训基地，积极开展各类职业技能竞赛活动，获奖选手可优先推荐"五一劳动奖章"、"劳模"评选等，打造契合本地产业、独具特色的技术技能人才培养激励体系。

四是针对青年后备人才群体，鉴于其处于人生当中创新最活跃、最容易出成果的关键时期，又处于独立科研的起步阶段，亟需经费大力支持，建议制定以科研经费、创业融资为主的支持政策，切实加大投入倾斜力度和支持范围，不断充实战略后备人才力量。常态化开展学生实习实训，定期组织国内外知名高校学子来长沙参与城市体验、产业考察和技术攻关。充分利用政策、产业、房价、教育、生活等优势杠杆，撬动吸引青年人才来长创新创业。

五是针对乡村振兴人才群体，积极鼓励引导人才扎根乡村，灵活创新落实基层事业单位招聘"三放宽一允许"（适当放宽年龄、学历、专业等招聘条件；允许拿出一定数量岗位面向本县、本市或者周边县市户籍人员）政策。进一步落实定向培养师范生、医学生、农技特岗人员政策，加大农村定向大学生公费培养力度，着力解决基层教育、医卫、农技等人才队伍总量不足、结构不优、流动性大等突出问题。鼓励有农村情怀、有意愿能力的退休干部、退伍军人返乡，参与产业发展、村级治理；鼓

励外出打工的能人、农民企业家、大学生回乡创业，对农村知识青年开展技能、技术培训；鼓励机关和企事业单位的优秀干部、专家学者担任驻村"第一书记"，助建强基层党组织和党员队伍。

二 立足体制机制攻关，突出平台载体驱动

一是做优做精创新平台。聚焦关键核心技术攻关，发挥高校院所的集聚优势，支持龙头企业联合中南大学、湖南大学等高校创立联合体，开展关键核心技术攻关。充分赋予高校和科研院所知识产权处置自主权，推动建立权利义务对等的知识产权转化收益分配机制，赋予科研人员职务科技成果所有权、长期使用权和转化收益权。健全跨部门、跨行业、跨区域调集人才机制，统筹实施一批战略性重大科技创新项目，吸引全国优势力量共同开展科技攻关任务。聚焦科研成果快速转化，建强岳麓山大学科技城国家科技成果转化和技术转移示范基地，在马栏山视频文创园、长沙高新区、长沙经开区等区域建设科技成果转移转化基地，促进科技成果向现实生产力转化。实施科技成果转化复合型人才培养工程，鼓励高校、科研院所组建专业化技术经纪人队伍，按比例分享成果转化收益，纳入单位绩效工资总量，不作为绩效工资调控基数。建立校地人才双向交流机制，定期选派一批专业性干部到高校院所开展科技成果转化对接服务，探索推行"产业教授""科级副职""院士专家企业行"等项目，引导科技人才服务产业发展，助推产业迈向高端、挺进高地。

二是做大做强产业平台。积极争创国家吸引集聚人才平台，在落实人才政策"升级版45条"基础上，强化重大科技创新平台牵引功能，依托"三区两山两中心"，聚焦长沙22条产业链和重点项目，抓住"卡脖子""断链点"，打造一批工程研究中心、产业创新中心、技术创新中心，在新一代半导体及集成电路、工程机械、碳基材料、人工智能及机器人、区块链等关键核心领域建设一批新型研发机构，突出企业承载科技创新人才主体地位、推动科研成果快速转化，以创新平台和成果转化赋能城市发展。在产业链设立"人才链长"，配备"人才专员"，推动产业、人才融合发展。围绕重点产业链技术创新发展需求，引进带动效果明显的创新创业领军人才团队，鼓励组建以龙头企业为核心的产业技术联盟。鼓励地方政府、行业企业与高校建立"双边"或"多边"合作关系，立足自身优势和先进制造业需求，鼓励建设技术集成的中试基地，支持技术先进、产业化前景清晰的项目开展技术试验。支持有实力的民营企业建立博士后科研工作站、院士工作站，吸引院士、博士到企业研发机构从事科技成果转化和科技创新活动；支持民营企业采取团队引进、核心人才带动等方式，吸引国内外高层次人才参与研发机构的建设。推动企业发展规划与人才规划统筹布局、招商引资与招才引智紧密融合，着力形成"引进一个人才、集聚一个团队、培育一个企业、带动一个产业"的良好局面。

三是做实做好开放平台。推进中国（湖南）自由贸易试验区长沙片区、湖南湘江新区联动发展，依托后湖国际青年创业合作中心，做强做优对外开放平台，推动企业"引进来""走出去"。畅通海外人才引进绿色通道，布局海外人才离岸创新创业基地，有效对接发达国家和地区的人才、项目和资源，大力吸引海外人才来长创新创业。加快建设长沙"海归小镇"，加快省市统筹，在海归小镇的人才引进、产业扶持、招商、税收、基础设施建设等方面予以支持，通过项目带动、平台聚集、投融资引导，多措并举大力引进海外高层次人才落户海归小镇。加强具有开放视野的现代服务业人才队伍建设，努力吸引全球知名的会计师事务所、律师事务所、金融机构等现代服务组织落户长沙，加快引进、培育熟悉出口通关、外贸谈判、上市服务等方面的人才，吸引具有 CFA、CMA、ACCA 等国际财会金融证书持证者留长发展。加强与港澳地区联系，建立常态化合作机制，推动港澳地区国际物流、国际贸易、国际法律咨询服务机构和人才服务长沙高质量开放发展。积极引进推动国际顶级学术会议、国际科技会展等高端会议活动在长举办，邀请诺贝尔奖得主、知名院士、学界领军人物宣讲，传播前沿科技、前瞻产业发展理念，邀请在职或离任的部长级、著名企业家以及文化名人主讲，探讨国内外政治经济文化发展重大问题，打造世界级的人才交流平台，吸引高精尖人才关注和支持长沙发展。通过合作办学、引进分校与科研机构等多种方式做强在长教育平台资源，争取中国科学院等"大院大所"在长建立分支机构，全力推动人才、企业、高校的良性合作与互动。

三　立足人才服务保障，优化人才发展生态

一是升级综合服务保障体系。成立联系人才服务企业促进发展工作机制，整合全市人才工作力量，重点联系龙头企业、上市后备企业、"专精特新""隐形冠军"企业，实施"一企一策"精准服务，支持企业做大做强。健全人才工作者联系服务高层次人才常态化机制，明确走访节点、走访频次和服务内容等，实行"只找一人"负责制和清单式管理。通过同专家结对子，与人才交朋友的方式，及时掌握高层次人才思想工作生活情况，帮助人才解决实际困难。强化人才金融服务，长三角和珠三角的高质量快速发展证明，金融活跃，经济才能有活力，人才就会聚集。充实风险补偿基金，撬动银行信贷规模，提升对无担保、零抵押"优才贷"等金融产品的支持力度，为人才发展提供创业和生活资金。支持成立创投基金，引导企业和人才投身科技创新，形成浓厚的创业氛围。

二是强化人才政治引领和政治吸纳。积极搭建参政议政平台，加大高层次人才和海外人才担任各级"两代表一委员"的推荐力度，帮助人才树立正确的价值观，实现"留学初心"与"报国使命"的紧密结合。对疫情防控等急难险重任务中经受考验者，可火线入党。强化对高层次人才和海归人才的政治引领，建立日常学习与定期培训相结合的常态化思政引导机制，定期在党校、社会主义学院等地举办国情研修班、思政教育培训班，到革命遗址进行现场教学活动。以"爱国教育+场景营造"为建设主线，在长沙市合理选址打造"爱国文化+人才社交+创新创业"融合新场景，深入开展留学报国教育、海归兴湘交流研讨以及民间外交等活动，引导高层次人才和海归人才以实际行动主动融入"留学报国"建设中来，为长沙"强省会"战略实施贡献智慧和力量。

三是将长沙打造成青年之城、梦想之城。持续打造《我的梦想我的城》宣传品牌，讲好长沙故事，激发人才创新创业活力，厚植人才干事创业、爱国奉献情怀。设立长沙人才日，建设人才主题公园，优化提升长沙交通、文旅等设施，进一步擦亮长沙作为房价洼地、幸福高地、潮文化领地的网红城市名片，并结合长沙的人文优势、中小学教育资源优势和兼收并蓄的湖湘历史文化氛围，将长沙打造成为对青年人才最具吸引力的城市品牌，年轻人就业的首选地、理想实现地和青少年向往的游

历求学地。

四是大力推进本土高校毕业生留长就业工作。政府相关部门、高校和人力资源机构要协同配合、齐抓共管，有序对接企业与就业，建立综合性的实习实训、课程实践、就业指导平台，帮助高校在校生加强对长沙企业了解。出台专门针对毕业生留长创业的财政金融扶持政策，吸引更多毕业生留长发展。加大对湖南"双一流"高校优秀毕业生留长住房补贴力度和人才引荐力度。研究制定进一步鼓励高校毕业生到基层工作的实施意见，支持引导高校毕业生到基层锻炼，利于其成长成才。

第八章

强数字经济——提升省会城市发展引领力

当前，由于数字科技的强力驱动，"数字经济发展速度之快、辐射范围之广、影响程度之深前所未有"①。2012—2021 年，中国数字经济规模从 11 万亿元增长到超 45 万亿元，数字经济占国内生产总值比重由 21.6% 提升至 39.8%。中国数字经济产业规模持续快速增长，已数年稳居世界第二。② 党中央、国务院对此高度重视，明确提出"加快建设数字经济"，着力"打造数字经济新优势"③。长沙作为省会城市，应乘着湖南省实施"强省会"战略的东风，在抢占数字经济风口的赛道上"奔涌向前"，引领带动湖南省数字化产业高质量发展，为"强省会""强全省"贡献强劲数字力量。

第一节 数字经济是增强省会城市竞争优势的重要支撑

数字经济是基于新一代信息技术，孕育全新的商业模式和经济活动，并对传统经济进行渗透补充和转型升级的经济形态。随着数字技术的进步，数字经济对经济增长、社会发展和政府治理的渗透愈发凸显，对于

---

① 《习近平在中共中央政治局第三十四次集体学习时强调　把握数字经济发展趋势和规律 推动我国数字经济健康发展》，中华网，2021 年 10 月 19 日。
② 《长沙：数字赋能，强省会激活城市发展新动能》，《香港经济导报》2022 年 7 月 26 日。
③ 《中华人民共和国国民经济和社会发展第十四个五年规划和 2035 年远景目标纲要》，中国政府网，2021 年 3 月 13 日。

城市发展来说，谁能先攻占数字经济的"桥头堡"，谁就能成为时代进程的"风向标"。一座城市的资源要素集聚能力、资源要素配置能力与城市系统稳健发展的保障能力可视为该城市竞争优势的三个维度。而数字经济的发展对于增强城市要素的集聚能力、提升城市资源配置效率、保障城市稳健发展都具有重要作用。

一 数字经济为省会城市要素集聚提供强有力的支撑

资源要素集聚是经济发展的必要条件。数字经济时代，新一代信息技术带来的数据信息收集、传输、分析、交互的即时性，使得各环节间物质、商品、服务、资金的传递流转更为精准、高效，从而减少了生产和流通过程中的冗余，缩短流转时间，加速经济循环，提高经济运行效率。可见，数字经济对增强省会城市要素集聚能力起到良好的支撑作用。

从理论层面看，数字经济则可以通过循环数字化和数字循环化两种机制，为畅通经济循环提供助力，减少资源要素在集聚过程中的阻滞，提升有效信息的传递从而降低信息不对称，提升资源要素的循环和利用效率，借助资本的逐利特性，引导资源要素向回报率比较高的区域或城市集聚。（1）循环数字化：数字技术畅通经济循环。数字技术对经济社会各领域以及生产、交换（流通）、消费各环节的加速渗透，可强化信息流对物质流和资金流的引导，加速经济循环。（2）数字循环化：畅通ICT产业生态系统，围绕产业中游、上游各环节高端产品的攻关突破，从技术和产品供给上打通断点、堵点，不仅有利于畅通整个产业生态体系，形成规模可观的产业循环，而且各种要素运行效率的提高会吸引相应要素向该区域进一步集聚，从而为加快要素进一步集聚提供物质和技术支撑。同时，数字经济所代表的新基建也为区域或者城市的要素集聚能力的提升起到支撑作用。[1]

从现实层面看，很多城市并非靠本身的资源禀赋而是通过增强对资源要素的集聚来支撑自身的快速发展，这一点成都可作为鲜活的例证，成都本是不靠海、不临江、不沿边的内陆西部城市。通过紧抓新一轮科

---

[1] 蔡跃洲：《经济循环中的循环数字化与数字循环化——信息、物质及资金等流转视角的分析》，《学术研究》2022年第2期。

技革命机遇,以创新发展培育新动能,大力发展数字经济,在全国率先提出应用场景理论,构建"七大应用场景+N个延伸场景"的开放体系。通过着力数字经济的发展,成都市对资源要素展现了巨大的吸引和集聚能力:常住人口规模排在十大城市之首,作为内陆西部城市,吸引外资规模位列前四,国家级专精特新"小巨人"企业总数在十城市中遥遥领先,比广州多出五分之二左右。并逐步成长为全国重要的区块链产业中心。成都的发展经验充分展示了数字经济的发展对城市的要素集聚能力的提升具有巨大的支撑作用。

二 数字经济能极大提升省会城市资源要素的配置效率

从理论层面来看,数字科技的特征决定了数字经济具有高增长、高渗透、高融合、高协同等特征,通过数字科技对生产要素进行数字化渗透。首先,作为高级要素的数据的加入,会推动资源要素投入的整体性质量提高。数据作为独立要素参与经济活动各领域和全过程,有机融入生产、流通、消费各环节,优化资源要素投入结构,与资本、劳动等生产要素融合发展,推动要素投入的高端化,提升投入要素的整体性质量。其次,推动传统资源要素效率的改造提升。由于数据经济高融合性、高协同性,使得传统资源要素得以系统性整合、协作性利用,提升传统资源要素的使用效率。再次,有利于实现资源要素供需精准匹配。通过解决信息不完全和外部性问题,可以有效降低信息检索和资源配置成本,通过数字经济高度互联互通的网络化结构使得资源要素调配变得更为便捷,促进资源要素的合理流动和优化组合,实现资源要素供需精准匹配,提升资源要素的配置和使用效率。最后,数字经济所蕴含的高端要素具有高成长性特征,随着应用规模的增加往往呈现出边际收益递增特性,打破了传统资源要素稀缺性的制约,得以在总量规模扩张的同时增强传统要素效能。

从实践层面来看,有的城市重视信息化技术的运用,加快数字经济的发展,在并不丰裕的资源禀赋和资源获取能力受到限制的情况下,通过科技创新,数字挖潜,着力提高城市的资源要素配置能力。使经济社会取得了长足的进步和迅猛的发展。如广州通过科技创新与数字经济的支撑,广州城市要素配置能力得以空前加强。推动经济社会建设取得巨大进步:经济总量在十大省会城市中遥遥领先,工业增加值、存贷款规模、消费总量、进出口总额，居民收入均显示出数字经济对增强省会城市要素配置能力的促进作用。

三 数字经济能有效保障省会城市发展的安全性

数字经济加速了经济一体化，数字科技强化了城市之间的社会经济联系，使彼此间关系变得更为紧密，当一个城市的经济发展受到冲击后，会迅速传到其他地区，引发相应的连锁反应。于是数字经济对城市发展的韧性（或者说是城市发展弹性）的影响受到学界的高度关注。从理论层面来看，发展韧性是稳健发展的重要考量，对其进行学术探讨最初发轫于西方。当时作为主要评价抗意外冲击能力大小的理论性衡量工具而使用，主要用以度量发展主体抵御外在冲击的能力以及遭受冲击后恢复重振的速度快慢和程度高低。创新能力的增强客观上能够强化所属发展主体的经济韧性，对此全球学术界已经取得一定共识。

当系统面临冲击时，数字科技通过提高系统资源要素的效能，以及增强资源识别获取整合利用能力从而提升资源要素的丰裕程度，同时数字技术可以优化经济结构，增强经济社会管理能力，以达到增强系统的抵御力。由于数字技术的网络效应，可以有效地降低资源要素的调度和匹配成本，加速流动时间从而增强要素流动性，增强系统之间联系提高系统结构柔韧度，这样就起到增强系统的恢复力。此外，数字经济以高技术性为主要特点，数字科技的发展，一方面，有利于识别和预警冲击和危机的来临。未雨绸缪，提前做好防范，充分运用前沿数字科技手段，聚焦决策目标、优化决策流程、重塑决策模式，广角度、深层次地对决策的科学性与合理性进行周密分析，释放科学决策效能，持续提高科学决策能力。做好复杂事件潜在风险、发展走向和变化趋势的科学研判，全面增强应对风险的预警精准、反应快捷和处置合度的应急能力；另一方面，在应对冲击的过程中，发挥数字技术的创新特质和优势，创新创造新产业、新业态、新模式，可以通过全链条、全方位、多领域地有效改造传统产业，打破锁定机制，重选发展路径，重塑发展模式，甚至重组城市发展的结构系统，进而提升城市系统的进化能力。

从实践层面来看，本次新冠肺炎疫情的全球多点暴发给世界敲响了警钟。当前，对于建立起包括能够积极应对突发公共卫生事件在内的韧性城市比以往都更为紧迫。自疫情暴发以来，中国数字经济展现出强大的抗冲击能力和发展韧性，众多领域成为数字新技术的"试验场"、新模式的"练兵场"、新业态的"培育场"，互联网经济、高技术制造业、高新产品等新动能快速增长，带动城市经济强势反弹。数字经济具有目标治理精准、空间依赖性低、居于产业高价值环节、智能化和自动化的特点，对于提高城市发展韧性具有重要作用。各国也都意识到必须从本次疫情中有所反思，要加紧前瞻布局增强城市韧性，为应对未来的突发灾害做更加充足的准备。

学者陈丛波、叶阿忠还在实践层面专门就数字经济对经济韧性的直接影响与间接影响及其方向进行了探讨，并做了实证检验和对比分析。其结论如下：第一、数字经济对经济韧性具有显著的长期直接强化作用。第二，数字经济对经济韧性具有正向空间溢出效应，间接强化了邻近的经济韧性。第三，数字经济可通过提高区域创新能力来间接强化经济韧性。数字经济与知识经济合力驱动当地经济突破发展既有路径的"锁定"，又开辟新的发展路径，对强化经济韧性意义重大。[①]

第二节　长沙数字经济发展的现状分析与比较

为了充分了解长沙数字经济的发展现状、优势和不足。我们选取2021年GDP排名前十的省会城市成都、杭州、广州、南京、郑州、合肥、济南、武汉、福州与长沙进行比较分析。根据中国城市数字经济指数指标体系，分基础设施、城市服务、城市治理、产业融合四个维度对各城市数字经济的发展水平进行度量。将其分为数字经济的发展基座、数字技术的产业融合、数字经济的生活应用三大维度进行横向比较分析。

一　发展已步入快车道，但总体水平仍不高

湖南属于科教大省，长沙作为其省会，在数字经济发展方面有条件有基础有优势：40多个大数据中心已相继投入运营；拥有全球领先的

[①] 陈丛波、叶阿忠：《数字经济、创新能力与区域经济韧性》，《统计与决策》2021年第17期。

"天河"系列超级计算机、"飞腾 CPU + 麒麟系统"等自主创新成果；光纤里程全国第十，5G 网络市区全覆盖；物联网建设全面铺开，高端芯片研发全国领先，深耕信息技术领域的院士达 13 位，居全国前列；属于三个国家电子商务示范城市之一。无论从产业基础、人才储备还是从发展前景来看，都完全可以将发展数字经济作为关键抓手，以此引领经济高质量发展，通过数字引擎实现"三高四新"战略崛起，完成"强省会"战略的目标任务。同时长沙数字经济发展已形成良好态势，开始步入快车道，到 2021 年，在数字经济城市发展百强中居第十二位，跻身数字经济新一线城市。数字经济总量占全省近 30%，产业数字化占比约 27%，数字产业化占据全省接近一半[1]，加上湖南"强省会"战略的实施推进，长沙必将迎来数字经济发展的重要战略机遇期。

但根据新华三技术有限公司所建立的中国城市数字经济指标体系及指数测算结果[2]，在所选十城市中，目前长沙数字经济的发展水平相对滞后，总水平指数排名近几年不断下滑，2018 年排名第六，2019 年与 2020 年连续两年排名第九，2021 年滑至倒数第一。从数字经济总规模来看，

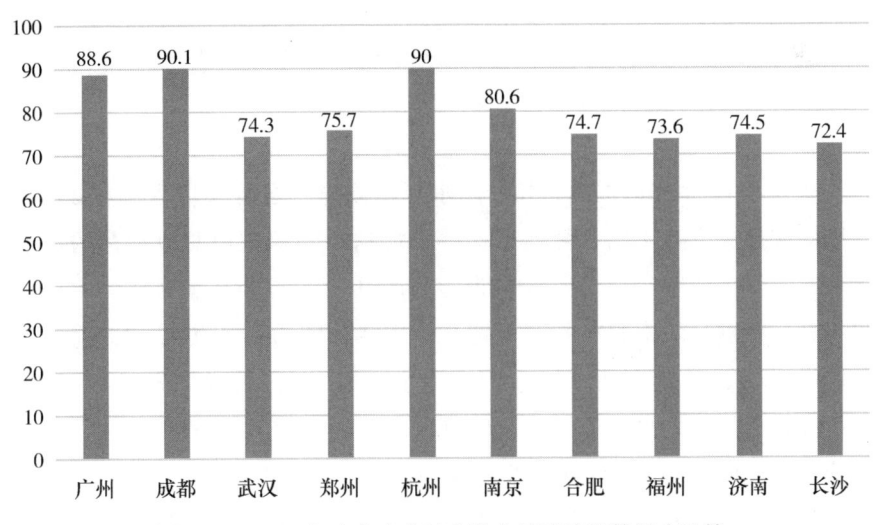

城市	广州	成都	武汉	郑州	杭州	南京	合肥	福州	济南	长沙
得分	88.6	90.1	74.3	75.7	90	80.6	74.7	73.6	74.5	72.4

图 8-1　2021 年十大省会城市数字经济总指数得分比较

资料来源：《中国城市数字经济指数蓝皮书（2021）》。

[1] 《长沙：数字赋能，强省会激活城市发展新动能》，《香港经济导报》2022 年 7 月 26 日。
[2] 为了客观公正和数据采集的连续性，本章后续比较均采用新华三技术有限公司所建立的中国城市数字经济指标体系及测算结果，即《中国城市数字经济指数蓝皮书（2021）》。

2021年长沙数字经济总量接近4000亿元,还不到成都2020年8800亿元的一半,充分反映出长沙数字经济总体水平不高的现实。

表8-1　　2021年十大省会城市数字经济总指数得分及一级分项指数得分比较

指标	总指数	数据及信息化基础设施	城市服务	城市治理	产业融合
广州	88.6	94.6	87.3	90.6	84.3
成都	90.1	93	90.9	91.2	85.9
武汉	74.3	83.2	72.1	71	72.8
郑州	75.7	84.4	73	73.4	74.3
杭州	90	90.8	94.9	91.5	81.6
南京	80.6	84.2	80.3	81	77.7
合肥	74.7	74.4	78.7	78.2	66.6
福州	73.6	74.4	78.7	78.2	66.6
济南	74.5	85.5	77	70	66
长沙	72.4	81.9	72.7	75.1	62.4
全部城市均值	53	63.5	54.2	56.3	41.9
所选城市均值	79.45	84.64	80.56	80.02	73.82

资料来源:《中国城市数字经济指数蓝皮书(2021)》。

从表8-1中可以看出,长沙总水平指数排名之所以靠后,主要是其次级构成指标支撑不力,虽然指标得分均高于全部城市对应指标的均值水平,但作为数字经济新一线城市,与所选十大省会城市对比,明显支撑不力,特别是城市服务与产业融合,排名分别为第9和第10,前者得分仅为72.7,远低于所选城市的平均水平80.56,后者得分仅为62.4,比所选城市的平均水平73.82分低11.42分。且剩余两大次级指标得分也均低于所选城市的平均水平,没有起到很好的支撑作用。

其实长沙受惠于省委推进的"四化两型"建设,前期已有一定基础,只是近年被兄弟城市迅速赶超,从表8-2中可以看出相对上一年在参评城市排名变化情况,排名迅速下滑的情形主要发生在2019年,在所有参评城市中排名下滑九名,主要是因为产业融合指标排名迅速下滑造成,同时数据及信息化基础设施及城市服务也有一定的下滑。

表 8-2 十大省会城市数字经济总指数及一级分项指数排名变化情况比较

年份	城市名称	城市分级	发展阶段	总指数	数据及信息化基础设施	城市服务	城市治理	产业融合
2019	成都	一线	领先	1	3	0	-3	0
2019	杭州	一线	领先	1	0	4	0	-4
2019	广州	一线	领先	-2	-1	-4	5	-3
2019	武汉	一线	发展	0	3	-3	-5	0
2019	郑州	一线	发展	5	6	23	-12	-18
2019	南京	一线	发展	-3	0	-6	19	-2
2019	福州	二线	发展	-1	-3	15	-12	1
2019	合肥	二线	发展	7	3	7	30	11
2019	长沙	一线	发展	-9	-2	-2	0	-9
2019	济南	二线	发展	-1	-11	2	-8	-4
2020	成都	一线	领先	0	-1	1	-1	2
2020	杭州	一线	领先	0	0	2	1	0
2020	广州	一线	领先	0	1	-1	2	-1
2020	武汉	一线	发展	-3	6	0	-57	0
2020	南京	一线	发展	4	-4	1	2	7
2020	郑州	一线	发展	0	-10	-10	7	17
2020	合肥	二线	发展	2	-44	7	7	-13
2020	福州	二线	发展	-1	-6	1	18	-9
2020	长沙	一线	发展	-1	-48	3	2	-9
2020	济南	二线	发展	-2	12	-2	8	-2
2021	成都	一线	领先	0	-1	0	0	0
2021	杭州	一线	领先	0	0	0	-3	0
2021	广州	一线	领先	0	2	1	-3	1
2021	南京	一线	领先	3	5	5	7	1
2021	郑州	一线	发展	1	7	1	6	1
2021	合肥	二线	发展	2	13	1	2	1
2021	济南	二线	发展	12	20	11	14	2
2021	武汉	一线	发展	-6	-14	-15	35	-5
2021	福州	二线	发展	-1	-9	2	-4	0

续表

年份	城市名称	城市分级	发展阶段	总指数	数据及信息化基础设施	城市服务	城市治理	产业融合
2021	长沙	一线	发展	0	66	−10	0	0

资料来源：《中国城市数字经济指数蓝皮书（2021）》。

2020 年受数据及信息化基础设施、产业融合大幅下滑之累，但总排名仅下滑一位，主要是因为城市服务与城市治理的排名变化由负转正（城市治理排名变化是由零转正）的强力支撑。

二　新型基础设施亟须加强，对数字经济发展支撑仍相对乏力

数字科技的发展基座维度包含新基建水平及数字生态，从十大省会城市数字基础设施及次级指标得分来看，长沙与兄弟省会城市相比，新型基础设施建设比较落后，亟须加强。2021 年长沙数字经济基础设施指数排名第八，略强于合肥和福州，主要原因在于从历史来看其数据和信息基础设施起点较低，2017 年仅强于南京、合肥和郑州；2018—2020 年间均为倒数第一，从其次级指标的支撑力度来看，主要因为数据基础指

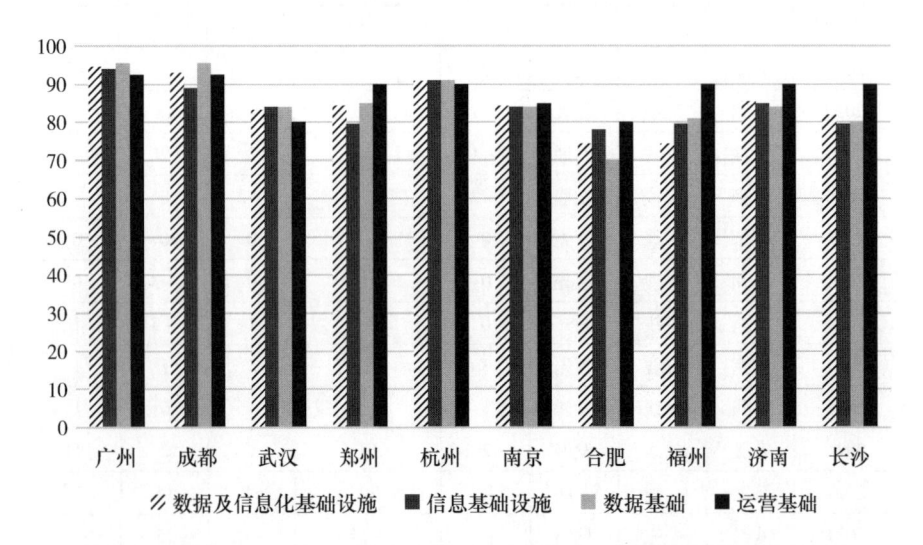

图 8 − 2　2021 年十大省会城市数据和信息基础设施及次级指标指数得分比较

资料来源：《中国城市数字经济指数蓝皮书（2021）》。

标排名偏低，其次是信息基础设施排名第七，处于中偏下水平，因此尽管其运营基础排名前三，仍显得支撑乏力。反映出长沙新型基础设施亟须加强，只有坚实的底座方能支撑起数字经济发展的宏伟大厦。

表8-3　2021年十大省会城市数字基础设施及次级指标得分比较

指标	数据及信息化基础设施	信息基础设施	数据基础	运营基础
广州	94.6	94	95.5	92.5
成都	93	89	95.5	92.5
武汉	83.2	84	84	80
郑州	84.4	79.5	85	90
杭州	90.8	91	91	90
南京	84.2	84	84	85
合肥	74.4	78	70	80
福州	74.4	79.5	81	90
济南	85.5	85	84	90
长沙	81.9	79.5	80	90
全部城市均值	63.5	65.2	61.4	66.3
所选城市均值	84.64	84.35	85	88

资料来源：《中国城市数字经济指数蓝皮书（2021）》。

长沙数字经济的发展离不开湖南数字经济的大环境，作为长沙数字生态的一部分和数字经济发展的大环境，湖南全省数字经济规模小、竞争力弱的问题依旧突出。无论是数字产业化规模还是竞争力都居全国中下游，重庆、四川、山东、福建、湖北、陕西等地区数字产业化占比均高于湖南省，综合竞争力更是与广东、江苏、浙江、福建等东南沿海省份差距较大。从数字经济核心产业来看，虽然自主可控计算机、移动互联网等产业近年来发展势头强劲，但产业总体规模、上下游带动能力仍然有限，反映出作为长沙数字经济发展基座的数字生态建设亟须加强。同时长沙市在打造数字底座的道路上，面临着各委办局"烟囱式"的存量系统架构，数据分散保存，业务系统之间缺乏互联互通等挑战。需要打通信息传导壁垒，推动智能制造、智慧城市、智慧能源等创新发展，打造数字化新生态。

三　产业融合发展可圈可点，但近三年被兄弟城市迅速赶超

加速数字产业化和产业数字化，促进互联网、大数据、人工智能同实体经济进行深度融合，是推进数字技术产业融合的重要途径。中国城市数字经济指标体系将数字产业化和产业数字化以及二者的运营成效作为衡量各城市产业融合水平的检验和测度指标。

湖南作为长沙发展的直接环境，它的发展必然或多或少地影响长沙的发展，数字经济也不例外，从湖南全省来看，数字产业化规模还是竞争力居全国中下游，但产业融合亮点依然存在，一是数字产业化规模稳步提升，规模以上的电子信息制造业实现营业收入可观，工业增加值连续五年保持两位数以上增长；软件和信息服务产业规模居全国前15。二是产业数字化覆盖面不断扩大，全省大型企业两化融合水平较高，长沙市国家智能制造项目数量居全国省会城市第一。"上云上平台"企业数量居全国第三。三是数字经济集聚发展加速推进。长沙高新区软件园集聚了全省80%以上的软件企业，移动互联网企业达到万余家，成功孵化出科创信息、御家汇等一批互联网上市公司，数字经济领域重大项目"世界计算·长沙智谷"在建。四是数字经济创新主体数量规模逐渐壮大，涌现了芒果TV、蓝思科技等一批数字经济领域行业龙头企业。

单独来看，长沙数字经济的表现可圈可点，但在十大省会城市中，长沙产业融合水平已被兄弟城市迅速赶超，排名位于十城市之末，其产业融合指标的指数得分为62.4分，低于所选十大城市的平均水平达11.42分之多，说明长沙产业融合亟待深入和加强。落实到其次级支撑指标，则数字产业化，产业数字化，运营成效三方面都有待加强，特别是产业数字化水平亟需提升：该指数2021年长沙在所选十城市中排名第十，从2017年仅次于成都，广州，杭州的排名第四迅速下滑至2020年的排名第十，严重拖累了长沙数字经济的总量规模提升。

从数字产业化来看，长沙排名第七，处于中下游水平，落后于同为中部省会城市的武汉、合肥和郑州，得分比合肥低7分，比武汉低14分，比郑州低15分之多，差距较大。运营成效的表现则受示范工程应用指标的拖累，排名在参评城市中位列第93名。由此可见，今后一段时间要把

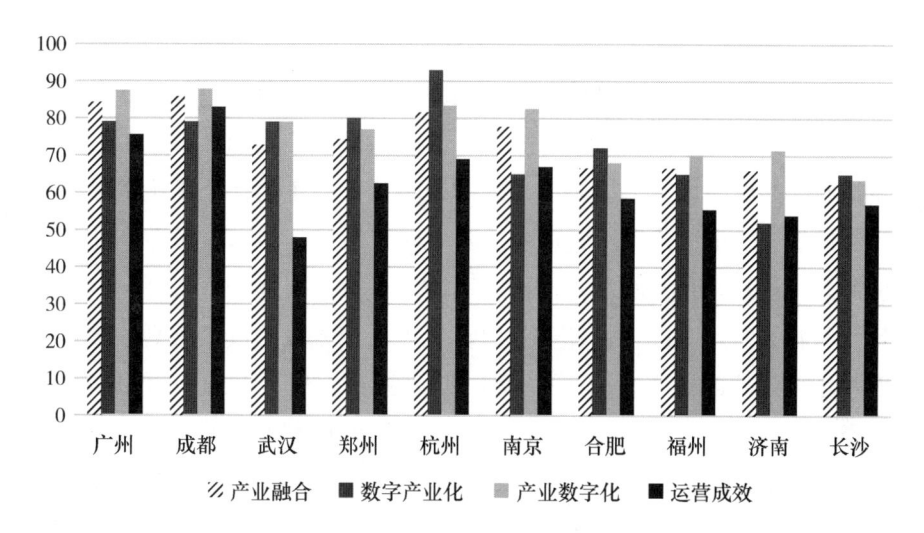

第八章 强数字经济——提升省会城市发展引领力

图 8-3　2021 年十大省会城市产业融合及次级指标指数得分比较

资料来源：《中国城市数字经济指数蓝皮书（2021）》。

产业数字化放在产业融合的重中之重，数字产业化与运营成效分别需要重视数字产业化主体产业以及示范工程应用与产业生态建设。

表 8-4　2021 年十大省会城市数字产业融合及次级指标得分比较

指标	产业融合	数字产业化	产业数字化	运营成效
广州	84.3	79	87.5	75.5
成都	85.9	79	87.8	83
武汉	72.8	79	79	48
郑州	74.3	80	76.9	62.5
杭州	81.6	93	83.5	69
南京	77.7	65	82.6	67
合肥	66.6	72	68.1	58.5
福州	66.6	65	70.1	55.5
济南	66	52	71.4	54
长沙	62.4	65	63.5	57
全部城市均值	41.9	29.2	45.3	36.5
所选城市均值	73.82	72.9	77.04	63

资料来源：《中国城市数字经济指数蓝皮书（2021）》。

湖南"强省会"战略研究报告(2022)

四 生活应用不断增强，但服务数字化发展水平偏低

前面提到的指标体系将数字经济的生活应用主要归为两大类，一为城市服务的数字化，二为城市治理的数字化，前者包括公共服务领域的政策规划、建设运营和运营成效，其中建设运营是城市服务数字化的主体部分，包括教育、医疗、交通、民政、人社、扶贫、营商环境、生活环境和服务的均衡性。后者主要包括城市治理领域的政策规划、建设运营和运营成效的数字化水平，其中建设运营包括公安治理、信用治理、生态环保、市政管理、应急管理、自然资源管理等方面的数字化水平和治理的均衡性。

通过十大城市的横向比较，从下面图表中可以发现长沙市城市服务数字化水平偏低，亟待提高：长沙城市服务指数在十大城市排名第九，仅优于武汉，长沙城市服务前期基础较好，在2020年一度达到全国242个城市的第11位，但2021年迅速下滑10位，下滑幅度仅次于武汉，尤其是构成该维度的政策规划与建设运营均明显低于十城市平均水平，排名分别在十大城市中居于第8与第9，详细反映在与民生有关的政策规划

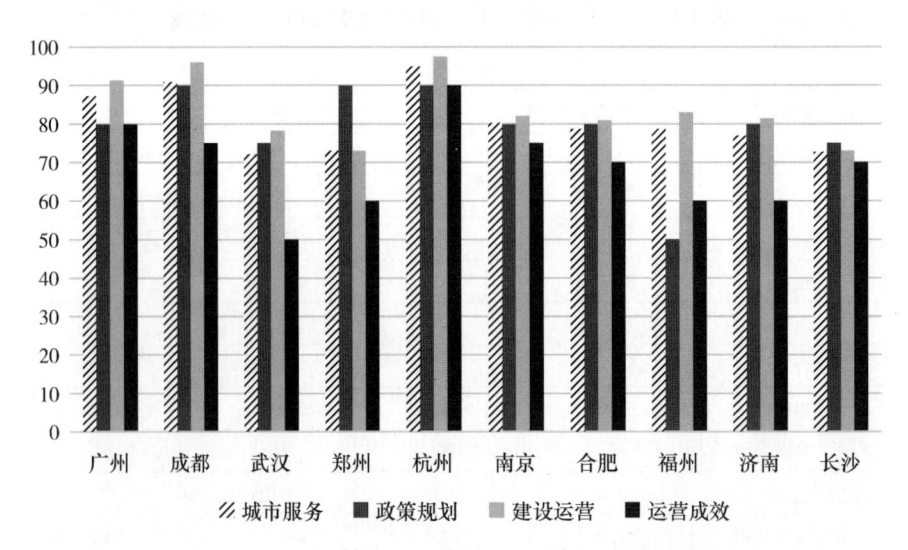

图8-4 2021年十大省会城市城市服务及次级指标指数得分比较

资料来源：《中国城市数字经济指数蓝皮书（2021）》。

第八章　强数字经济——提升省会城市发展引领力

与政策项目偏少，尤其是与民生相关的各项服务数字化水平对比其他城市相对偏低；特别是营商环境数字化在 242 个参评城市中排名为第 162 位；交通服务数字化和民政服务数字化在 242 个参评城市中排名分别为第 84 和第 81 位，拉低了长沙城市服务数字化的整体水平。

表 8-5　2021 年十大省会城市数字城市服务及次级指标得分比较

指标	城市服务	政策规划	建设运营	运营成效
广州	87.3	80	91.3	80
成都	90.9	90	96	75
武汉	72.1	75	78.3	50
郑州	73	90	73	60
杭州	94.9	90	97.5	90
南京	80.3	80	82	75
合肥	78.7	80	81	70
福州	78.7	50	83	60
济南	77	80	81.5	60
长沙	72.7	75	73	70
全部城市均值	54.2	52.5	58.3	42.4
所选城市均值	80.56	79	83.66	69

资料来源：《中国城市数字经济指数蓝皮书（2021）》。

从城市治理领域来看，长沙市的城市治理主要问题在于数字技术手段有待更新，治理效能尚待提升。从下列图表中可以看出，2021 年长沙城市治理指数低于平均水平 5 个百分点，城市服务单项最优，在四个维度中排名相对靠前，排名第七，但也仅在济南，武汉和郑州之前。支撑该维度的相关治理政策规划排名靠前，名列第二，反映出长沙依法依规的城市治理思路比较超前，但欠缺之处在于与治理有关的数字化技术手段还跟不上兄弟省会城市，治理效能也有待提升。最突出的是信用治理数字化水平偏低，位于 242 个参评城市中第 203 位，其次是市政管理数字化，排名第 88 位，此外运营成效的各次级指标单项排名均在 60 开外，在一定程度上拉低了长沙城市数字化治理的排名。

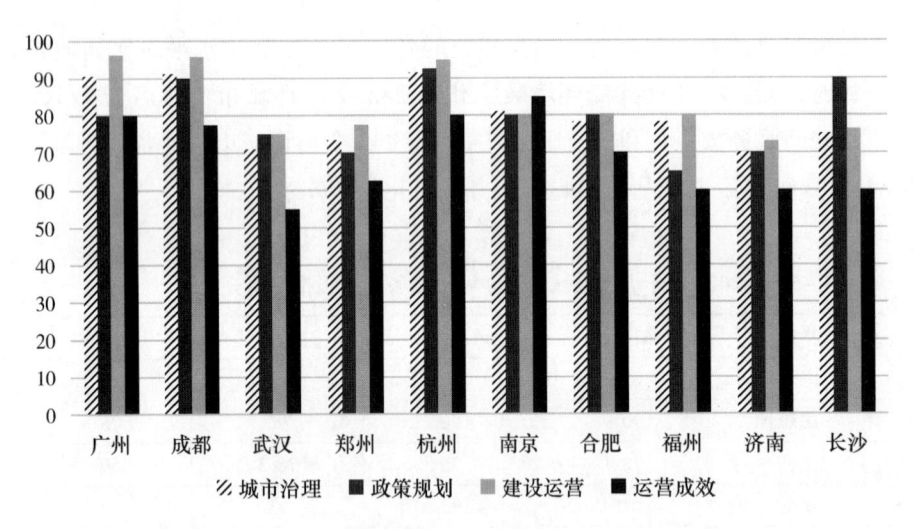

湖南"强省会"战略研究报告（2022）

图 8-5　2021 年十大省会城市城市治理及次级指标指数得分比较

资料来源：《中国城市数字经济指数蓝皮书（2021）》。

表 8-6　2021 年十大省会城市数字城市治理及次级指标得分比较

指标	城市治理	政策规划	建设运营	运营成效
广州	90.6	80	96.3	80
成都	91.2	90	95.8	77.5
武汉	71	75	75	55
郑州	73.4	70	77.5	62.5
杭州	91.5	92.5	94.8	80
南京	81	80	80	85
合肥	78.2	80	80.3	70
福州	78.2	65	80	60
济南	70	70	73	60
长沙	75.1	90	76.3	60
全部城市均值	56.3	51.8	61.5	43
所选城市均值	80.02	79.25	82.9	69

资料来源：《中国城市数字经济指数蓝皮书（2021）》。

放眼全国，虽然长沙各项指标均高于全体参评城市的平均水平，但在所选的十大省会城市中，无论从总体还是内部分项来看，都处于下游水平，根据长沙的客观实际和发展需要来看，数字经济需要置于发展的重中之重，奋起直追，其中尤以产业数字化发展最为紧迫，原因在于：其一，论天时，长沙只是个地级市，不具备副省级城市和国家中心城市的行政资源；谈地利，长沙既不靠海也非沿边。在新一轮"强省会"发展竞赛中别无选择，必须借助数字经济的强力引擎，实现换道超车，而数字经济结构维度中，对经济增长最直接的，份额最大的是产业数字化。发达国家产业数字化占比为86.4%，中国在2020年，产业数字化占数字经济比重最大，达80.9%，可见产业数字化是数字经济的重中之重。其二，长沙产业数字化发展位次靠后，在十个城市中排名第十，比均值低13.5个百分点，与发达省会差距明显。其三，产业是长沙的立市之基，尤以制造业为重，在长沙的经济格局中，制造业占比三分之一，产业的发展，尤其是制造业的高速发展直接关系到"强省会"战略的目标实现，但产业的高速发展又急需数字化支撑，产业融合潜力巨大，推进产业融合尤其是提高产业数字化将对长沙整个经济拉动作用会更为明显。

第三节　加快长沙数字经济发展的对策举措

加快长沙数字经济发展，关键是聚焦"三高四新"战略定位和使命任务，力推"强省会"战略落地见效，坚持用好"数字"这一最大变革力量，将数字潜能转化为发展动能。根据长沙实际，发挥优势特长，坚持以产业发展为先、科技创新为要，紧盯重点领域，聚焦关键环节，把有限资源要素精准投放、有效配置，才可能发挥特色、扬长避短，夯实数字基座，推进数实融合，力争在数字竞争的赛道上有所作为，引领高质量发展。

一　科学布局新型基础设施建设，夯实数字经济发展基础

新型基础设施和平台建设是数字经济发展之基，必须科学布局，夯实筑牢。长沙当以建设国家数字经济创新地、数字产业集群新高地、先进制造业转型示范地、内陆地区数字变革策源地、国家数字贸易中部枢纽为目标，建设智能化综合性数字信息基础设施。以"城市超级大脑"为载体，打造以泛在智能、云边协同、绿色集约为显著特征的国际一流

新一代信息基础设施体系，加快传统基础设施数字智能化改造，提升数字技术应用场景和创新支撑能力。打造一流人工智能算力设施，构建万物互联的网络空间，推动国家超算中心升级换代，谋划布局先进计算国家实验室，高水平建设计算与数字经济创新研究院、世界计算•长沙智谷和中部大数据交易所，推进建设大数据、人工智能、网络安全创新应用、区块链等领域国家创新发展示范区。依托国家超算中心（长沙）、中南大学、湖南大学等高校平台，搭建算力、算法、算据、计算应用等"四位一体"的产业功能区，打造中部地区计算产业高地，积极融入国家算力网，建设国家级互联网骨干直联点，打造数字孪生城市。在智能网联、北斗应用、新型显示等领域布局一批国家级产业创新中心，为智慧超算、边缘计算、智能传感、数据智能等前沿科技筹建一批新型研发创新平台，提升云计算、云存储、云安全等通用化云服务能力，为各类企业"上云、用数、赋智"提供核心支撑，以数字基础设施和平台建设推动长沙经济社会全面发展，整体提升。

二 加强数字生态建设，加快完善数字产业链布局

数字经济的稳健发展需要健康的生态，不同地域和城市的经济竞争最终都会落实到产业链的竞争，长沙需要完善数字生态建设，科学布局数字产业链，从稳健安全发展的角度增强长沙的可持续竞争优势。以高新技术园区为主体，重点在自主可控计算机及信息安全、集成电路、新型显示、数字文创等领域，开展数字经济创新型产业集群试点（培育）创建工作。依托长沙优势，即科教资源和国家网络安全产业园区、智能系统测试区等平台优势，在智慧城市、数字政府、医疗卫生、公共交通等领域强化数字化转型服务和能力供需对接，引导数字经济产业链相关联企业、研发和服务机构在科技园区集聚，通过分工合作和协同创新，汇聚数据、科技、资本和人才等关键要素，培育数字化、网络化现代服务新业态，营造产业健康发展的数字创新氛围，构建并优化虚实融合发展的产业数字化新生态，持续完善数字生态建设，为构建"研发+生产+供应链"数字化产业链提供有力支撑，对于创建成功的创新型产业集群，国家级、省市级科技计划项目给予定向支持，通过以评促建支持高新园区打造数字经济创新型产业集群，布局完善数字产业链，锚定新

兴及优势产业链，因链施策，精准发力，进一步做好建链、补链、延链、强链工作，全面推进产业基础高级化、产业链现代化，形成具有跨行业跨区域带动作用和国际竞争力的产业集群。

三 狠抓产业数字化改造和提升，促进产业深度融合发展

根据长沙的客观实际和发展需要来看，产业融合尤其是产业数字化是其重中之重。产业数字化作为长沙的弱项，其指数排名在所选城市中为倒数第一，大有提升空间，必须大力推进数字技术与实体经济各行业深度融合发展，充分发挥数字技术对经济发展的放大、叠加、倍增作用。利用现代数字信息技术、先进互联网和人工智能技术对传统产业进行高起点、全方位、全角度、全链条改造，推动传统产业数字化转型，对传统生产要素进行改造、整合、提升，促进传统生产要素优化配置、传统生产方式变革，以智能制造为统领，切实把产业智能化、智能产业化推向更高层级，加速制造业向数字化、网络化、智能化、绿色化方向转型升级。一是抓好传统产业智能化改造。从智能工厂、智能车间等抓起，对工程机械、电子信息、汽车、食品等传统产业进行升级，引导制造业企业特别是中小企业拥抱智能时代、融入智能经济、实施智能制造。建设一批智能制造示范工厂、优秀场景、智能车间，打造一批工业互联网创新中心。二是抓好新兴产业智能化培育。突破计算机整机研制的多项关键技术，加快计算产业生态链建设，抢占人工智能发展的制高点，把智能装备、智能汽车、智能终端"三智"作为长沙智能制造的发展方向，借助速度的力量、资本的力量、市场的力量，抢占产业发展制高点，依托科技平台整合上下游产业资源，打造数字技术闪亮名片。进一步壮大云计算、大数据、区块链、人工智能、地理信息等数字产业，加速推进大数据、云计算、5G、工业互联网、人工智能等新一代信息技术与制造业创新融合，构建虚实结合的产业数字化新生态，促进生产方式、生活方式、治理方式转变，努力走出一条覆盖面广、融合度深、效益效率高的数字赋能之路，实现生产力水平跨越式提升。

四 加强数字社会建设，拓展数字经济应用场景

数字经济相比于传统经济更强调应用场景，数字化转型加速期可以

说是"场景为王"的时代。要注重开发数字技术应用场景，推广数字技术应用。依托"智能+城市""数字+经济""数字+治理""数字+服务"等新模式，以共享出行、智慧零售、数字治理、数字服务等为代表，数字经济将城市生活与智能应用、数字治理、数字服务、智能基础设施相融合，拓展智能技术的业务边界和应用场景。一是拓展公共服务数字化，推进数字便民惠民，加快发展数字教育、数字医疗、数字社保等，运用数字技术解决公共服务问题，改进数字公共服务供给水平。二是加强城市智慧治理。强化数字技术在城市规划、建设、治理和服务等领域的应用，尤其是提高公共卫生和公共安全的数字技术应用以提高其预警防控和救援能力，提升城市治理科学化、精细化、智能化水平。三是推动数字技术参与乡村振兴、红色教育与文旅建设。加快农村管理服务数字化进程，构建涉农信息普惠服务机制，提升农民生活数字化服务水平。四是提高全民数字化素质。构建符合市情的数字素养教育框架，加强普及培训，提升全民数字技能，将数字科技的应用着眼于民生的改善，聚焦于利用数字科技更好满足群众需求。数字应用上的拓宽，反过来又能作用于数字技术本身的发展，促进基础理论和应用场景的研究，将数字经济转变为持续不竭的发展新动能。

五 强化数字人才培育和引进，打造多元创新支持系统

数字经济的健康发展离不开适宜创新系统的支撑和科技人才的接续奋斗。要加快构建政府、市场、社会等多元主体协同的科技创新体系，完善企业创新引导和数字科技人才梯次培育机制，全面打造多元创新支持系统，推进国家超级计算长沙中心、国家智能网联汽车测试区等创新平台运营，促进高性能超级计算机、北斗导航等成果转化为应用，建立"定向研发、定向转化、定向服务"的订单式研发和成果转移转化机制，积极推动产学研融合创新，加大高端人才引育力度，提升全市数字人才供给能力；改革创新体制机制，注重"融合+创新"一体化推进，打造产业发展融合共生生态，形成鼓励创新的数字生态系统。充分发挥高能级平台和全产业要素支撑作用。

六 系统制定政策，构建数字消费支撑体系

充分利用长沙消费活跃的城市文化特点，顺应消费升级趋势，加快提升数字消费产品和服务的供给水平，推动供给结构与需求结构的有效匹配，系统制定政策，以高端化、融合化为导向开辟数字消费新领域，以多层次、广渗透为导向培育数字消费新主体，以智能化、精准化为导向探索数字消费新模式，以便利性、普遍性为导向拓展数字消费新空间，以规范性、安全性为导向营造数字消费新环境，协同发力，构建稳固长效的数字消费支撑体系，共同提升数字消费对经济的持久拉动作用。

第九章

强城市就业——提升省会城市就业吸纳力

就业是民生之本、发展之基,也是财富创造的源头活水。当前,从就业优先战略到就业优先政策,就业在中国国家治理中的位置越来越高,要求越来越具体明确。长沙作为省会城市,在实施"强省会"战略中,需坚持推动实现更加充分、更高质量的就业,持续提升城市就业吸纳能力。本章选取2021年GDP排名前10位的省会城市作为比较分析对象,以就业弹性作为衡量就业吸纳力的主要测度指标,分析比较不同省会城市的就业吸纳能力,并从产业结构差异、民营经济活跃度、城市公共服务水平以及城市人才吸引力等四个方面进行比较,分析长沙在就业吸纳力的现状及问题,提出长沙市提升就业吸纳力的对策。

第一节 提升城市就业吸纳能力是强省会的基本要求

城市就业吸纳力通常指城市经济发展、行业规模的扩张对就业的拉动作用,包含就业吸引力、容纳力和承载力等,一般用就业弹性来度量就业吸纳能力。在中国新型城镇化进程中,提升城市就业吸纳力是以人为本的城市发展目标的重要体现,是实现人的与城市互促发展的关键所在。而在"强省会"战略实施中,提升就业吸纳力是增强省会城市竞争力的重要途径,也是凸显"强省会"效应的重要内容。

第九章　强城市就业——提升省会城市就业吸纳力

一　提升就业吸纳力是省会城市聚集更多人才的必然要求

城市想要发展，一定离不开人，更离不开人才。提升城市就业吸纳力首要的目标就在于吸引各行各业的人才，为城市经济的发展汇聚智力支持，极大提升城市经济效率。因为人口和企业在空间上的集聚通过学习、投入品分享、生产要素匹配三个机制带来劳动生产率提高，增加了厂商对劳动力要素的需求，加速各行业人才向省会城市集聚，而人才集聚反过来又会推动技术进步并创造更多的就业机会，进一步提升社会平均劳动生产率，从而形成循环累积效应（Fujita等，1999[1]；Holl，2012[2]）。

"强省会"必须强人才，近年来在中国各城市之间掀起的"人才争夺战"日趋白热化，逐步转变为各级城市之间的人口争夺战，其深度和广度前所未有。在过去十年的人口争夺战中，省会城市势如破竹、大获全胜，这点从各省会人口集聚度提升速度基本都是稳居第一得以证明。长沙作为省会城市，近些年加大了对人才的引进力度，但是与北京、上海、深圳等城市相比，还有较大差距。根据泽平宏观发布的"中国城市人才吸引力排名"报告显示，中国最具人才吸引力城市100强中，2021年北京、上海、深圳、广州、杭州、成都、苏州、南京、武汉、长沙位居前十。可见，长沙实施"强省会"战略，需加快提升城市就业吸纳力，不断增强人才集聚能力，为城市经济发展提供强大的智力支撑。

二　提升就业吸纳力是省会城市产业集聚发展的推动力

产业发展是提升就业吸纳力的重要途径，通过产业集聚可以提升就业密度，通过产业结构调整可以引导就业需求方向。由此，提升就业吸纳力作为一种外在目标，推动着省会城市产业集聚发展，并间接助力提升省会城市产业竞争力。从理论层面看，厂商为了追求规模经济、节约运输成本以及获得丰富专业化的劳动力资源而集聚在市场潜力较大的省

---

[1] Fujita, M., Krugman, P., Venables, A. J. *The Spatial Economy: Cities, Regions and International Trade*. Cambridge, Mass: MIT Press, 1999.

[2] Holl, A., "Market Potential and Firm-level Productivity in Spain", *Journal of Economic Geography*, No. 6, 2012.

会城市，大量企业集聚的规模经济效应不仅促使现有企业扩大规模，而且有助于吸引新企业进入，从而为劳动力提供更多的就业岗位和就业机会（Fujita 和 Krugman，1995[①]；Debaere 等，2010[②]）。高就业密度同时还提高了劳动者与企业的匹配质量，企业可便捷地从高就业密度的劳动力市场获得所需的专业技能人才，而劳动力也能快速地找到相应的工作岗位，因而劳动力个体在高就业密度的省会城市获得的就业机会也就更高（Addario，2011[③]）。

"强省会"必须强产业，强产业与强就业相互促进，互为目标与动力。长沙作为省会城市，产业集聚发展是必然趋势，规划将重点打造 1 个工程机械世界级先进制造业集群，创建先进储能材料、新一代自主安全计算系统等 2 个国家级先进制造业集群，发展 N 个省级先进制造业集群，这些都将为长沙的城市就业吸纳力创造有利条件。目前，长沙市拥有 83 万在校大学生、59 名两院院士，各行各业人才荟萃，但具体来看，长沙市 2020 年制造业单位就业人数为 71.84 万人，占就业总人数的 23.01%，仍与广州市（176.59 万人）、杭州市（142.48）等省会城市存在较大的差距；文体娱乐业单位就业人数虽有 7.24 万人，但仅占就业人数的 2.32%。可见，只有人才集聚与产业发展同频共振，城市发展和人才成长互相成就，方能形成良性互动。

三 提升就业吸纳力是省会城市实现人口合理增长的关键所在

人口是城市发展的基本要素，人口规模及其变化趋势，对城市长远发展影响深远。衡量一个省会城市的强与弱，人口首位度、经济首位度是两大关键指标。人口首位度是指省会城市人口量占全省人口总量的比重。当然，一个省会城市并非人口越多越好，要与城市的人口承载力相匹配，才能真正实现产城人融合发展。由此，提升就业吸纳力必然要求提升省会城市的就业承载力，否则就留不住人口，难以实现城市人口的

[①] Fujita, M. Krugman, P., "When Is the Economy Monocentric?", *Regional Science and Urban Economics*, No. 4, 1995.

[②] Debaere, P., Lee J., Paik M., "Agglomeration, Backward and Forward Linkages: Evidence from South Korean Investment in China", *Canadian Journal of Economics*, No. 2, 2010.

[③] Addario, D. S., "Job Search in Thick Markets", *Journal of Urban Economics*, No. 3, 2011.

第九章 强城市就业——提升省会城市就业吸纳力

持续合理增长。提升省会城市就业承载力的重要途径则是不断完善城市公共服务，包括住房、医疗、教育、社会保障等。产业发展可以提升城市就业容纳力，公共服务发展则可以提升城市就业承载力，二者都是强省会的重要评价指标。

从人口规模的增长看，近些年，长沙作为省会城市的人口吸引力不断增强，2021年长沙城市常住人口达1023.93万人，突破千万大关。由表1可知，相对于第六次人口普查，第七次全国人口普查数据净增长超过300万人的五个城市依次是广州、成都、郑州、杭州和长沙市，人口增长率前五位的依次是广州、郑州、长沙、成都和杭州市。2022年出台的《长沙市"十四五"人口发展规划》明确提出城市人口发展目标：2025年全市常住人口达1200万左右，到2035年，全市常住人口总量达到1500万左右。全新的人口发展目标，将意味着城市在就业承载能力上的要求更高。因此，长沙要进一步提升人口首位度，应持续提升城市就业承载力，为"强省会"奠定坚实的人口基础。

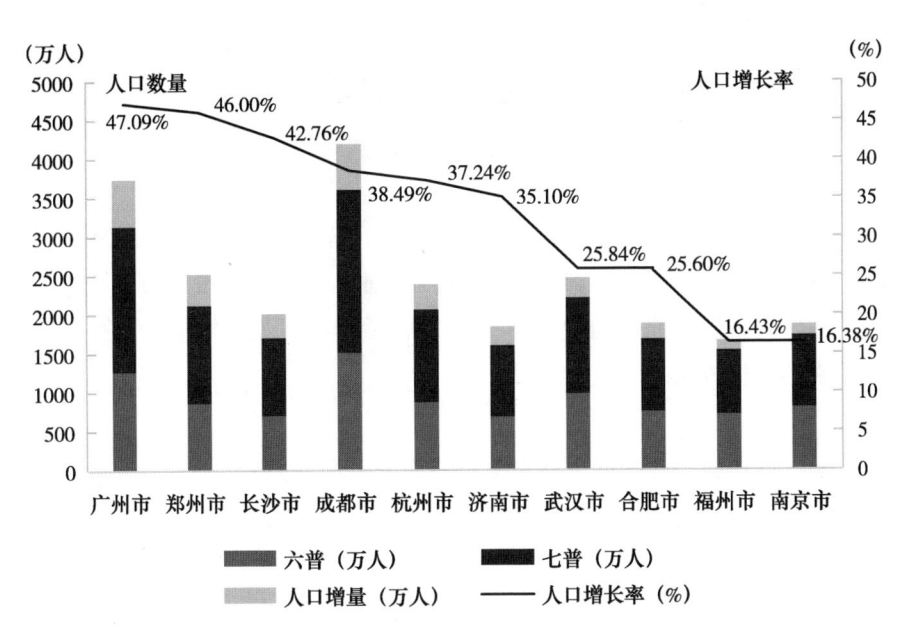

图9-1 10个省会城市第六次、第七次全国人口普查数据变化

资料来源：第六次、第七次全国人口普查数据。

表 9-1　　10 个省会省会城市人口普查数据与城市竞争力情况

城市	城市竞争力指数	六普（万人）	七普（万人）	人口增量（万人）	人口增长率（%）	就业弹性（%）
广州市	0.817	1270	1868	598	47.09	81.59
郑州市	0.704	863	1260	397	46.00	53.73
长沙市	0.635	704	1005	301	42.76	86.95
成都市	0.671	1512	2094	582	38.49	90.63
杭州市	0.688	870	1194	324	37.24	72.80
济南市	0.567	681	920	239	35.10	69.01
武汉市	0.704	979	1232	253	25.84	54.20
合肥市	0.597	746	937	191	25.60	18.93
福州市	0.583	712	829	117	16.43	59.52
南京市	0.715	800	931	131	16.38	64.98

资料来源：第六次、第七次全国人口普查数据，人口增量、人口增长率和就业弹性为作者计算。

第二节　城市就业吸纳力的测量指标及综合比较分析

根据 2021 年中国省会城市的 GDP 排名，选取排名前十位的广州、成都、杭州、武汉、南京、长沙、郑州、济南、合肥、福州。与其他九个城市相比，长沙就业吸纳力如何，首先需要明确就业吸纳力的影响因素与科学的评价方法。

一　城市就业吸纳能力的主要影响因素及测量方法

城市就业吸纳能力的影响因素。城市就业吸纳能力差异取决于多种影响因素，主要包括城市产业结构、民营经济发展水平、城市公共服务水平等多个方面。因此，分析城市就业吸纳能力主要从经济视角出发，围绕城市产业结构差异、民营经济活跃度、城市公共服务水平以及城市人才吸引力等四个方面，对长沙市等 10 个省会城市之间就业吸纳能力进行比较分析。

就业弹性测算方法。关于就业吸纳能力的测量，在既有研究的基础上，主要采用就业弹性指标来予以测度。所谓就业弹性，是指产出每变化一个百分点所对应的就业数量变化的百分比，体现了经济增长对就业的带动作用。具体计算公式为 E = (ΔL/L) / (ΔY/Y)，其中 L 和 ΔL 分别表示就业数量及变化量，Y 和 ΔY 分别表示产出大小及变化量，ΔL/L 和 ΔY/Y 分别代表就业数量和产出大小的变化率。在测算过程中，由于使用点弹性法测得的结果通常会出现大幅波动，不利于问题分析和政策制定[①]。为规避点弹性方法波动性较大的缺点，本文选取弧弹性方法进行测算。使用弧弹性方法的一个好处是由于产出对就业的影响存在一定的滞后性，跨越数年的弧弹性方法能够将更多的滞后影响包含在内。对于观测期的选取，学界尚无定论。如果观测期过长，经济系统中容易出现较大变化，会违背其他经济增长因素不变的假设，导致对就业弹性的测算不再具有应用价值；相反，如果观测期过短，又容易受到短期波动因素的影响，同样会造成结论的偏差。在测算点弹性时，蔡昉等[②]使用 3 年移动平均值进行分析，其减少波动性的效果已经较为明显。因此，为了避免其他经济增长因素出现较大变化，应该尽可能选取较短的观测期长度，如 3—5 年，考虑到 2020 年初以来新冠肺炎疫情对城市就业和经济增长形成的较大冲击效应以及 2019 年以前 5 年的经济发展并未受到较大突发性事件冲击的客观事实，将观测期设定为 2015—2019 年。

在计算就业人数增长率和 GDP 增长率时，我们以初始年和结束年的均值作为计算增长率的分母。这样就避免了特殊年份的干扰，有利于发挥弧弹性相对稳定的优点。在具体计算中，数据源自《中国城市统计年鉴》，以市辖区数据为基准，在就业数据方面，将《中国城市统计年鉴》中的市辖区年末单位从业人员数以及市辖区城镇私营和个体从业人员的数据进行加总，得出市辖区年末就业总人数。

二　省会城市就业规模描述性分析

党的十八大以来，以习近平同志为核心的党中央把促进就业放在经

[①] 丁守海：《劳动剩余条件下的供给不足与工资上涨——基于家庭分工的视角》，《中国社会科学》2011 年第 5 期。

[②] 蔡昉：《中国劳动力市场发育与就业变化》，《经济研究》2007 年第 7 期。

济社会发展的优先位置,坚持就业优先战略和积极就业政策,推动实现更加充分、更高质量的就业。对此,在推动省会长沙城市建设进程中增强省会城市就业带动能力,尤其需要跟其他省会城市进行对比,取长补短,及时优化长沙市自身"强就业"发展政策。根据中经网数据库,长沙等10个省会城市的劳动力就业规模和就业增长率情况如图9-2所示。

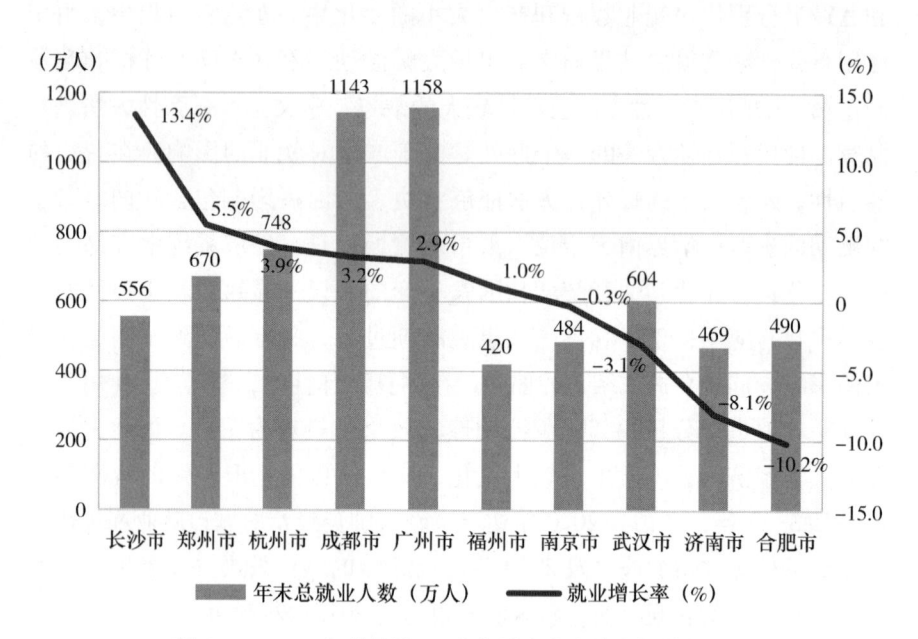

图9-2 2020年长沙等10省会城市全市就业规模情况

资料来源:中经网数据库。

根据图9-2可知,长沙市2020年劳动力就业总数为556万人,仅排第6名,但是就业增速高达13.4%,排名第1,说明长沙市在增强就业带动能力方面的工作成效高,而且城市就业带动潜力还有较大的增长空间。

三 省会城市就业结构描述性分析

根据第四次全国经济普查(下称"四经普")的结果,国家统计局对2018年国内生产总值初步核算数进行了修订。总体来看,各地在2020年以来也陆续发布了四经普相关数据。我们将2019年各个省会城市的经济普查数据,列出如下表9-2(我们暂且按照四经普给出的各省会城市法人单位就业总人数作为基本就业数据。需要注意的是,该数据并不能囊括对应城市的所有就业人口，而仅能够作为一定程度上反映各省会城市经济发展及就业情况的参考）。

在分行业项目选择上，我们选择信息传输、软件和信息技术服务业、科学研究和技术服务业、制造业、文化娱乐业四个行业从业者数据作为重点考察的目标行业。在很大程度上，上述行业对于现阶段中国区域产业结构（就业结构）的升级转型有较强的代表性。第一，从创新推动区域经济可持续增长的长期目标来看，信息行业和科研行业也是未来中国经济发达地区（代表性城市群）最重要的产业升级转型方向。所以，我们将这两大行业作为各城市高新产业的代表。表9-2显示，长沙市高新产业单位总就业人数仅有27.76万人，排名倒数第2，占比8.89%，排名第7。第二，制造业在各城市经济高质量发展过程中十分重要，是现阶段中国经济行稳致远、保持国际发展战略主动权的关键。表9-2显示，10个省会城市制造业单位就业人数差距较大，其中广州、杭州、成都三个省会城市就业人数超过百万，广州市制造业单位就业人数规模是长沙市的两倍多，但是制造业单位就业人数占比差距不大。第三，文体娱乐业，从中国整体发展阶段来看，我们已经走到了文化复兴、文化繁荣和文化输出的重要时代节点。所以，这也是未来我们强省会城市建设过程中的重要关注点。表9-2显示，文体娱乐业单位就业人数长沙排名靠前，而文体娱乐业单位就业人数占比方面，长沙市排名第1，远远领先其他城市，说明长沙市在文化娱乐产业方面具有相对比较优势，这是长沙市在强省会城市建设中应该关注的重点方向之一。

表9-2　　　　　　　　10个省会城市就业结构数据

城市	法人单位就业总数（万人）	信息传输、软件和信息技术服务业单位就业人数（万人）	科学研究和技术服务业就业单位人数（万人）	高新产业单位总就业人数（万人）	高新产业单位总就业人数占比（%）	制造业单位就业人数（万人）	制造业单位就业人数占比（%）	文体娱乐业单位就业人数（万人）	文体娱乐业单位就业人数占比（%）
长沙市	312.2	11.53	16.23	27.76	8.89	71.84	23.01	7.24	2.32
杭州市	624.65	39.88	25.45	65.33	10.46	142.48	22.81	6.50	1.04
郑州市	498.66	19.70	23.60	43.30	8.68	99.60	19.97	6.70	1.34

续表

城市	法人单位就业总数（万人）	信息传输、软件和信息技术服务业单位就业人数（万人）	科学研究和技术服务业就业单位人数（万人）	高新产业单位总就业人数（万人）	高新产业单位总就业人数占比（%）	制造业单位就业人数（万人）	制造业单位就业人数占比（%）	文体娱乐业单位就业人数（万人）	文体娱乐业单位就业人数占比（%）
广州市	888.5	53.74	47.21	100.95	11.36	176.59	19.88	10.90	1.23
成都市	613.64	34.87	32.68	67.55	11.01	115.20	18.77	8.55	1.39
济南市	318.58	16.57	17.50	34.07	10.69	59.78	18.76	3.70	1.16
福州市	416.09	15.21	11.33	26.54	6.38	76.61	18.41	5.11	1.23
南京市	442.15	35.17	26.17	61.34	13.87	81.36	18.40	6.72	1.52
武汉市	491.45	28.15	27.67	55.82	11.36	86.68	17.64	7.03	1.43
合肥市	382.59	16.00	15.00	31.00	8.10	67.00	17.51	4.18	1.09

资料来源：各地第四次经济普查数据。

四 省会城市就业吸纳能力比较分析

比较长沙市和其余9个省会城市的就业吸纳能力高低，需要将2019年城市市辖区常住总人口、生产总值（GDP）以及2015—2019年就业弧弹性三个数据指标综合考虑，以此进行对比分析。相对于采用就业人数这一指标，就业弹性代表就业数量和产出大小的变化率，可以更加直观的反应就业吸纳能力的强弱。之所以考虑纳入GDP和总人口，主要是为了在对比就业弹性之时，对城市经济实力有一个参照。如表9-3所示。

表9-3　2019年10个省会城市GDP、总人口和就业弹性

城市	GDP（亿元）	年末总人口（千人）	就业弹性（%）
成都市	13578	8760	90.63
长沙市	7386	3640	86.95
广州市	23629	9540	81.59
杭州市	14349	6570	72.80
济南市	8530	6950	69.01
南京市	14031	7100	64.98

续表

城市	GDP（亿元）	年末总人口（千人）	就业弹性（%）
福州市	5693	2900	59.52
武汉市	16223	9060	54.20
郑州市	7973	3970	53.73
合肥市	6416	2910	18.93

资料来源：中国城市统计年鉴，其中就业弹性为作者计算而得。

将表9-3中数据生成图9-3进行直观对比分析可知：

第一，长沙市就业弹性位列第二，经济增长对就业的拉动效应较大。城市就业弹性排名和城市生产总值（GDP）排名不完全一致，其中长沙市在10个省会城市中的市辖区常住总人口、生产总值（GDP）均排名靠后，位居第8名，但是城市就业弹性位于第二，这充分说明长沙市经济增长对就业的拉动效应较大。

第二，从就业吸纳力来看，长沙市在城市就业吸纳能力方面表现惊人，表明经济增长带动就业的成效较为显著。

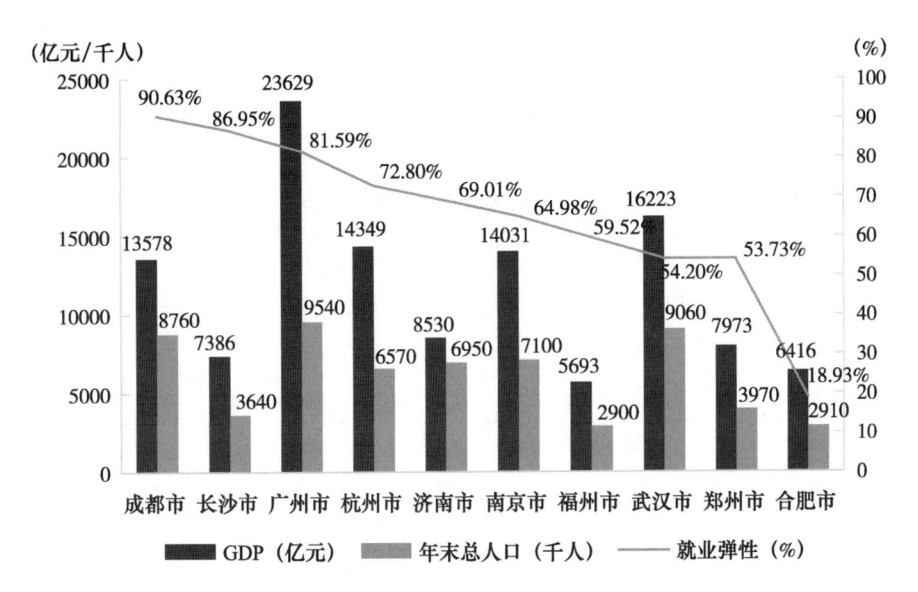

图9-3 长沙等10省会城市就业弹性

资料来源：作者根据中国城市统计年鉴计算而来。

第三节　省会城市就业吸纳力的横向比较分析

就业吸纳能力横向比较主要围绕产业结构差异、民营经济活跃度、城市公共服务水平以及城市人才吸引力等四个方面展开。

一　产业结构差异比较分析

配第—克拉克定理最早揭示了经济发展过程中的产业结构和三次产业中的劳动力分布结构演变规律，即不同产业之间相对收入上的差异必然造成劳动力向获得更高收入的部门转移的规律[1]。库兹涅茨在1971年也提出了库兹涅茨法则，随着经济发展和产业结构的演进，劳动力开始从第一产业转移到第二产业，第一产业的劳动力相对比重和人均收入持续下降，而第二产业的劳动力相对比重和人均收入不断上升，随着经济的进一步发展，产业重心逐渐从有形的财物生产变为无形的服务性生产，劳动力开始从第一产业、第二产业转移到第三产业，此时形成第一产业、第二产业人数相对较少，而第三产业人数大量增加的劳动力就业分布格局[2]。

根据长沙市和其余9个省会城市市辖区产业结构的数据，形成如下表9-4，同时将表9-4中数据生成图9-4进行直观对比分析。

表9-4　　　　　　2019年10个省会城市产业结构情况

地区	第二产业增加值占GDP比重（%）	第三产业增加值占GDP比重（%）	第二第三产业增加值比例（%）
广州市	27.31	71.62	38.13
成都市	28.23	70.28	40.17
杭州市	30.91	67.51	45.79
长沙市	31.99	67.12	47.66

---

[1] 克拉克：《工业经济学》，原毅军译，经济管理出版社1990年版，第9—25页。
[2] 库兹涅次：《各国的经济增长》，常勋译，商务印书馆1999年版，第55—70页。

续表

地区	第二产业增加值占GDP比重（%）	第三产业增加值占GDP比重（%）	第二第三产业增加值比例（%）
济南市	35.15	61.74	56.93
郑州市	36.28	63.47	57.16
福州市	38.17	66.54	57.36
南京市	35.93	62.02	57.93
合肥市	37.16	62.65	59.31
武汉市	36.92	60.75	60.77

资料来源：作者根据中国城市统计年鉴计算而来。

由图4可知：第一，10个省会城市的第三产业增加值占GDP的比重均超过60%，其中广州、成都、杭州、长沙市4个城市第三产业增加值占GDP的比重较高，均超过67%。第二，广州、成都、杭州、长沙市这4个省会城市第二第三产业增加值比例①依次增大，但比值均低于50%，一定程度上解释了这四个省会城市经济发展水平相对较高，产业结构转型升级成效相对较为理想。根据克拉克和库兹涅茨关于产业结构演变的理论，上述省会城市产业结构转型升级为城市就业吸纳能力的显著提升提供了广阔的发展空间，同时也表明，省会城市本身发展自带的相对比较优势已经为其和省内其他地级市之间"一中心，多支点"的分工产业链发展体系的构建奠定了良好基础。只要在"强省会"城市就业带动能力建设进程中，因势利导，推动"有为政府"和"有效市场"双向发挥作用，就能将省内"一中心，多支点"的地级市高质量发展分工合作体系推向更高水平。此外，在未来"强省会"战略实施过程中，长沙市要积极向广州、成都、杭州等城市看齐，加快发展现代服务业，在立足做大做精做强制造业的基础上加快推动产业结构转型，将第二第三产业增加值比例维持合理区间。

---

① 第二、第三产业增加值比例为第二产业增加值占GDP比重与第三产业增加值占GDP比重的比值。

图 9-4　2019 年长沙市等 10 省会城市产业结构

资料来源：中国城市统计年鉴。

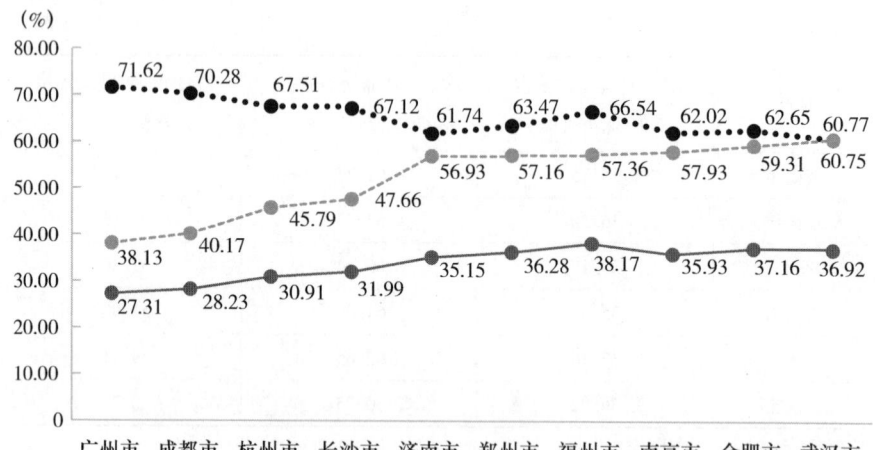

二　城市民营经济活跃度差异比较分析

2018 年 11 月 1 日，习近平总书记在民营企业家座谈会上讲话指出，"概括起来说，民营经济具有'五六七八九'的特征，即贡献了 50% 以上的税收，60% 以上的国内生产总值，70% 以上的技术创新成果，80% 以上的城镇劳动就业，90% 以上的企业数量。民营经济已经成为推动中国高质量发展不可或缺的力量，成为创业就业的主要领域、技术创新的重要主体、国家税收的重要来源，为中国社会主义市场经济发展、政府职能转变、农村富余劳动力转移、国际市场开拓等发挥了重要作用"[①]。因此，"强省会"城市建设过程中推进强就业时，必须十分重视民营经济发展，将市场经济在资源配置中发挥的决定性作用在"强省会"建设中给充分体现出来，进一步将省会城市市场经济活跃度推向新的高度。

本节用省会城市市辖区私营和个体经济就业人数占总就业人数的比重来代理城市民营经济活跃度，具体数据如表 9-5 所示，同时将表 9-5 中数据生成图 9-5 进行直观对比。

---

① http://www.gov.cn/xinwen/2018-11/01/content_5336616.htm.

第九章 强城市就业——提升省会城市就业吸纳力

表 9-5　2019 年 10 个省会城市年末从业及私营和个体经济就业情况

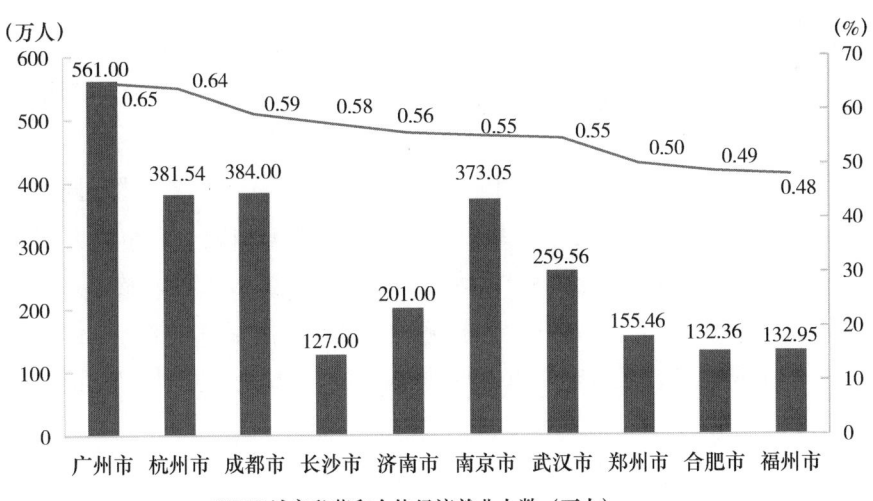

城市	年末从业人员（万人）	城市私营和个体经济就业人数（万人）	城市私营和个体经济就业占总就业比重（%）
广州市	861	561.00	0.65
杭州市	595	381.54	0.64
成都市	647	384.00	0.59
长沙市	221	127.00	0.58
济南市	360	201.00	0.56
南京市	676	373.05	0.55
武汉市	474	259.56	0.55
郑州市	310	155.46	0.50
合肥市	272	132.36	0.49
福州市	277	132.95	0.48

资料来源：作者根据 2019 年中国城市统计年鉴数据计算而来。

图 9-5　2019 年长沙等 10 省会城市民营经济就业情况

资料来源：作者根据 2019 年中国城市统计年鉴数据计算而来。

通过图9-5可知,第一,广州、杭州、成都和长沙市等4个省会城市的民营经济活跃度最高,位居前4名,且均超过50%,一定程度上表明民营经济已经成为省会城市强就业的主要市场主体[①];第二,这一民营经济活跃度排序和省会城市就业吸纳能力的排序基本吻合,一定程度表明,民营经济逐渐成为就业主渠道。因此,在"强省会"过程中,必须加大力度支持民营经济健康发展和民营经济人士健康成长,高效服务民营企业,用心用情用力呵护民营企业家,多措并举营造一流营商环境,为进一步提升省会城市的市场经济活跃度创造有利条件。

三 城市公共服务能力差异比较分析

城市公共服务是决定人口流动和就业配置的重要因素之一[②]。作为调节宏观经济的重要政策工具,城市公共服务对就业的影响是多方面的。一方面,在就业规模层面,公共基础设施建设和公共服务的引入,能够直接提供就业机会,创造就业需求[③];另一方面,随着城市公共服务的优化和完善,企业进入门槛提高,劳动密集型等低端产业被挤出,土地及住房价格上涨使得低收入者自发外迁,出现阶段性就业总量下降[④]。在就业结构层面,高水平公共服务一般具有较高的运营成本,这将不断挤压低端产业的市场空间,使得这类企业进行技术改造或进行产业转型,进而促使城市就业结构升级,提升就业质量。因此,在"强省会"过程中,应该重视城市公共服务能力建设。对此,根据既有研究,以市辖区年末常住人口医院床位数占比(张/万人)、医生数(名/万人)以及公共图书馆藏书量(千册/万人)这三个指标来衡量城市公共服务水平,具体数据如表9-6所示,同时将表9-6中数据生成图9-6进行直观对比分析。

[①] 之所以表述为"一定程度",是因为本文用到的私营和个体经济就业人数之和不等于民营经济总就业人数,后者数量大于前者,限于数据的不可获得性,我们无法精确计算出民营经济总就业人数。

[②] 夏怡然、陆铭:《城市间的"孟母三迁"——公共服务影响劳动力流向的经验研究》,《管理世界》2015年第10期。

[③] 李红见:《政府公共投资和重大项目就业效应分析》,《人才资源开发》2018年第4期。

[④] 张英杰:《当前我国就业存在的主要问题及应对策略》,《经济纵横》2015年第2期。

表9-6　　　　　2019年10个省会城市公共服务能力情况

城市	医院床位数（张/万人）	医生数（名/万人）	公共图书馆藏书量（千册/万人）
长沙市	140.91	62.37	27.01
杭州市	111.42	68.25	35.49
成都市	103.95	67.65	26.52
武汉市	99.16	45.61	22.04
广州市	95.32	62.55	38.13
郑州市	93.72	57.59	20.68
合肥市	87.06	53.72	20.55
济南市	75.72	52.09	22.46
南京市	75.35	50.33	32.75
福州市	70.76	57.57	22.03

资料来源：中国城市统计年鉴。

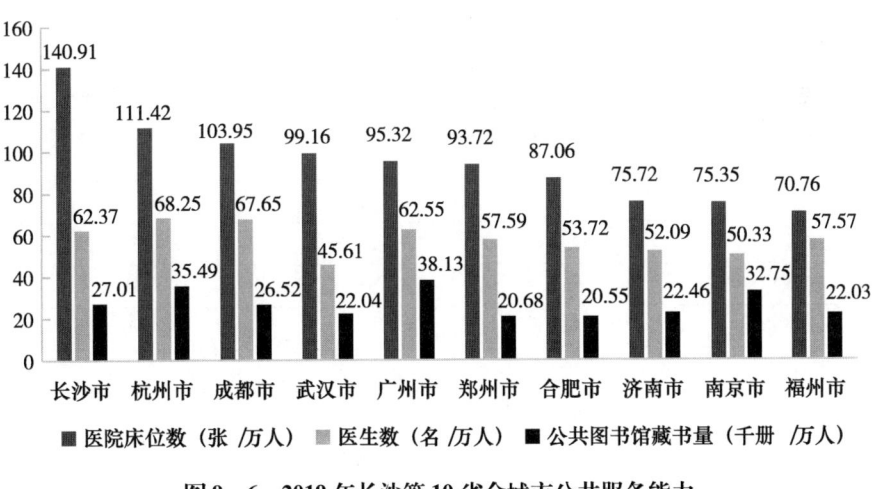

图9-6　2019年长沙等10省会城市公共服务能力

从图9-6可知：就医院床位数而言，长沙排名首位，就医生数而言，长沙排名第四，就公共图书馆藏书量而言，长沙排名第四。因此，所以，上述10大城市公共服务能力方面长沙居于中偏上水平，结合前述城市就业弹性分析，一定程度上表明，长沙城市就业吸纳能力有待加强，在强省会方面也应更加注重提升城市公共服务能力建设。

四 城市人才吸引力差异比较分析

人才的大范围迁徙将对所在城市的经济增长、产业形态及消费环境产生深远影响。评判一个城市的发展水平与潜力，人才吸引力是一项重要指标。要想"跑马圈地"并实现综合实力领跑，必须"招兵买马"且"兵强马壮"。从该角度而言，人才一直是影响城市竞争力的关键要素，人才数量越大，城市竞争力也就越大，在"强省会"过程中也就越能赢得先机，城市高质量发展也就越可持续。因此，在"强省会"中必须高度重视提升省会城市人才吸引力。

根据"泽平宏观"团队《2019—2021年三年城市吸引力报告》中，选取10个省会城市的城市人才吸引力指数进行数据对比，具体数据如表9-7所示，同时将表9-7中数据生成图9-7进行直观对比分析。

表9-7　2019—2021年10个省会城市人才吸引力指数情况

城市	城市人才吸引力指数（2019年）	城市人才吸引力指数（2020年）	城市人才吸引力指数（2021年）
广州市	75.1	87.0	81.5
杭州市	69.5	99.2	73.1
成都市	46.9	61.2	70.5
南京市	53.2	69.5	61.1
武汉市	32.9	53.7	51.1
长沙市	24.8	55.8	49.1
济南市	39.4	52.2	45.6
郑州市	31.6	49.0	44.1
合肥市	22.1	40.5	39.6
福州市	15.2	36.9	32.3

资料来源：中国城市统计年鉴。

由图9-7可知：第一，长沙市近三年来城市人才吸引力增长幅度最大，由2019年的第8位一度跃升至2020年的第5位，随后降到2021年的第6位；第二，省会城市人才吸引力总体呈现减弱，这和表9-2中的省会城市就业弹性对比分析可知，城市人才吸引力越强的省会城市，其

第九章 强城市就业——提升省会城市就业吸纳力

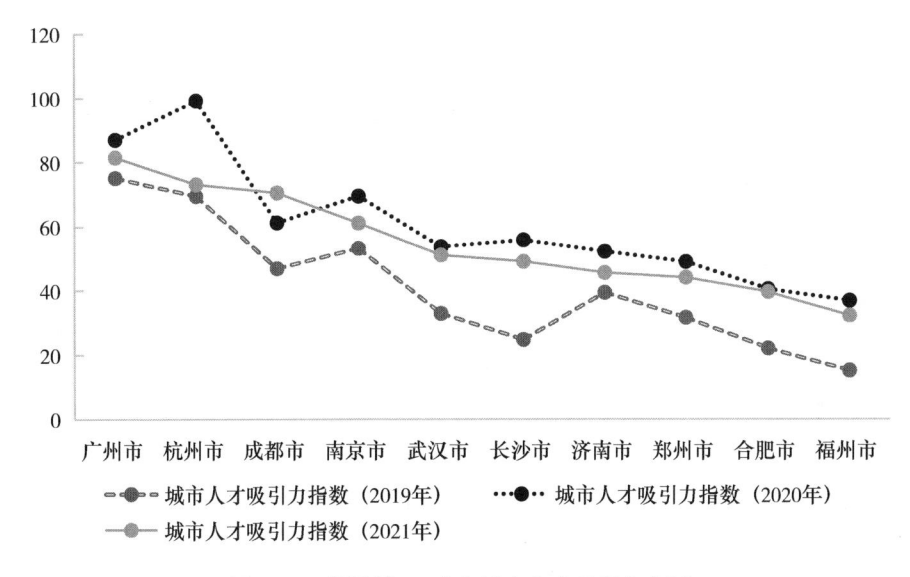

图 9-7 长沙等 10 省会城市人才吸引力分析

资料来源：泽平宏观：《2019—2021 年中国城市人才吸引力报告》。

就业弹性也就越强。对此，在"强省会"进程中，若要推动强就业持续取得新成效，必须从多个维度进一步提升城市人才吸引力。

第四节 提升长沙城市就业吸纳力的对策举措

通过长沙市与其他九个省会城市就业吸纳力的横向比较，虽然长沙市生产总值排名第七，但就业弹性排名第二，总体来说城市就业吸引力较强。但从产业结构差异、民营经济活跃度、城市公共服务水平以及城市人才吸引力等四个方面进行具体分析后，长沙市在市场活跃度上居中偏上水平，应向排名靠前省会城市看齐，积极取之所长，补己之短，同时也要从就业弹性排名靠后的其他省会城市吸取经验教训，进一步将强就业推向新高度。为此，结合长沙现有经济基础，建议从以下几个方面发力。

一 加快推动城市就业结构转型升级

产业结构转型升级是强省会的必要条件，就业结构也应随之而变，推动城市就业吸纳能力持续增强。

（一）坚定不移推动制造业高质量就业。实施制造业降成本减负行动，引导金融机构扩大制造业中长期融资，提升制造业盈利能力，提高从业人员收入水平，增强制造业就业吸引力，缓解制造业"招工难"问题。推进制造业高质量发展和职业技能培训深度融合，促进制造业产业链、创新链与培训链的有效衔接，深入实施制造业龙头骨干企业和领军企业"双培育"计划，构筑起一流的产业核心竞争力，为"强就业"打下坚强产业基础。大力发展战略性新兴产业，加大高端产业项目招商选资力度，深度对接珠三角和长三角城市群创新要素和产业资源，推动传统制造业转型升级赋能、延伸产业链条，开发更多制造业领域技能型就业岗位，同时立足现有产业禀赋优势，适度发展劳动密集型制造业。推动传统优势产业集群"一群一策"转型升级，打造一批数字化智能化转型标杆企业，引进培育一批数字化服务平台，推动更多中小企业开展数字化智能化转型，发展服务型制造新模式，做大做强新兴产业链，推动先进制造业集群发展，打造更多制造业就业增长点。

（二）促进数字经济领域就业创业。加快发展数字经济，推动数字经济和实体经济深度融合，催生更多新产业新业态新商业模式，培育多元化多层次就业需求。推动健全数字规则，强化数据有序共享和信息安全保护，加快推动数字产业化，打造具有国际竞争力、就业容量大的数字产业集群。深入实施"上云用数赋智"行动，推进传统线下业态数字化转型赋能，创造更多数字经济领域就业机会。促进平台经济等新产业新业态新商业模式规范健康发展，带动更多劳动者依托平台就业创业。

（三）坚定不移扩大服务业就业。要聚焦产业转型升级和消费升级需要，构建优质高效、结构优化、竞争力强的现代服务产业新体系，为劳动者就业提供更大空间和更多选择。进一步放宽服务业市场准入，深入推进服务业扩大开放，促进服务业数字化转型、线上线下双向发展，推动现代服务业同先进制造业、现代农业深度融合。支持生产性服务业和服务外包创新发展，加快生活服务业高品质和多样化升级，鼓励商贸流通和消费服务业态与模式创新，引导夜间经济、便民生活圈等健康发展，稳定开发社区超市、便利店、社区服务和社会工作服务岗位，充分释放服务业就业容量大的优势。发挥现有优势，大力发展金融服务型产业，营造良好的金融产业服务生态体系，助力高端服务业就业繁荣健康地发展。

第九章　强城市就业——提升省会城市就业吸纳力

二　加快构建优质营商环境增强就业带动能效

好的营商环境就是生产力，是激活市场经济活力，带动就业持续高质量发展的重要软实力。

（一）建立完善营商环境优化条例。要从提供企业全生命周期贴心服务、更加坚强有力要素支撑、更加优质高效政务服务、更加公平公正法治服务、更加宜居宜业的城市环境、更加高效强有力的组织保障等方面统筹建立完善营商环境优化条例。按照"补短板、求突破、树品牌""对标一流、争创一流"的思路，坚持学习借鉴和改革创新同步推进，聚焦重点，力争在企业办事便利度、资源要素支撑度、政务服务满意度、企业权益保障度、城市环境美誉度等方面实现更大的改革突破，形成一批可复制可推广的标志性改革创新成果，打造市场主体和社会公众普遍认可的一流营商环境，让各类市场主体来了不想走、来了留得住、来了有前途，推动长沙在长株潭都市圈建设、全省各市州协同发展中的辐射带动作用显著增强，在中部地区崛起、长江经济带发展中的示范引领作用显著增强，在融入国家重大战略、构建新发展格局中的服务保障作用显著增强，为持续增强城市就业吸纳能力提供优质的外部营商环境基础。

（二）充分发挥民营经济就业带动作用。制订3—5年服务民营经济做大做强实施方案，加强对民营企业积极参与国内国际市场竞争、融入新发展格局的政策指导，为民营企业高质量发展、增强就业带动能力提供源源不断的政策动力。要为民营企业发展营造良好的法治环境和营商环境，进一步加大执法力度，依法查处不正当经营行为，保持市场秩序健康稳定，促进形成公平竞争的生产经营和劳动力就业环境，为各类市场主体特别是中小企业创造广阔的发展空间。完善促进中小微企业和个体工商户发展和用工的制度环境和政策体系，构建常态化援企稳岗帮扶机制，持续减轻中小微企业和个体工商户负担，激发中小微企业和个体工商户活力，增强就业岗位创造能力。优化中小微企业发展生态，取消各类不合理限制和壁垒。支持劳动者创办投资小、见效快、易转型、风险小的小规模经济实体。加大对中小微企业和个体工商户融资支持力度，加强普惠金融服务。

（三）用心用情呵护企业家、高效服务企业。企业家也是我们的衣食父母，关心呵护企业家、无私高效地服务好企业是我们的天职。企业好，则就业强。要持续深化营商环境改革，完善数字政府建设，提高行政审批效率，为企业提供全生命周期贴心高效服务，打造全国企业办事最便捷、项目落地最快速的城市之一。积极构建"亲""清"新型政商关系，引导广大干部坦坦荡荡与企业家交往，做到"清"而又"清"上加"亲"。推动各级领导干部全覆盖挂点联系规上企业，做到无事不扰、有事必到，及时帮助企业解决问题、促进发展。加快清理我们制定的、经实践检验不利于发展的政策规定，充分发挥好政府的势能和企业的动能，推动省会长沙市企业高质量发展，为城市强就业打好企业高质量发展基础。

三 健全城市就业公共服务体系

（一）加强基层公共就业创业服务平台建设。加强服务平台信息化建设，推进就业登记与社会保险的业务协同，建立就业数据跨部门整合与共享机制。推动线下服务与线上服务的深度融合。推进服务主体多元化，构建政府主导、社会参与的多元化供给体系，支持人力资源服务机构、行业协会、社团组织、创业孵化基地、普通高等学校、职业学校、技工院校等提供专业化公共就业创业服务。

（二）提升公共就业服务水平。提升长沙市高校毕业生、就业困难人员、异地务工人员以及灵活就业人员等重点群体公共就业服务水平，构建精准识别、精细分类、专业指导的服务模式。加强新就业形态人员就业信息和岗位信息采集、发布和引导，搭建线上线下供需对接平台，开展专项招聘活动。优化"互联网+就业"服务，提升公共就业服务的可及性、精准度、便利化。

（三）加快就业失业统计监测体系建设。健全就业需求调查和失业监测预警机制，完善就业失业统计指标体系。推进就业创业景气指数建设，建立"四位一体"就业失业动态监测体系。探索建立就业数据信息资源开放机制。实施长沙市重点行业、重点企业动态预警，实现市、区、街（镇）三级可视化联防联动，建立全面覆盖、响应迅速的应对机制。

四 全面提升劳动者就业创业能力

（一）推动重点群体就业。坚持把长沙市高校毕业生就业作为重中之重,深入实施高校毕业生就业创业促进计划,统筹实施"三支一扶"计划等基层服务项目,开发更多适合高校毕业生的就业岗位,拓宽市场化社会化就业渠道,引导在长高校毕业生本地就业,鼓励湘籍大学生回长就业创业。加强不间断就业服务,多渠道搭建职业指导、职业培训、就业见习、创业实践平台,对困难毕业生实施就业帮扶。对通过市场渠道难以实现就业的人员,合理开发公益性岗位安置。统筹做好妇女、退役军人、残疾人等群体就业工作。积极开发老龄人力资源。

(二)全面实施职业技能提升行动。健全终身技能培训制度,持续大规模开展技能培训。推动人工智能、云计算、区块链等在职业技能培训领域的应用,开展先进制造业、战略性新兴产业、现代服务业等新产业新业态技能培训,探索推进全民数字技能培训,提高全民素质技能水平。落实"互联网+职业技能培训"。大力开展创业培训,实施职业技能提升补贴政策,扩大职业培训覆盖面,以职业培训来推动实现更加充分更高质量就业。

(三)加大初创实体支持力度。落实一次性创业补贴、创业担保贷款等优惠政策,提供场地支持、租金减免。鼓励引导各类群体投身创业,实施农村创业创新带头人培育行动、大学生创业支持计划、留学人员回国创业启动支持计划。优化创业孵化基地建设布局,实施创业孵化基地改造提升工程,持续建设一批特色化、功能化、高质量的市级创业孵化基地,根据创业孵化效果和带动就业成效,按政策给予奖补。提升线上线下创业服务能力,打造创业培训、创业实践、咨询指导、后续服务等一体化创业培训体系,健全创业培训师资库、创业服务专家库动态管理机制和创业项目评估机制。实施创业带动就业示范行动,开展各类创业大赛和创业推进活动,打造全生态、专业化、多层次的创业服务体系。

五 加快推动城市"引才育才"工程建设

(一)打造人才集聚发展新格局。深入贯彻实施湖南省"芙蓉人才计划"和"长沙人才新政22条",进一步创新人才培养、引进、评价、流动、服务、激励机制,强化市场在人才配置中的决定性作用,形成更有利于人才发展的良好环境,为全面落实"三高四新"战略定位和使命任务提供人才智力支撑。围绕"三高四新"、长株潭一体化等重大发展战略，制定相关人才支撑政策，深入实施高端产业人才倍增行动计划、自贸试验区人才政策等，进一步推动人才项目和产业规划高度融合。结合长沙市智能制造、软件信息、生物医药等重点产业领域人才需求，重点围绕引进产业领军型人才、中高端骨干人才、优秀青年人才等，探索揭榜引才模式，策划开展一批中高端人才洽谈会、名企进名校招聘会、直播带岗、海外人才云聘会等精品引才活动。

（二）加强专业技术人才队伍建设。深化职称制度改革，分系列、分行业建立更客观、公平、科学的评价体系，贯彻落实省职称制度"双十条"、全面加强基层建设"1+5"、制造业企业专业技术人员晋级奖励办法等文件精神，优化职称评审权限设置，壮大专业技术人才队伍，激发专业技术人才创新创业活力。组织落实国务院政府特殊津贴制度、专业技术人才知识更新工程、湖南省人民政府特殊津贴制度、湖湘博才青年科研人才支持计划等重大人才工程项目。完善博士后制度，加强企业博士后科研机构建设，促进人才、技术、资本高效配置和有效整合。加快信息化建设，充分运用信息化手段开展职称申报、职称评审、考后资格复审等工作。

（三）壮大技能人才队伍。实施长沙市高技能人才振兴计划，加强技能人才表彰激励，定期开展技能大师、技术能手等推荐评选表彰活动，推进高技能人才培训基地、技能大师工作室建设，对新获评国家级、省级高技能项目以及新引进或新获得技师、高级技师的高技能人才给予经费支持，积极培育"长沙工匠"，推动长沙由技能大市向技能强市转变。大力开展技工教育，加快推进高水平技工院校建设，稳定和扩大技工院校招生规模。完善职业技能等级认定制度，重点发挥企业等用人主体在人才评价中的作用，进一步加强高技能人才与专业技术人才职业发展贯通。完善职业技能竞赛工作体系和机制，定期举办长沙市职业技能大赛，组织开展行业和专项职业技能竞赛，推动职业技能竞赛成果转化。

第 十 章

强公共服务——提升省会城市服务承载力

保障基本公共服务供给是城市健康发展的重要基石。习近平总书记高度重视中国基本公共服务供给,强调要"保障基本公共服务有效供给"[①]。近年来,长沙市公共服务建设取得显著成效,城市整体公共服务治理体系不断完善,治理能力不断提高。然而,相比上海、北京、深圳等国内其他超一线城市,长沙市公共服务的质量和水平还有待提升。科学探索和正确把握城市公共服务承载力的发展规律,厘清城市公共服务承载力提升的方向与途径,已经成为湖南省"强省会"战略实施中的重大理论课题和实践任务。放眼未来,长沙市必须立足提升省会城市公共服务承载力,不断完善基本公共服务供给体系,提高基本公共服务保障水平,才能实现基本公共服务优质、高效、均衡的发展目标[②]。

第一节 提升公共服务承载力是"强省会"战略的重要组成部分

城市公共服务承载力对人们安全感、幸福感和归属感具有重要的影响。健全完善公共服务制度体系、推动公共服务均等化发展,是落实以

---

① 中共中央宣传部:《习近平总书记系列重要讲话读本》,学习出版社、人民出版社 2016 年版。
② 孙祁祥、锁凌燕、郑伟:《论新形势下社会保障的协调发展》,《中共中央党校学报》2016 年第 8 期。

人民为中心的发展思想、改善人民生活品质的重大举措,是长沙市"强省会"战略的重要组成部分。

一 提升公共服务承载力是应对省会人口急剧扩张的客观需要

"公共服务"的概念源于公共经济学中的"公共产品",基本公共服务涉及保障人民生活需要的教育、医疗、养老、生育、住房、文化和体育等领域的公共服务。而经济学意义上的承载力概念最早可以追溯到英国学者马尔萨斯(Malthus)。1798年英国学者马尔萨斯在《人口论》中首次提出了自然资源极限思想,探讨如何在有限的资源内最大限度地提升民众的生活质量。城市公共服务承载力是指在一定时期内经济社会和环境可持续发展的前提条件下,既定城市行政区划范围内交通、教育、医疗、保障性住房、环境治理等各类公共服务所能承载的人口及社会经济活动等压力的最大负荷和最优规模[1]。从公共服务承载力概念可以看出,城市提供的各类公共服务所能承载的人口和经济社会活动的最优规模具有一定的限度。随着城市规模的扩大和人口的快速增长,必然要求把提升城市公共服务承载力摆在重要位置,否则将引发各类城市病。因此,完善基本公共服务供给体系、提升城市公共服务供给能力是城市做大做强的客观需要。

城市基本公共服务关乎民生,连接民心,涉及人民最关心、最直接、最现实的切身利益问题,对增强人民群众获得感、幸福感、安全感,促进人的全面发展和社会全面进步,具有十分重要的意义。习近平总书记多次强调,"做好普惠性、基础性、兜底性民生建设,健全完善国家基本公共服务体系,全面提高公共服务共建能力和共享水平"。要坚持做好普惠性、基础性、兜底性民生建设,在幼有所育、学有所教、劳有所得、病有所医、老有所养、住有所居、弱有所扶等方面不断取得新进展[2]。随着中国社会主要矛盾的转化,人民日益增长的美好生活需要对公共服务

---

[1] 王郁:《城市公共服务承载力的理论内涵与提升路径》,《上海交通大学学报》(哲学社会科学版)2016年第6期。

[2] 习近平:《决胜全面建成小康社会 夺取新时代中国特色社会主义伟大胜利——在中国共产党第十九次全国代表大会上的报告》,新华社,2017年10月27日。

的需求也日益增多①，教育、医疗、养老等公共服务集中体现了人民对美好生活的追求②。

长沙作为一座发展势头强劲的成长型城市，2021年人口规模达到1023.9万人，跻身全国特大城市行列，成为14座特大城市之一。同全国其他城市一样，在城镇化快速发展的过程中不可避免地出现了人口膨胀、交通拥挤、住房紧张等问题，导致看病难、就学难、就业难、养老难等一系列"城市病"③。当城市病严重到一定程度时，大城市的竞争力和吸引力就会下降，不利于城市的长期可持续发展。

补齐基本公共服务短板、推动提升基本公共服务均等化水平，破解特大"城市病"的重要良方，是提升公共服务承载力建设的主要内容。党的十九届五中全会提出，"十四五"时期基本公共服务均等化水平明显提高；到2035年，基本公共服务实现均等化④。2021年12月底湖南提出"强省会"战略，并将公共服务承载力建设作为落实"强省会"战略的重要内容。未来要深入开展强公共服务建设就必须全力做好普惠性、基础性、兜底性民生建设，全面提高公共服务共建能力和共享水平，在满足人民群众多样化的民生需求上下足功夫，织就密实的民生保障网。

二 提升公共服务承载力是满足人民群众美好生活需要的内在要求

亚里士多德曾说过："人们来到城市，是为了生活；人们居住在城市，是为了生活得更好。"城市提供的公共服务质量决定着城市居民生活

---

① 李实、杨一心：《面向共同富裕的基本公共服务均等化：行动逻辑与路径选择》，《中国工业经济》2022年第2期。

② 刘宝、胡善联、徐海霞、高剑晖：《基本公共服务均等化指标体系研究》，《中国卫生政策研究》2009年第6期。

③ 注释：城市病指的是人口涌入大城市，导致其公共服务功能被过度消费，最终造成交通拥挤、住房紧张、空气污染等问题。

④ 注释：《"十四五"公共服务规划》是依据《中华人民共和国国民经济和社会发展第十四个五年规划纲要》编制的规划。经《国函〔2021〕120号》批复同意，由发改委、中宣部、教育部、公安部、民政部、司法部、财政部、人社部、住建部、农业农村部、文旅部、卫健委、退役军人部、国资委、广电总局、体育总局、统计局、医保局、中医药局、妇联、残联于2021年12月28日印发实施。

的基础条件和质量水平,成为影响人口流入或流出的重要因素之一。诺贝尔经济学奖获得者阿瑟·刘易斯(Arthur Lewis)认为,"决定人口流动的因素是现代城市经济的发展"。中央党校向春玲教授认为,"物质生活得到满足之后,人们更加注重精神生活,需要受更好的教育、更好的医疗和健康,更好的社会保障,等等。"提升公共服务承载力不仅体现在规模和数量的拓展方面,更体现在质的提升方面,优化基本公共服务资源配置、提升公共服务供给质量、提高公共服务供给效率是满足人民日益增长的美好生活需要的内在要求。

从中国社会主要矛盾发展的视角来看,建设高质量公共服务体系是满足人民群众对美好生活需要的内在要求。2021年全国两会期间,习近平总书记指出,"办好就业、教育、社保、医疗、养老、托幼、住房等民生实事,提高公共服务可及性和均等化水平"。不断提升公共服务承载力,扎实推进公共服务高质量发展的进程,就是不断满足人民对美好生活向往的过程。

近年来,长沙市切实加强和改善民生工作,在教育、医疗、养老等方面做了大量工作。但是,随着人民群众对公共服务多层次、多样化的需求日益增加,优质公共服务供给不足是当前制约长沙高质量发展的重要因素。建设更加便捷、更加宜居、更有温度的"美丽长沙"既是市民对美好生活的愿景,也是城市品质的基石,更是高质量发展的内在要求。随着我省"强省会"战略的深入推进,城市公共服务能力和水平已经成为长沙市吸引人才的重要指标。因此,"强省会"战略一个重要突破口就是要完善城市公共服务体系,提升城市公共服务承载力[①]。只有不断提升长沙市公共服务承载力,在教育、医疗、养老、就业等方面不断提高城市的吸引力,才能吸引人才争相流入。相反,如果忽视城市公共服务承载力建设,如果医疗、教育、就业、社保等相应的公共服务跟不上城市经济社会发展的速度,就不利于城市可持续发展。

从推动"强省会"城市高质量发展的趋势来看,未来省会城市竞争的核心是高层次人才的竞争,而能否吸引人才、能否留住人才、能否

---

① 注释:《长沙市城市更新专项规划(2021—2035)批前公示》明确,要进行重大公共服务设施布局再优化,完善城市公共服务体系,并推进完整居住社区建设。

培养人才，城市公共服务承载力发挥着至关重要的作用。在国家宏观指导下，中国上海、北京、深圳等超一线城市也在积极布局城市基本公共服务"十四五"规划。《上海市基本公共服务"十四五"规划》提出"上海将持续推进基本公共服务均等化、优化公共服务资源配置、推进基本公共服务提质增能"，《北京市"十四五"时期社会公共服务发展规划》从"保基本、扩普惠、提品质、优布局"四个方面构建公共服务体系建设的任务框架，《深圳市服务业发展"十四五"规划》"指出要提升城市功能品质和综合承载力、都市核心区要扩容提质"。面对国内上海、北京、深圳等一线城市走在前列，长沙市也不甘落后。2021年12月长沙市出台了《长沙市"十四五"现代服务业发展规划（2021—2025年）》，确定了"将长沙打造成中部一流、国内领先、国际知名的区域性现代服务业中心城市"的总体目标，对未来长沙市发展高质量服务业做了清晰的规划与指南。

第二节 长沙公共服务承载力的横向比较

习近平总书记在十九大报告中强调："必须多谋民生之利、多解民生之忧，在发展中补齐民生短板、促进社会公平正义，在幼有所育、学有所教、劳有所得、病有所医、老有所养、住有所居、弱有所扶上不断取得新进展"[①]。本节选取2021年GDP总量全国排名前十位的省会城市，从公共教育、公共医疗、社会养老等方面，深入比较分析省会长沙公共服务的现状基础及存在的主要问题。

一 基本公共教育核心指标比较

首先，教育投入还有待加强。对于基本公共教育来讲，教育资源的分配尤其是教育财政投入对教育发展的影响程度较大[②]。就教育财政投入

---

① 习近平：《中国共产党领导是中国特色社会主义最本质的特征》，《求是》2020年第14期。
② 杨奇明、林坚：《教育扩张是否足以实现教育公平——兼论20世纪末高等教育改革对教育公平的影响》，《管理世界》2014年第8期。

而言，长沙市在十个省会城市中仅仅排名第七，属于相对落后位置，低于广州、杭州、成都、南京、武汉和郑州，仅高于济南、合肥和福州三个省会城市（如图10-1所示）。而就教育财政投入占财政支出的比重来看，长沙市的比重为15.39%，低于杭州、福州、广州、南京和济南，仅仅高于成都、郑州、合肥和武汉，处于中间水平。综合教育财政投入金额和教育财政投入占比两项指标，说明长沙市教育财政投入还有进一步上升的空间。

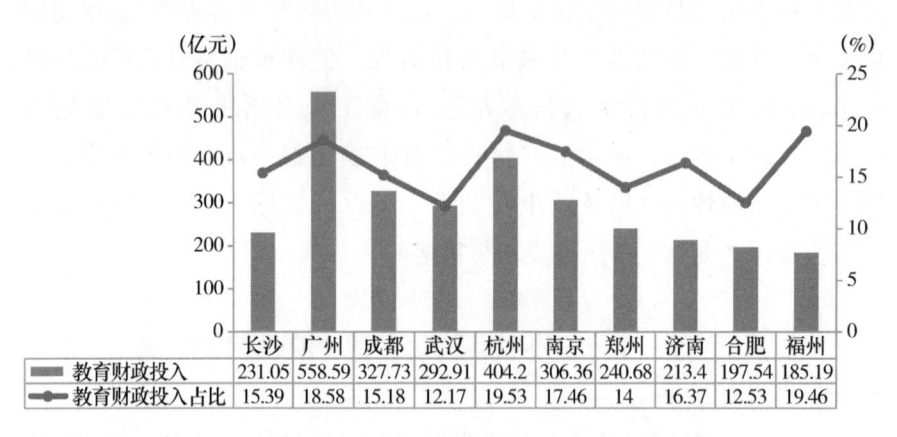

	长沙	广州	成都	武汉	杭州	南京	郑州	济南	合肥	福州
教育财政投入	231.05	558.59	327.73	292.91	404.2	306.36	240.68	213.4	197.54	185.19
教育财政投入占比	15.39	18.58	15.18	12.17	19.53	17.46	14	16.37	12.53	19.46

图 10-1 2021 年 GDP 全国排名前十位省会城市教育财政投入及其占比横向对比[①]

其次，师资力量有待均衡。基础教育阶段的生师比是衡量基本教育公共服务能力的重要指标。处于基础教育阶段的学生本身的自学能力较低，其身心发展最易受外界影响，学校师资力量在这一阶段对学生学习能力等各方面素质的教育起到了相对重要的作用，包括小学教育和中学教育，而衡量教育的一个重要指标是生师比。生师比之值越大，说明师资资源越丰富，越有利于学生的教育与成长。如表10-1所示，长沙市的生师比值是19.81，仅次于郑州和福州，说明小学师资力量较为丰富；而中学生师比为10.66，仅仅高于南京8.53，说明中学生教育师资力量不足，有待于进一步提升生师比，加强师资力量建设。

---

① 资料来源：根据 WIND 数据库各个省会城市统计数据整理而得。

表 10-1　　　2021 年 GDP 全国排名前十位省会城市基础教育指标数据横向对比

省份	基础教育			
	小学在校生人数	小学生生师比	中学生校生人数	中学生生师比
长沙	710213	19.81	441520	10.66
广州	1125100	17.97	543200	12.00
成都	1062195	17.22	664000	11.86
武汉	654500	18.65	363400	10.91
杭州	645302	16.41	373997	10.93
南京	471000	14.59	275500	8.53
郑州	1004000	20.92	663000	13.53
济南	570100	15.32	398400	11.45
合肥	572838	17.56	429617	12.83
福州	628043	20.28	367626	13.22

资料来源：根据 WIND 数据库各个省会城市统计数据整理而得。

再次，高校教育资源较为丰富，但并不占优。高等学校所在的城市不仅是培养高层次人才的地方，更是人才出炉的第一工作集散地。城市高校资源越丰富，就意味着高层次人才产量越高，即该城市就越容易近水楼台先得月，获得更多的人才资源。在各省会人才大战愈演愈烈的今天，省会城市的高等教育资源越发凸显其人才熔炉的重要性[1]。以高等学校数量而言，长沙市仅排第七，而以双一流大学数量而言，长沙市也只是排名第五。

表 10-2　　　2021 年 GDP 全国排名前十位省会城市高等教育重要指标数据对比

省会城市	高等学校数量	双一流大学数量	高等学校人数	毕业生人数
长沙	52	3	697407	177151

---

[1] 杨奇明、林坚：《教育扩张是否足以实现教育公平——兼论20世纪末高等教育改革对教育公平的影响》，《管理世界》2014年第8期。

续表

省会城市	高等学校数量	双一流大学数量	高等学校人数	毕业生人数
广州	82	5	1307100	305248
成都	65	8	1039000	—
武汉	83	7	1067200	269088
杭州	40	2	550608	134221
南京	59	12	918100	328060
郑州	65	1	1160000	296000
济南	52	1	898500	—
合肥	54	3	759670	187651
福州	34	1	363738	85717

资料来源：根据 WIND 数据库各个省会城市统计数据整理而得。

二 基本医疗卫生服务核心指标比较

基本医疗卫生服务核心指标考察的是一个地区一定时期医疗卫生服务在某一方面的绩效[①]。基于数据可得性，我们选择人均基本医疗卫生机构数、人均基本医疗卫生机构床位数和医疗财政投入及其占比等指标进行比较。

第一，从基本医疗卫生资源来看，长沙市人均基本医疗卫生资源数处于十个省会城市的中间水平（见表10-3）。从2021年GDP全国排名前十位省会城市基本医疗服务指标数据横向对比来看，长沙市医疗机构、医院、卫生技术人数等主要指标均低于成都、广州、武汉、济南、郑州、南京等其他省会城市，仅仅高于合肥、福州，说明长沙的医疗机构和医务人员尚不具有竞争力，有待于进一步提升。而从医院病床数、人均病床数量等硬件设施来看，长沙市排名稍微靠前，但是医院病床数也仅仅高于南京、济南、合肥和福州，人均病床数（每万人拥有量）表现较好，仅次于郑州和杭州，高于其他七个省会城市。

[①] 苏红：《公立医院绩效评价方法研究》，《卫生经济研究》2011年第3期。

第十章 强公共服务——提升省会城市服务承载力

表 10-3　　**2021 年 GDP 全国排名前十位省会城市基本医疗服务指标数据横向对比**

省份	医疗机构	医院	卫生技术人数（人）	医院病床数量（张）	人均病床数量（每万人拥有量）	总诊疗人数（万人次）
长沙	4681	241	87987	67213	67	4953.7
广州	5550	289	177835	93067	50	12596.08
成都	11954	630	249639	127905	61	14368.2
武汉	6446	362	115200	81228	65	6450.26
杭州	5982	353	134258	84251	70	15404
南京	3439	271	99557	57455	62	7851.59
郑州	6256	282	160000	91736	73	—
济南	7514	284	102172	58790	64	3397
合肥	3498	212	75800	59271	63	—
福州	2539	139	65608	34495	41	2076.18

资料来源：根据 WIND 数据库各个省会城市统计数据整理而得。

第二，从总诊疗人数（万人次）这一反映医疗服务产出的指标来看，长沙市的总诊疗人数低于杭州、成都、广州、南京、武汉等城市，只略高于济南、福州等城市。由此可以看出，从医疗资源拥有量来看，虽然这些省会城市在医疗机构、医院病床数等硬件指标不存在显著差异，但是在反映医疗服务提供真实水平的总诊疗人数等指标上，长沙、与其他主要省份的省会城市仍然存在较大差距，亟需提升医疗服务供给能力。

第三，从 2021 年 GDP 全国排名前十位省会城市医疗财政投入及其占比等指标横向对比来看，长沙市投入偏低，排名靠后。从医疗财政投入占财政投入比重指标来看，也是排名靠后（如图 10-2）。说明长沙市医疗投入不够，需要进一步加大医疗财政投入。

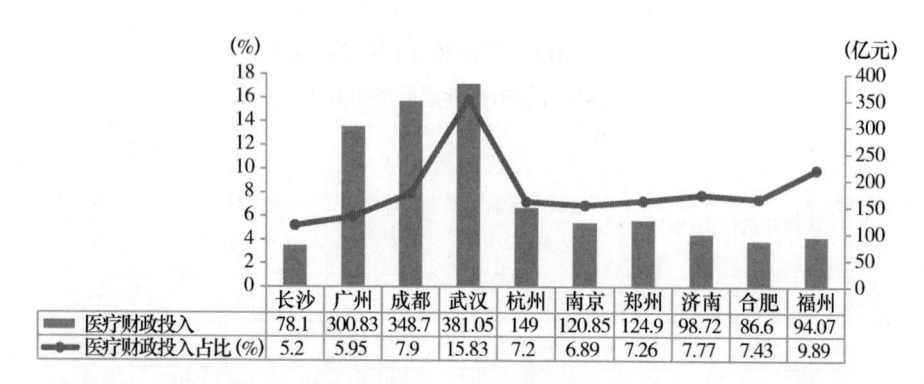

	长沙	广州	成都	武汉	杭州	南京	郑州	济南	合肥	福州
医疗财政投入	78.1	300.83	348.7	381.05	149	120.85	124.9	98.72	86.6	94.07
医疗财政投入占比(%)	5.2	5.95	7.9	15.83	7.2	6.89	7.26	7.77	7.43	9.89

图10-2 2021年GDP全国排名前十位省会城市医疗财政投入及其占比横向对比

资料来源：根据WIND数据库各个省会城市统计数据整理而得。

三 基本社会养老保障核心指标比较

第一，随着人口老龄化加剧，养老机构需求增加。第六次全国人口普查数据显示，中国60岁及以上人口占总人口的13.26%，人口老龄化呈现加速发展的态势，引起了社会的广泛关注。而中国目前养老体系为"9073"（老龄人口90%居家养老、7%社区养老、3%机构养老），以社区居家养老为主体。即便如此，养老机构在养老事业发展中仍然发挥着非常重要的作用。

目前，长沙市共有养老机构192家、城乡居家养老服务中心958家；全市建成3家市级大型福利机构，床位数近5000张。从养老机构数量来看，在10个省会城市中，长沙养老机构数量居于第五位（192个），仅次于成都（546个）、杭州（320个）、南京（295个）和武汉（271个）。排在长沙之后的分别是广州（188个）、济南（163个）、合肥（145个）、福州（139个）和郑州（122个）。

第二，从参保城镇职工基本养老保险人数来看，相比其他九个省会城市，长沙市参保城镇职工基本养老保险人数仅354.84万人，排倒数第四，依次低于成都（887.4万人）、广州（768.99万人）、杭州（704.7万人）、郑州（491.8万人）、武汉（482.3万人）、济南（408.33万人），仅高于南京（325.72万人）、合肥（265.63万人）和福州（220.09万人）。这一方面与不同城市人口规模有关，另一方面，城镇职工基本养老保险作为中国城市居民覆盖最为广泛的养老保险，是基本养老保险的第

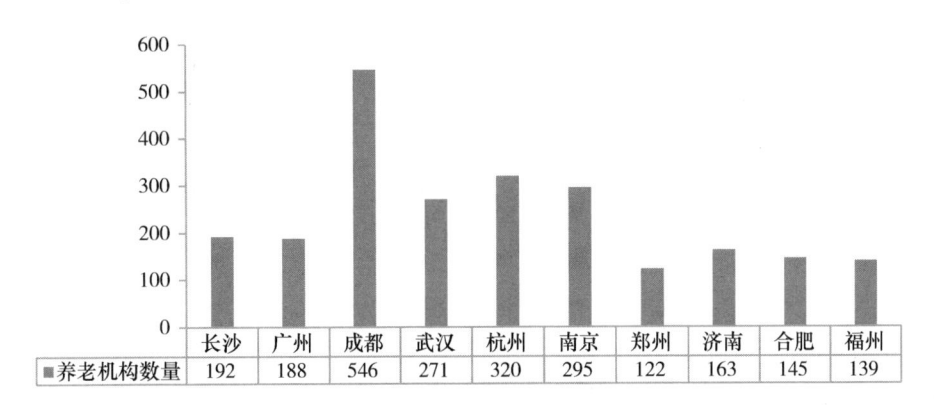

第十章 强公共服务——提升省会城市服务承载力

	长沙	广州	成都	武汉	杭州	南京	郑州	济南	合肥	福州
养老机构数量	192	188	546	271	320	295	122	163	145	139

图 10-3　2021 年十大省会城市养老机构数量

资料来源：根据 WIND 数据库各个省会城市统计数据整理而得。

一支柱。2022 年中国城镇职工基本养老保险实现十七连涨，充分体现了国家对城镇职工基本养老保险的重点支持和保障。如果能实现积极参保、应保尽保，将有助于 60 岁以上老年人获得国家基本养老保险。

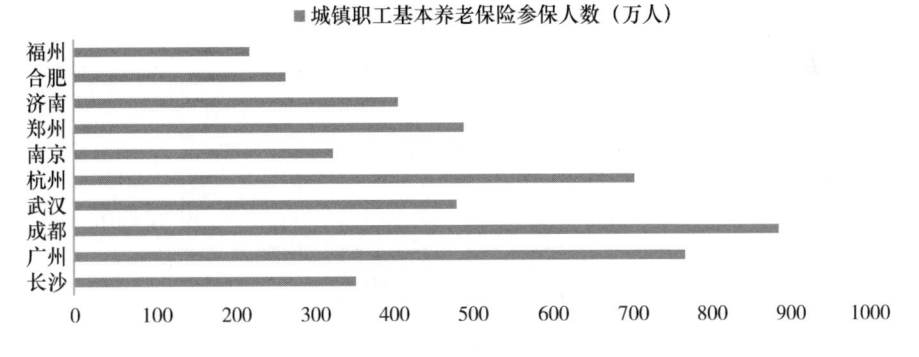

图 10-4　2021 年十大省会城市城镇职工基本养老保险参保人数对比

资料来源：根据 WIND 数据库各个省会城市统计数据整理而得。

第三，从城乡居民基础养老金标准来看，长沙市城乡居民基础养老金标准为 198 元/人/月，仅次于南京（440 元/人/月）、杭州（240 元/人/月）和广州（221 元/人/月），略高于福州（160 元/人/月）、武汉（144 元/人/月）、合肥（127 元/人/月）、郑州（120 元/人/月）、济南（118 元/人/月）和成都（105 元/人/月）。

第四，从最低居民生活保障标准来看，长沙市居民最低生活保障标准为 600 元/人/月，这个标准处于十个省会城市中靠后水平。当然，这其中受多种因素的影响，比如在长沙住房价格和租房价格低于其他省会城市的背景下，长沙市的生活成本一定程度上也低于其他省会城市。不过，随着经济水平的提升，提升城市居民最低生活保障水平是未来发展的趋势。因此，未来长沙市有必要进一步提升最低居民生活保障标准。

表 10-4　　2021 年 GDP 全国排名前十位省会城市
基本养老指标数据横向对比

省会城市	城乡居民基础养老金标准（元/人/月）	居民最低生活保障标准（元/人/月）	低保人数（万人）
长沙	198	600	12.25
广州	221	1010	4.61
成都	105	630	10.4
武汉	144	635	11.69
杭州	240	1041	10.25
南京	440	900	9.67
郑州	120	—	5.4
济南	118	685	2.56
合肥	127	639	—
福州	160	—	5.07

资料来源：根据 WIND 数据库各个省会城市统计数据整理而得。

第三节　提升长沙公共服务承载力的对策举措

"为政之道，以顺民心为本，以厚民生为本"[①]。增进民生福祉是促进公共服务发展的根本目的。当前，人民群众日益增长的美好生活需要和不平衡不充分的发展之间的矛盾对公共服务提出了新的更高的要求。政

---

① "为政之要，以顺民心为本，以厚民生为本"，这是习近平总书记多次引用过的名言。原文为宋代程颐《代吕晦叔应诏疏》中的 "为政之道，以顺民心为本，以厚民生为本，以安而不扰为本"。

府必须以推动公共服务高质量发展为目标,多措并举提升城市公共服务承载力,妥善解决广大人民群众对基本公共服务的迫切需要,为他们提供机会均等、质量均衡的教育、培训、医疗、就业、社保等公共服务[①],让人民群众有更多获得感、幸福感、安全感。

一　打造优质、公平的基本公共教育体系

基本公共教育服务是指在教育领域提供的基础性公共服务,具有公共性、普惠性、基础性、发展性四个主要特征,是主要由政府提供,与全体人民群众最关心、最直接、最现实的切身利益密切相关的公共教育服务,是实现人的终身发展的基本前提和基础。

第一,加大对教育领域的财政投入,促进教育资源配置均衡。增加义务教育投入,保障好义务教育教师工资待遇,促进教育公平,让学生们都能接受更好的教育,一直以来都是民之所望、民心所系。就目前长沙市而言,也存在教育资源配置不均衡和投入不公平的状况。长沙市地区间教育资源投入的差异仍然较大,优质教育资源向岳麓区、芙蓉区、开福区等城区集中,造成周边区县教育资源分布不均衡,地区间教育过程不公平的问题较为突出。因此,应当通过顶层设计和资源统筹,对周边教育基础薄弱的地区加以扶持。首先,应当对长沙市教育资源投入的情况进行全面评估,在科学设定各个教育指标的基础上建立科学合理的教育评估体系,动态监测教育资源投入严重不足的地区;其次,针对那些教育资源投入不足的教育机构尤其是郊区偏远地区在经济上加以扶持,保证各个地区教育资源投入逐步走向均衡;再次,高度重视基础教育尤其是义务教育的财政资源投入,不断加大对小学和初中阶段义务教育的财政投入力度,着力优化优质小学和中学布局,不断提高教育质量,构建覆盖城乡、布局合理、优质高效、均衡发展的义务教育公共服务体系。

第二,建立健全教师流动制度,推进中小学教师资源的优化配置,促进区域内校际师资的均衡发展。一是整合长沙市城乡优质教师资源,探讨建立规范的教师流动标准和长效机制。科学评估长沙市中小学义务教育阶段的优质教师需求,针对各个学区对中小学教师实际教育需求作

---

① 潘抒捷:《莫忽视公共服务承载力》,《福建日报》2016年4月22日。

出科学评估和预测，在此基础上统筹优质师资配置。二是探索对流动教师科学合理的考核机制，建立将教师流动与教学水平、师德师风测评等因素相挂钩。借鉴国际经验，建立起一套科学合理的积分评价与考核系统，积极参与流动的教师可以赚取积分，积分多少则与教师的职业前景以及退休待遇挂钩，这一激励制度可以有效提高教师的积极性。三是要弱化教师对学校的依附关系，健全"教师轮岗制"[1]。其一，将流动教师纳入全市系统中，把学校的地位弱化成职业平台，让流动教师能在长沙市各个区县中小学、幼儿园之间实行教师轮换交流制度；其二，要更加重视教师的个人利益，借鉴北京市"教师轮岗制"的做法，以不改变流出教师行政隶属关系和工资待遇为前提，充分保障好教师流出的学校和流动教师的合法权益。长沙市可以先选择条件较好的中小学进行"教师轮岗制"试点，不断总结经验，然后逐步推开整个长沙市中小学。其三，完善与轮岗相配套的制度。比如教师的交通成本增加、上班时间花在路上很多，使得老师在教学上疲于应付，如果采取增加交通补贴等的做法，将更有利于保障"教师轮岗制"的落地实施。

第三，取消义务教育阶段学校级别划分，促进基础教育公平。习近平总书记指出，"务必把义务教育搞好，确保贫困家庭的孩子也能受到良好的教育，不要让孩子们输在起跑线上。"[2] 城乡教育发展不均衡导致的不公平是对中国经济社会发展影响最大最深的不公平。因此义务教育更加强调公平，甚至是均等的受教育机会和教育资源。要采取有效措施，逐步缩小城乡之间、学校之间、群体之间受优质教育机会和教育资源的不平衡。从长沙市"就近入学政策"的分析中可以发现，长沙市"重点学校"附近的居民区住房房价要比普通学校更高，学生进入"重点学校"意味着他可以享受更多的优质教育资源。在"就近入学政策"下，家庭经济状况较好的家庭可通过购买相对高价的学区房的方式让孩子进入重点学校，从而获取更多的优质教育资源。这种将教育资源分配方式与家

---

[1] 所谓"教师轮岗"，顾名思义就是教师要流动起来，不能在一所学校一个岗位上干到老，在指定区域内每6年进行一个教师轮岗，让普通学校也有机会享受更优质的教育资源，让教育变得更加公平。

[2] 习近平：《历史性的跨越，新奋斗的起点——习近平总书记关于打赢脱贫攻坚战重要论述综述》，《人民日报》2021年2月24日。

庭经济状况相挂钩的现象，将导致教育不平等的问题。因此，建议长沙市取消义务教育阶段的学校等级划分，优化中小学优质教育资源配置，促进义务教育均衡发展，使不同地区、不同学校、不同家庭的孩子都能够享受到更加公平的基础教育，这也符合义务教育制度的初衷。

二 提升基本公共卫生服务水平

提升长沙市基本医疗服务水平，加快优质医疗资源扩容和区域均衡布局，保障基本公共卫生服务的质量，可以采取以下三方面的具体实施措施：

第一，加强居民保健和疾病预防工作。在一个成熟的医疗体系中，无论是从成本控制还是从患者病痛的角度来考虑，病前预防都优于病后诊疗。首先，要实现医疗模式由诊疗向预防转变，特别是在职业病和慢性病方面，能够大幅提高居民的整体健康水平。这既需要长沙市公共卫生服务相关部门的通力合作，也需要环保、社区和医疗保健等相关部门的共同努力。其次，从医疗市场供给者的角度考虑，应提供健康教育、健康咨询等服务，特别是通过家庭医生或社区医生的方式，使公民能够更及时地在患病之前接触到医疗服务。再次，社区医生需要一批优秀的全科医生队伍，通过对患者的初步接触，判断病人最有可能患有的疾病，排除可能最危险的疾病，解决病人当前的疾病并预防病人可能罹患的其他疾病。

第二，建立居民健康档案，充分发挥健康档案作用，实现城乡居民基本医疗信息共享。一方面，根据长沙市各地区的实际情况，积极推动各个区县地方负责，免费为社区、乡村的常住人口建立统一、规范的居民电子健康档案。居民健康档案应当记录城乡居民全生命周期的健康状况以及预防、医疗、康复等重要信息，帮助居民随时掌握自身健康状况及其动态变化，既有利于居民个人加强疾病预防与诊疗，也有利于医务人员了解居民健康状况，为科学诊治疾病提供有力参考。另一方面，除了建立健全居民健康档案之外，还应加强区域全民健康信息平台建设，尤其是积极推进各级各类医疗机构接入居民健康信息平台，充分发挥互联网和大数据在诊疗中的作用。通过推进长沙市统一的居民健康信息平台建设，实现个人就医、购药、体检等数据和医疗信息共享，从而提高医疗服务整体的效率和质量，并且推动优质的医疗资源能够在基层社区和乡村实现更广泛的应用。

第三，加快长沙市高素质、专业化的高级医疗卫生人才队伍建设。人才队伍是医疗卫生领域的核心竞争力体现，提升医疗人才队伍质量是医疗卫生事业高质量发展的根本保障。首先，在发展理念上高度重视医疗人才队伍建设。引导医务人员弘扬和践行"敬佑生命、救死扶伤、甘于奉献、大爱无疆"的崇高职业情怀[①]，提高医疗医护人员的专业水平和敬业精神。其次，要加强医学人才培养和引进，不断优化医务人才结构。一方面，要充分发挥长沙市高校优势，加大中南大学湘雅医学院、湖南师范大学医学院、湖南中医药大学、长沙医学院等医疗高等院系的人才培养，将长沙打造为高学历、高素质、高技术的高层次人才培养重镇，不断输出各类医疗高层次人才；另一方面，要积极吸引国内外医疗高层次人才来湘就业创业，招聘紧缺专业医学博士、博士后担任学科带头人和相应行政职务，承担国家、省部级医学重点课题。再次，实行分级诊疗制度，促进优质医疗资源在长沙市市区和城郊纵向流动，加快优质医疗资源扩容和区域均衡布局，减少人民群众跨区域异地就医。进一步完善分级诊疗服务体系与配套的政策，推进专科联盟和远程医疗协作网的建设，推动构建"基层首诊、双向转诊、急慢分治、上下联动"的分级诊疗格局。

三 健全基本养老保障制度

建立完善的养老保障体系的目的，在于通过养老制度建设让居民免除老年后顾之忧，以确保老年人生活质量。在健全长沙市基本养老保险制度的过程中，要坚持公平、正义、共享的核心价值理念。长沙市现行养老保险体系包括三个层次：第一层次包括机关事业单位基本养老保险、城镇企业职工基本养老保险、城乡居民基本养老保险；第二层次主要包括机关事业单位的职业年金、城镇企业职工的企业年金；第三层次为个人自愿参加的商业型养老保险。针对当前养老保障体系存在的短板，需

---

① "敬佑生命、救死扶伤、甘于奉献、大爱无疆"是习近平总书记在2016年8月召开的全国卫生与健康大会上，用以概括广大卫生与健康工作者精神的词条。

要对长沙市养老保险体系进一步健全。

首先,针对第一层次中的城乡居民基本养老保险制度保障不足,需要引导城乡居保参保群体去选择更高缴费档次,以缩小城乡居民基本养老保险与城镇职工基本养老保险的养老金待遇差距。城乡居民基本养老保险参保群体选择的缴费档次越高,退休后领取的养老金也会越高,有利于提升养老金的替代率水平,进而提升养老保障水平。但现实中由于受限于收入水平等因素的影响,更多的人会选择最低的缴费档次,不利于发挥其养老保障功能。在这种情况下,政府要通过财政补贴、政策引导等机制,建立健全多缴多得、长缴多得的长效机制,鼓励参保人选择更高的缴费档次,充实城乡居民基本养老保险个人账户基金积累,以缩小城乡居民基本养老保险和城镇职工基本养老保险之间的待遇差距。

其次,针对第二层次的企业年金制度与职业年金待遇差距问题,需要鼓励发展第二支柱企业年金,以缩小城镇企业职工与机关事业单位员工的待遇差距。如前所述,中国的养老保障体系由三支柱构成,其中的机关事业单位的第二支柱职业年金是全覆盖的,而企业职工的第二支柱企业年金覆盖率较低,导致城镇职工与事业单位养老金双轨制并轨后二者待遇差依然较大。在这种情况下,一方面,要大力发展企业年金,鼓励商业保险机构设计开发不同类型的企业年金产品,在产品供给上做好文章;另一方面,要通过税收优惠、政策激励等措施,进一步加大对企业年金制度建设支持力度,提升企业对年金产品的需求能力,进而提高企业年金覆盖率,最终缩小城镇职工基本养老保险和机关事业单位养老保险的待遇差距,促进二者之间的公平。

再次,大力发展个人养老金,实现养老保险补充功能。2022年4月8日,国务院办公厅发布《关于推动个人养老金发展的意见》(以下简称《意见》)。《意见》指出,个人养老金制度的实施可有效适应中国社会主要矛盾的变化,有利于在基本养老保险和企业年金、职业年金基础上再增加一份积累。特别地,对于长沙市占就业人口相当一部分的自由职业者而言,有利于对这部分群体将来的老年生活进行保障。因此,在养老负担的重心从国家逐渐转移至个人的背景下,大力发展个人养老金势在必行。要促进和规范发展第三支柱养老保险,积极推动个人养老金发展,促进社会保障事业高质量发展、可持续发展。

第十一章

强城市文化——提升省会城市发展软实力

2019年2月1日,在北京看望慰问基层干部群众时,习近平总书记指出,"一个城市的历史遗迹、文化古迹、人文底蕴,是城市生命的一部分。文化底蕴毁掉了,城市建设得再新再好,也是缺乏生命力的。"文化是一座城市发展的基因与血脉,是城市核心竞争力的重要组成部分。在全球步入城市时代的世界背景之下,注重省会城市文化资源的开发与保护,增强城市文化厚度,繁荣城市文化,提升特色城市软实力,不仅是新时代强省会建设的重要抓手,更是省会城市的主流发展趋势与重点战略目标。

第一节 强省会需要增强城市文化软实力

文化软实力对于"强省会"来说,不仅是重要的生产力,更是核心的竞争力,软实力同样可以提供硬支撑。文化历史资源是塑造省会城市灵魂的核心要素,是彰显城市魅力的重要支撑。作为省会城市,能否提供更加优质的公共文化服务、更加丰富的社会文化生活,是城市品质的重要标志,也是能否凝聚人心、聚集人气的重要因素。文化创意产业作为朝阳产业,则通过与省会城市中的其他产业融合发展,催生大量的新业态、新模式,形成"文化+"的强大引擎作用,赋能"强省会"战略。

一 文化创意产业是助推省会城市经济发展的新引擎

文化赋能城市,首先体现在经济发展方面。在一个社会系统内,文化与经济不是相互对抗的存在,而是交融互生的。正是这种文化与经济的融合,催生了文化创意产业。作为文化生产、传播、传承和弘扬的重要平台,文化创意产业以其巨大的文化附加值及其对相关产业的带动作用,成为推动城市经济发展的重要力量。

(一) 文化创意产业能够培育城市新的经济增长点

百年变局与世纪疫情相互叠加,世界进入新的动荡变革期,中国产业发展也面临着科技竞争与资源环境约束的双重压力,经济转型升级迫在眉睫。创意、创新与创造成为当前和未来相当长时期内推动产业升级的核心要素。文化创意产业通过将新的创意注入传统文化之中不断实现创造性转化与创新性发展,在城市经济转型中发挥着愈加重要的作用。熊彼特在《经济发展理论》中从不同方面证实了文化创意对于第四波经济的巨大作用和文化创意产业的优势所在。文化创意要素在关联产业之间的流动,能够带动相关产业的发展,刺激新技术的应用与管理组织效率的提高。

文化创意产业所具备的高渗透性,能够快速地实现与其他产业的融合发展。如通过专业性的创意可以将文化元素注入到其他产品的生产之中,能够丰富原有产业的内容与形式;而通过产业特性的交互糅合与技术标准的相互对接,又可以拓宽和延展文化创意产业的边界,融合形成新的业态,诸如与信息产业融合形成数字出版等,以此提高产业经济的附加值。此外,文化创意产业本身的增长还能够带动周边产业发展,对于旅游业来说效果尤其显著。甚至可以说,文旅已然不分家。据相关统计,在英国,艺术文化的贡献高达旅游总收入的25%,而文化产品总销售额也占产品和服务的四分之一[①]。

可见,文化创意产业的塑造性极强,能够随着社会技术的不断进步而促进资源与要素从低生产率行业向高生产率行业转移,进而形成促进产业经济快速发展的新驱动力,助力城市产业结构转型升级。当前,文化创意产业对城市经济增长的价值作用逐渐被愈来愈多的国家认可并重视。

---

① 王琳:《简析文化产业与城市发展的互动关系》,《天津社会科学》2005年第5期。

(二) 文化创意产业能够提升城市投资环境吸引力

随着社会经济的不断发展,文化逐步形成文化事业和文化产业的分野。其中文化事业与地域行政空间体系较为密切,而文化产业所引起的空间集聚则展现出新的特点。由于文化创意属于知识密集型产业,能够吸引表演、艺术、影视、设计等高素质、高学历文化人才的聚集,并带动广播电视、新闻出版、动漫、广告、娱乐休闲等关联行业的发展,推动形成产业空间集聚区,创造具有开放性、包容性与多样性的文化发展环境。而在这种文化发展环境催生的正向反馈机制的作用下,又能够吸引更多的创意人才与企业集聚,并带动促进社会公众参与区域文化创新,进一步激发区域创新活力。因此,在文化产业集聚过程中,文化相关企业通过生产与消费而形成的项目导向能够加速城市人口、资金、信息与货物的流动速度,大大地提升城市的文化功能,产生声誉效应,降低文化投入成本,改善城市文化投资环境,重塑城市外在形象,吸引越来越多的投资者加盟城市经济建设。纵观那些在国际上有影响力的大城市,如巴黎、伦敦、巴塞罗那等,无一例外都是文化创意产业最发达与集中的地方,并以独具特色的文化创意产业而闻名遐迩。此外,对于城市内部而言,不同类型的文化创意产业布局在城市的不同区域,使城市内部形成了不同的文化氛围与文化特色。例如,伦敦的西区就因为聚集了世界上多数的文化机构、文化企业总部而独具影响力,从而使这一地域的地产价值不断攀升,金融、商业服务与广告活动地位超然。可见文化创意产业与其集聚城市之间有着密切的共生关系,不仅能够塑造城市整体形象、增加城市文化含量、提升城市文化品位,还有助于促进城市流量经济发展,实现城市经济增值。

(三) 文化创意产业能够驱动城市文化消费需求升级

习近平总书记在 2018 年全国宣传思想工作会议上强调,"要推动文化产业高质量发展,健全现代文化产业体系和市场体系,推动各类文化市场主体发展壮大,培育新型文化业态和文化消费模式,以高质量文化供给增强人们的文化获得感、幸福感。"当代城市经济的发展,正在经历从产品经济、服务经济向以"符号"的生产、交换与消费为基础的"符号经济"转变的过程之中,而对于符号的定义,大致可以分为两种,"一种拥有以认知为主的内容,是后工业或信息物品;一种拥有以审美为主

第十一章　强城市文化——提升省会城市发展软实力

的内容，叫作后现代物品。后者的发展不仅表现在拥有实在的审美成分的客体（例如流行音乐、电影、休闲、杂志、录像）的激增，而且表现在物质客体内部所体现的符号价值即形象成分的增加。"① 消费者通过产品的符号消费实现将使用价值转换为文化情感价值，不断提升对于文化的获得感与幸福感。正如法国社会学家鲍德里亚所指出的那样，在消费社会，消费者不仅消费物品，而且消费"符号"。这种对符号的消费构建了一种新的消费秩序，即文化创意产品的生产、传播与消费。随着文化创意产业与科技的融合发展，文化创意产品供给愈加多元化，文化创意产业能够直接提供精神文化产品，亦能够与其他产品结合提升其文化内涵。这就使得当今的城市消费者对于"符号"产品从最初的标准化、功能性逐渐向个性化、体验性转变，使人们的消费需求不断升级。这种消费需求升级不仅能够促使文化消费能力实现低端向高端的螺旋式上升，而且有助于扩大内需提振城市经济发展活力。同时，由于消费结构与产业结构的双向互动关系，文化消费结构的升级反过来又能够促进文化创意产业自身结构的转型升级，甚至带动整个社会产业结构、经济结构的优化和战略性调整。

二　省会是文化保护传承与文化交流的重镇

习近平总书记曾指出，"城市文化是城市的根基，是城市的气质，是城市的灵魂"②。城市尤其是省会城市，在长期的发展过程中，经过积累、沉淀与创新，形成了独具特色的文化内涵。美国城市社会学家芒福德认为，"城市文化归根到底是人类文化的高级体现"。作为人类聚居的主要场所，城市不仅是人们生活的空间维度与地域概念，更是思想与精神的寄托之地，彰显了人类文明的创造过程。帕克认为，"城市是一种心理状态，是各种礼俗和传统构成的整体，是这些礼俗中所包含，并随传统而流传的那些统一思想和感情所构成的整体。"③ 可见，城市不仅是各种高

---

① ［英］斯科特·拉什、约翰·厄里：《符号经济与空间经济》，王之光等译，商务印书馆2006年版，第6页。
② 习近平：《干在实处走在前列——推进浙江新发展的思考与实践》，中共中央出版社2006年版，第508页。
③ ［美］R. E. 帕克等：《城市社会学》，宋俊岭等译，华夏出版社1987年版，第1—2页。

楼建筑的集结地，更是人类文化集聚的产物，是文化传承与保护的重镇，既积淀历史文明又承载现代文明。在当前全国各省都力推"强省会"战略背景下，加之城市建设、交通等基础设施差距日渐缩小，区域竞争相对优势越来越趋同，而文化软实力却因为有赖于长期的历史沉淀和积累而出现的显著差异，往往成为决定一个省会城市强不强的关键。

（一）文化传承与交流能够破解"千城一面"的城市发展困境

城市文化遗产是城市在发展过程中留下来的凝结着城市发展历史、能够展现城市性格的宝贵财富，是城市历经岁月沧桑而收获的时代印记。城市文化遗产不可再生、不能复制、独一无二。中国大部分省会城市在发展中都集聚了具有区域性的文化特质与文化标志，拥有丰富的文化遗产。如湖南省会长沙便是楚文明和湖湘文化的发源地，是中国历史上唯一历经三千年历史城市名字不变的城市。但在全球步入城市时代的世界背景下，由于对城市文化功能的认识不足以及城市经济功能的无节制扩张，使得在城市化进程中部分城市的文化遗产遭到不同程度的破坏，城市文化特色逐渐消失，城市文化功能逐步退化。甚至可以发现，改革开放以来，中国城市化踏上快车道之后，中国城市政策演化与国家战略体系重构亦发生了重大变化，重点强调以 GDP 增长作为衡量"大都市"的主要指标，文化指征难以受重视，城市特色不明显、趋同化严重，"千城一面"。所幸，随着经济的愈加发展，人们亦逐渐有条件与精力来重新审视城市文化的价值，审视文化传承、交流与城市发展之间的关系。而国际上以伦敦、巴塞罗那、中国香港等为代表的文化城市的崛起也迅速引发了全球城市对于文化战略的高度关注，并使越来越多的城市开始加入建设"文化城市"的行列中。"文化城市"是一种不同于"政治城市""经济城市"的发展道路。文化城市更加注重通过运用城市文化资源与文化资本来服务经济发展，重视文化资源的传承与保护，倡导以文化产业与服务经济为主要生产方式。文化城市的本质是建立在不同自然环境、历史空间文脉、传统生活方式、文化审美心态等之上的城市特色，是每一个健康的城市都应有的独特形象、性格、精神与气质。事实上，文化城市理念是符合当今世界城市化进程的内在逻辑，也是传承世界文明的历史必然，有助于缓解城市文化功能的退化，"治愈"所谓的"城市文化病"①，破解"千城一面"的城市发展困境。

(二) 城市文化建设能够满足人民对美好生活的追求

文化作为最深沉、最持久的柔韧之力，是国家或民族实现可持续发展的隐性密钥。城市的最高本质在于"提供有价值、有意义的生活"，文化是最高价值，亦是最终价值，城市尤其是省会城市的文化功能高于城市其他实用功能的根源便在于此。若城市的文化功能被城市的经济功能绑架，那么城市发展就不再服从于"城市让生活更美好"的最高本质，就不能体现人民至上的根本原则，满足人民群众的需求。党的十九大报告中指出，随着中国特色社会主义进入新时代，中国社会的主要矛盾已经转化为人民日益增长的美好生活需要和不平衡不充分的发展之间的矛盾。可见，随着物质生活水平的提高，人们逐渐注重对美好生活的追求。那么与之相适宜，城市发展除了要满足人们对于物质的要求，重视社会环境和生态环境建设，更应该关注精神文化建设，完善公共文化设施诸如文化馆、图书馆与博物馆等，重视人文关怀，营造良好的文化氛围，提升城市人民的生活质量与幸福指数。正如习近平总书记所指出的那样，要满足人民过上美好生活的新期待，必须提供丰富的精神食粮。文化活动是否丰富多彩，不仅可以影响城市人的行为与交往方式，还能在潜移默化中促进区域文化认同。此外，城市的客观本质是"容器"，在这里不仅要使人们生活得安全、富裕、健康，还要使人们感到愉快、自由与有意义。钢筋混凝土构建的物质文明能够满足基本生活需要，但若是缺乏文化，导致城市文脉消失，那么机械而单调的城市生活则容易使人们对城市发展产生怀疑、不满甚至厌恶。近年来，舆论上的"大城市伪幸福"和现实中的对乡村生活的向往与"逃离北上广"正是城市文化病的外在表现。因此，城市是否能够提供更加优质的公共文化服务，提升文化功能，使人民群众拥有更加丰富的社会文化生活，不仅彰显了城市的品质与品位，也是城市能否凝聚人心的重要因素。毕竟，只有文化强的城市，才是拥有生机和活力的城市，也才能实现省会强。

---

① 刘士林：《城市中国之道》，上海交通大学出版社 2020 年版，第 169 页。

第二节　长沙城市文化建设的比较分析

按照2021年省会城市GDP排名，本文选取排名前十位的省会城市：广州、成都、杭州、武汉、南京、长沙、郑州、济南、合肥、福州等作为比较对象。在综合分析城市文化竞争力理论与评价体系的基础上，根据数据的可得性与可信度，将从文化资源、文化生产与文化消费三方面指标进行城市文化建设比较分析。

一　文化资源比较

主要从公共型文化资源与文化资源存量等两个维度来进行比较分析。

（一）长沙公共型文化资源建设方面差距较大，基础薄弱

公共型文化资源是城市文化发展与产业运作的基础性资源，本文主要选取公共图书馆、文化馆、博物馆等三个方面的数量进行相关数据分析（见表11-1）。

表11-1　　　　2021年各省会城市文化资源数据比较

城市	公共型文化资源		
	公共图书馆数量（个）	文化馆数量（个）	博物馆数量（个）
广州	14	12	74
成都	22	10	160
杭州	15	15	80
武汉	16	13	90
南京	15	14	72
长沙	12	10	21
郑州	17	14	44
济南	13	13	42
合肥	9	11	40
福州	14	12	42

资料来源：各省会城市统计局与年鉴数据。

从公共型文化资源的总量来看，上述三项指标长沙的排名分别为第9

位、并列第 9 位、第 10 位。公共图书馆，长沙拥有 12 个，文化馆拥有 10 个，博物馆拥有 21 个。可知，长沙的公共图书馆、文化馆以及博物馆等公共型文化资源建设在上述省会城市中排名是较为靠后的，与成都、杭州、武汉等城市相比还有一定差距。公共型文化资源的高度集聚有助于在城市中营造良好的文化氛围，激发市民的艺术兴趣，增强市民的艺术欣赏能力与艺术素养，进而提升市民的幸福感以及对于城市的文化归属感。为此，长沙还需进一步加大公共型文化资源的投入，以进一步提升市民的幸福感，增加城市文化凝聚力。

（二）城市文化资源保有量方面虽具特色，但优势不突出

城市文化资源保有量主要分析各大城市的 A 级景区情况。如图 11-1 所示。

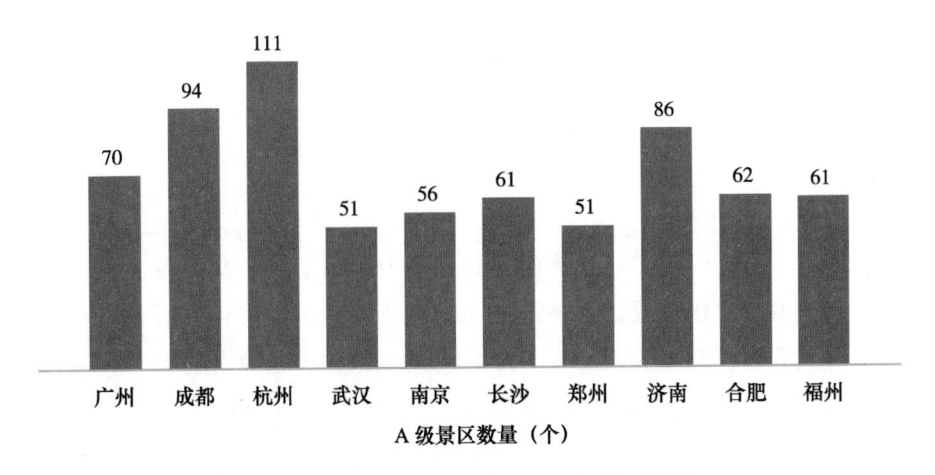

图 11-1 2021 年各省会城市 A 级景区数量

资料来源：各省会城市统计局与年鉴数据。

长沙的 A 级景区在上述城市中排名第 6。这表明，相较于其他省会城市，长沙虽然不是最突出的，但仍然拥有着得天独厚的旅游资源，沉淀着历史与乡愁的人文风情，其中以马王堆汉墓、唐长沙铜官窑、岳麓书院在国际已颇具影响力。此外，2021 年长沙旅游业总收入达 1926.44 亿元，具体如图 11-2 所示。

(亿元)

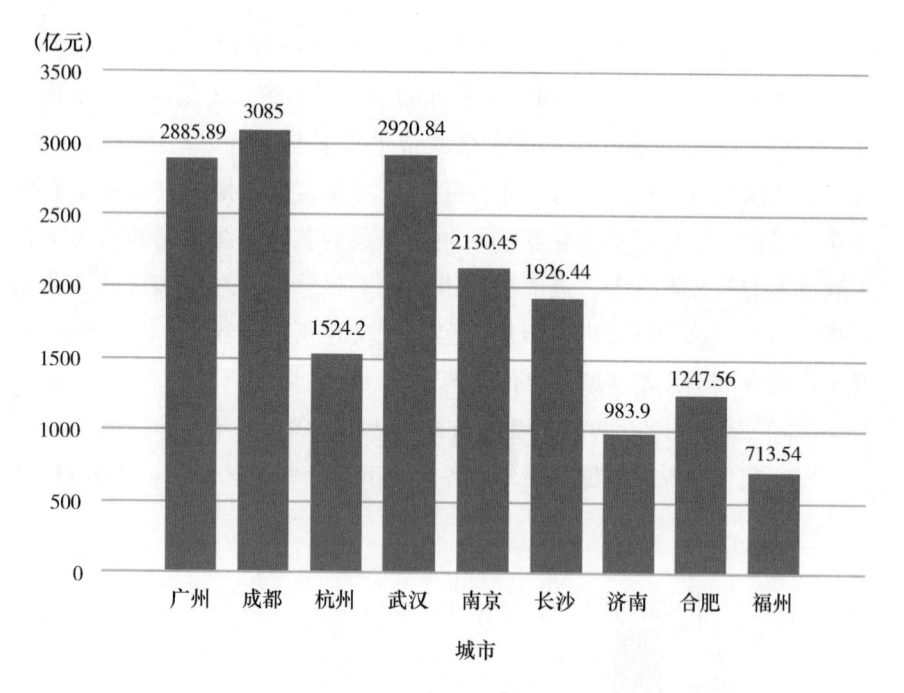

图 11-2 2021年各省会城市旅游业总收入

广州 2885.89；成都 3085；杭州 1524.2；武汉 2920.84；南京 2130.45；长沙 1926.44；济南 983.9；合肥 1247.56；福州 713.54

资料来源：各省会城市统计局。

由图11-2可知，长沙旅游业总收入位列前茅。在众多省会城市之中，长沙城市文化资源虽不是最多的，但总体而言城市仍具有较好吸引力。究其原因，既离不开长沙"媒体艺术之都""东亚文化之都"两大国际性品牌的带动与引领作用，也离不开长沙正在推行的"文化+旅游"之全领域、全方位、全要素与全链条的深度融合，为长沙文旅产业发展打下了牢固的基础。

二 文化生产比较

文化生产力是城市文化竞争力的重要组成部分，是一个城市通过发展文化产业、开发文化资源以及提供文化产品与服务的能力。文化生产力不仅能够彰显一个城市在文化与经济等交叉领域的产业化运作能力，还有助于传播城市的文化价值，提高城市的文化影响力。选取文化产业增加值、文化产业增加值占GDP比重、规模以上文化及相关产业企业实现营收绝对额、规模以上文化及相关产业企业实现营收同比比率等指标，以比较各省会城市的文化生产能力。

(一) 长沙文化产业整体来看优势明显，竞争力较强

2020年长沙市文化及相关产业增加值为1092.83亿元，占GDP的比重约为9%，位居第四。但从体量上来说，长沙的文化产业与杭州、成都、广州等文化产业发展头部城市仍有一定差距，其文化及相关产业增加值分别为：2285亿元、1805.96亿元、1700亿元，占GDP的比重为14.19%、10.19%、6.79%。甚至，长沙文化及相关产业增加值只有杭州的一半左右，而文化及相关产业增加值占GDP的比重，长沙亦低于杭州约5个百分点。这表明，杭州的文化产业发展水平已经很高，不仅整体规模强大，对城市经济的贡献率也很客观，是城市的重要支柱产业。长沙文化产业高质量发展应该向杭州看齐。但与此同时，在GDP排名前十的省会城市中，长沙的文化产业发展水平仍旧位居中等以上。纵向来看，长沙市文化产业呈现出蓬勃发展的态势（见表11-3），文化及相关产业增加值逐年递增。这也表明长沙的文化产业实力不俗，文化产业亦是长沙的支柱型产业之一。长沙不仅拥有"广电湘军""出版湘军""演艺湘军"等传统文化产业，还有被誉为"北有中关村，南有马栏山"且获评国家文化和科技融合示范基地、国家级文化产业示范园区的马栏山视频文创产业园，吸引了一批以互联网、数字科技为代表的产业在园区聚集，以"文化+科技"为核心，推进5G多场景应用创新，大力发展数字出版、数字视听、电子竞技等以数字内容为核心的数字文化产业，"闯"出了一片崭新天地。为此，在"强省会"战略中，要进一步发挥优势，持续擦亮文化产业这一亮丽品牌，力争实现到2026年全市文化产业增加值逾1200亿元的发展目标。

表11-2　　　　2020年各省会城市文化生产能力比较

城市	文化及相关产业增加值（亿元）	文化及相关产业增加值占GDP比重（%）
广州	1700	6.79%
成都	1805.96	10.19%
杭州	2285	14.19%
武汉	811.98*	5.20%
南京	930	6.28%
长沙	1092.83	9.00%

续表

城市	文化及相关产业增加值（亿元）	文化及相关产业增加值占 GDP 比重（%）
郑州	420*	3.8%
济南	281.24*	2.77%
合肥	513.58*	5.48%
福州	84.26*	0.84%

资料来源：各省会城市统计局，其中标*城市数据为 2019 年数据。

表 11－3　长沙市文化及相关产业增加值及占 GDP 比重

年份	文化及相关产业增加值（亿元）	文化及相关产业增加值占 GDP 比重（%）
2018 年	624.65	6.00%
2019 年	674.27	5.84%
2020 年	1092.83	9.00%

资料来源：长沙市统计局。

（二）规模以上文化企业发展虽具实力，但排位偏后

长沙 2021 年规模以上文化企业实现营收 1525.09 亿元，同比增长 6.40%，位居第五，具体如图 11－3 所示。

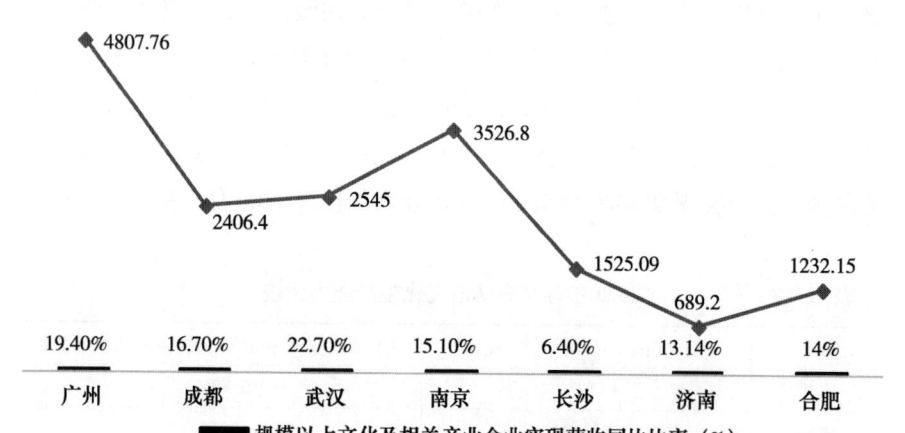

图 11－3　2021 年各省会城市规模以上文化及相关产业企业实现营收绝额及同比比率比较

资料来源：各省会城市统计局，其余三个城市数据缺失。

总量上，长沙在规模以上文化企业营收绝对额只有广州4807.76亿元的三分之一左右，南京3526.8亿元的一半左右，差距较明显。然而，相对济南689.2亿元规模以上文化企业营收绝对额的来说，长沙优势又非常突出。究其原因主要在于，长沙文化产业紧抓"互联网+"发展机遇，发展新业态，使得文化核心领域竞争力不断增强。

三 文化消费比较

一般来说，影响城市居民文化消费能力的因素主要包括两个方面，即消费能力与消费理念。消费能力的大小取决于居民的收入水平，体现了城市的经济发展状况。消费理念主要受文化观念、生活习惯以及城市文化产品与服务的提供能力等因素影响。选取城乡居民家庭人均消费支出中的教育文化娱乐支出、城乡居民家庭人均消费支出中的教育文化娱乐支出占比、城镇居民家庭平均每人全年消费性支出、城镇居民家庭平均每人全年文教娱乐用品及服务支出、城镇居民家庭平均每人全年文教娱乐用品及服务支出占全年消费性支出的比率等指标来比较各省会城市的文化消费能力，如表11-4所示。

表11-4 2020年各省会城市文化消费能力比较

城市	城乡居民家庭人均消费支出中的教育文化娱乐支出（元）	城乡居民家庭人均消费支出中的教育文化娱乐支出占比（%）	城镇居民家庭平均每人全年消费性支出（元）	城镇居民家庭平均每人全年文教娱乐用品及服务支出（元）	城镇居民家庭平均每人全年文教娱乐用品及服务支出占全年消费性支出的比率（%）
广州	4317.99	10.44	44283.44	4716.19	10.65
成都	2528.01	9.62	28736.03	2819	9.81
杭州	3242	8.84	41916	3704	8.84
武汉	2441.92	9.64	31115	3053	9.81
南京	5311.048	16.17	35854	5725	15.97
长沙	6322.19	18.05	39133	7179.77	18.35
郑州	2131.505	9.01	25450	2377.02	9.34
济南	2903	10.48	34390.75	3651	10.62
合肥	2843.02	11.76	21961.14	3113.63	14.18

续表

城市	城乡居民家庭人均消费支出中的教育文化娱乐支出（元）	城乡居民家庭人均消费支出中的教育文化娱乐支出占比（%）	城镇居民家庭平均每人全年消费性支出（元）	城镇居民家庭平均每人全年文教娱乐用品及服务支出（元）	城镇居民家庭平均每人全年文教娱乐用品及服务支出占全年消费性支出的比率（%）
福州	2296.63	8.42	32019	2582	8.06

资料来源：Wind 地区数据库。

长沙文化消费能力强，使得文化消费"长沙模式"逐渐形成。2020年，长沙城乡居民家庭人均消费支出中的教育文化娱乐支出6322.19元，城乡居民家庭人均消费支出中的教育文化娱乐支出占比为18.05%，城镇居民家庭平均每人全年文教娱乐用品及服务支出7179.77元，城镇居民家庭平均每人全年文教娱乐用品及服务支出占全年消费性支出的比率为18.35%，这些指标值均超越了其他省会城市，位居榜首。其中，城乡居民家庭人均消费支出中的教育文化娱乐支出比南京高出千元有余，城镇居民家庭平均每人全年文教娱乐用品及服务支出比广州高出两千多元，遥遥领先。

一直以来，长沙极为注重发展消费经济，为更好引导和促进长沙城乡居民文化消费，市政府于2017年就已出台《长沙市文化消费试点工作实施方案》，明确市级层面每年投入5000万元以上用于促进文化消费，其中政府出面购买公共文化服务3000万元，并积极打造"悦读、悦艺、悦享、悦游、悦动、悦荟"等系列文化品牌活动。此外，长沙居民敢于文化消费的底气，更离不开充满人间烟火气的繁华的"夜经济"烘托。目前，长沙共有4处国家级夜间文化和旅游消费集聚区。长沙获评第一批国家级夜间文化和旅游消费集聚区的"五一商圈"文化底蕴浓厚，其中的太平历史文化街区不仅是长沙历史文化名城的重要组成部分，亦是展示湖湘文化魅力的重要窗口。据统计，其日均流量可达50万人次。而解放西路、文和友、茶颜悦色也已经成为"网红打卡点"，并作为现象级IP展现出长沙青春活力、创意无限、灵气闪耀的城市魅力，吸引着五湖四海的外地朋友。

四 长沙市文化发展存在的主要问题及其原因

长沙市要繁荣城市文化，还需进一步解决文化产业、公共文化服务、文化辐射力与影响力等方面存在的短板与问题。

（一）文化产业结构有待优化

从前面十个省会城市的公共型文化生产比较，可以看出，长沙的文化产业基础较好，文化产业增加值及占GDP比重均较为靠前，但文化产业结构仍有待优化、重点行业效益不突出，文化企业偏少，后劲明显不足。

主要原因有：一是传统业态仍旧占据市场主体。长沙市文化产业构成中，以印刷、出版、烟花爆竹等为主的传统文化业态占行业构成的三至之一。据统计，2021年长沙市"百强文化"企业中，传统文化产业企业就有53家，但营业收入却只有251.4亿元，占全市"百强文化企业"营业收入的27.7%，营业利润率为8%，低于全市"百强文化企业"营业利润率平均水平1.5个百分点，低于"百强文化企业"中新业态文化企业营业利润率平均水平1.8个百分点。① 二是文化核心领域发展缓慢。诸如新闻信息服务、内容创作生产、创意设计服务等发展不够充分、比重偏低、增速不快，制约了长沙文化及相关产业高质量发展。三是重点行业效益发挥不突出。近年来，文化产业核心行业企业资产负债率和营业利润率有所改善，但部分行业盈利能力仍需进一步提高。据长沙市统计数据，2021年，长沙市文化产业中的文化用品零售、文化用品批发、广告服务、工艺美术及礼仪用品制造等行业资产负债率超过六成，分别为64.4%、61.6%、89.5%和66.7%，其中广告服务业资产负债率高于全市规模以上服务业企业平均水平31.2个百分点，工艺美术及礼仪用品制造业资产负债率高于全市规模以上工业企业平均水平17.3个百分点。而在营业利润率方面，14个行业营业利润率不足10%，5个行业营业利润率不足3%。其中互联网信息服务、文化娱乐活动与经纪代理服务、广告服务和建筑设计服务4个行业营业利润率均低于全市规模以上服务业

---

① 参见《长沙"百强文化企业"发展情况分析》，http：//www.changsha.gov.cn/szf/ztzl/sjfb/tjfx/202202/t20220223_10479979.html，最后访问日期：2022年9月4日。

企业平均水平。①

（二）城市公共文化建设较为滞后

从前面十个省会城市的公共型文化资源比较，可以看出，长沙的城市公共文化建设滞后。

主要原因有：一是公共文化服务体制机制不够健全。当前，长沙虽然出台了发展繁荣城市文化的政策，推进公共文化服务体系建设与管理，但还没有形成长效化、系统化的财政投入、人员培训与运行保障机制，所以在一定程度上制约了城市公共文化服务的发展。二是公共文化资金投入渠道单一。长沙城市公共文化事业发展资金主要为财政预算与专项资金，社会力量直接投资或捐助设备设施，以及政府与社会资本合作较少。三是基层文化阵地作用发挥不充分。城乡公共文化服务重建设、轻服务的现象还较为突出，文化阵地尤其是乡镇级综合文化站、文化书屋等由于运营不到位、设施不齐全等原因使用率较低、功能发挥不充分，甚至存在"建而不用""挪作他用"等现象。

（三）文化辐射力与影响力仍需提高

近年来，长沙蝉联"网红城市"前十。但在国际舞台上，长沙的号召力仍有待加强，长沙的国际名片需要进一步传播，"朋友圈"需要进一步扩展。

主要原因有：一方面，国际知名媒体艺术企业与品牌较少。长沙虽然拥有"媒体艺术之都"等称号，近年来亦通过媒体艺术的力量，汇集全球资源，打造湖湘文化高地，吸引了3000多家互联网企业落户长沙，促进数字技术与传统产业的融合，发展视频文创产业，但仍然缺少拥有具有国际标识的媒体艺术企业和品牌。另一方面，长沙文化资源的深度挖掘不足。如太平街潮宗街虽然很热闹，是网红打卡地，但其中以历史文化遗产为内涵的创意产品、新兴消费太少，街区文化活动体验性、互动性较差，历史场景的沉浸式体验不足，在本土文化元素凸显方面，长沙远不如西安、北京等城市。

---

① 《长沙"百强文化企业"发展情况分析》，http：//www.changsha.gov.cn/szf/ztzl/sjfb/tjfx/202202/t20220223_10479979.html，最后访问日期：2022年9月4日。

第十一章　强城市文化——提升省会城市发展软实力

第三节　提升长沙城市文化软实力的对策举措

通过对上述省会城市文化竞争力指标的对比分析可知，湖南推进"强省会"战略，文化是灵魂，文化产业是驱动力。只有文化产业与文化事业实现双轮驱动、同时发力，才能切实提高长沙城市文化竞争力。但酒香还怕巷子深，长沙文化的魅力与城市形象输出还需借助现代化媒体传播技术，提高城市形象知名度与美誉度，增强城市文化辐射力和影响力。

一　推动文化创意产业做优做强做大，做强高质量发展新引擎

推动文化创意产业持续做优做强做大，还需充分发挥政府、市场与企业主体等多方面作用，进一步激活长沙文化创造活力，建立一整套与之相适应的现代文化创意产业体系与市场体系，以突破要素制约、市场局限、创新困境。

（一）加强政府统筹，完善符合新时代特征的文化经济政策

充分发挥政府的职能作用，促进长沙各区县制定促进文化创意产业高质量发展的规划建议，梳理现有相关产业政策，助力长沙打造公平有序、建管有力的文化市场环境，营造相关产业政策能够落地见效，文化创新氛围良好的发展环境。一方面推动建立健全文化创意产业市场体系。高度重视市场在文化资源配置中的作用，放宽文化创意产业市场准入机制，通过体制改革降低国有与民营资本的准入门槛，丰富文化创意产业投资主体。同时，强化对文化创意产业的财税扶持。在深入分析长沙文化创意产业不同产品生产的具体情况后，制定与之相适宜的扶持标准。其中，针对小微文化企业的普惠性减税政策，要确保不折不扣地落实到位，切实减轻企业负担，为后疫情时代的文化企业发展创造优良的营商环境，激发市场主体投资长沙文化创意产业的积极性。搭建公共信息服务平台，使政府统筹协调更有效率，加强对文化企业在技术创新、项目建设与招商引资等方面的指导，不断提升精准化、专业化服务水平。另一方面，要持续优化"双创"环境。鼓励文创企业创新发展，打造崇尚创新、宽容失败的文化生态环境，使长沙逐步成为创新氛围浓厚、创新

体系完善的"创意性社会结构"。鼓励广大社会青年、高校学子树立正确的创业观,依托国家创新工程等项目鼓励青年人才进入文化创意产业领域开展创新创业。同时,加强法治建设,健全知识产权保护制度,为文化创造性发展提供健全的法制保障,进一步营造长沙发展文化创意产业的优良环境。

(二)优化产业结构,促进传统产业优化升级加速新兴业态培育壮大

首先,要促进传统文化业态的改造提升,进一步拓展长沙文化创意产业的发展潜力。顺应"内容为王"的时代要求,着力推动长沙文化制造、出版、电视、动漫等传统产业的转型升级,大力发展网络视频产业、重构游戏动漫产业等,进一步擦亮出版湘军、广电湘军、动漫湘军、演艺湘军等文化品牌。其次,应不断培育新兴业态,提升长沙文创科技支撑能力。顺应产业数字化和数字产业化发展趋势,鼓励有条件的头部企业,如湖南广电、出版集团等聚焦数字技术、5G、人工智能等新兴技术领域,借助科技激发新的产业活力,推动文化创意产业朝着科技化、虚拟化等方向不断发展,培育新的文化业态,如发展线上演艺展播、网络视听娱乐、场景沉浸式体验等。通过促进传统文化资源的数字化转化,探索数字文化创意产业赋能实体经济的发展新思路,使优秀传统文化资源"活起来"。最后,要扩大优质文化产品供给,唤醒长沙"文化内需"。提高长沙文化产品与服务质量,推动传统文化创造性转化与创新性发展,不断满足人民群众的精神文化需求。要降低文化产品与服务的无效供给,打击虚假繁荣,规范电影票房、网络文学阅读量等问题,避免市场无序竞争,去除"数字泡沫"。同时,鼓励和支持文化企业加强原创内容和产品开发,提高创意水平与内涵品质,推出更多适应后疫情时代的文化产品与服务,持续促进文化消费。

(三)激发市场创新活力,驱动文化创意产业与其他产业融合发展

要激发市场创新活动,应进一步发挥文化创意产业的强融合性与无边界性,促进文化创意产业与装备制造业、农业,尤其是旅游业等相关产业的深度融合。一方面,着力推动长沙文旅名城建设。要借力世界媒体艺术之都与东亚文化之都等国际性品牌影响力,用厚重的文化底蕴、富集的旅游资源着力推进城市国家文化和旅游消费示范城市建设,并积极创建国家文化创意产业和旅游产业融合发展示范区,着力打造世界文

旅名城，切实发挥长沙在文旅发展方面的龙头引领与辐射带动作用。另一方面，构筑多层次、高品质的长沙"夜经济"发展模式。夜经济作为一种新型的文旅业态，是拉动文化消费的新引擎。要充分挖掘夜经济文化内涵，创新夜经济展现形式，通过创意点亮、数字引领、文化塑造，构筑个性化、高品质与多层次的长沙夜经济产品体系，使长沙文旅引得来、留得住，不断提升长沙文旅产业韧性。同时，推动长沙更多景区入选国家级夜间文化和旅游消费集聚区，深入挖掘湖湘文化特色，抓住游客夜游需求特征，赋予夜游产品更多的文化内涵，来突出地方特色，提升湖湘文旅品牌影响力，构筑城市夜游空间新格局，促进长沙夜经济高质量发展。

二 完善城市公共文化服务体系，增强市民幸福感和归属感

2013年，长沙成为全国首批公共文化服务体系示范区。自此以来，长沙多措并举，不断加大城市公共文化服务投入，夯实文化基础设施，文化建设取得了一定成效，但并不突出。为此，在"强省会"战略中，要高度重视城市公共文化建设，大力发展城市文化事业。

（一）完善城市公共文化服务，强化长沙城市文化保障能力

"城，所以盛民也"。大力发展公益性的文化事业，满足城市居民对于文化发展的需求是保障人民对于美好生活向往的基本任务，也是增强城市凝聚力，提升市民幸福感与归属感的必然之举。长沙完善城市公共文化服务要坚持政府主导的原则，依照公益性、均等性、基本性与便利性等要求，完善公共文化服务基础设施与公共文化服务网络。同时，还需与时俱进改进城市公共服务指标体系与绩效考核办法，将城市重点文化项目与文化服务、公益性文化活动内容纳入城市公共财政的经常性支出预算。而对于公共型文化基础设施建设，在完善长沙城区建设的同时，要着力化解周边农村公共文化服务中设施匮乏、文化场馆较少、公共文化投入不足等难题，实现打通农村公共文化服务的"最后一公里"，确保公共文化服务的普惠性与公益性，助力文化乡村振兴。要统筹兼顾、协调发展，坚持因地制宜建设农村公共文化服务，从当地历史文化传统、已有文化基础设施如祠堂、古宅、戏台等出发，积极灵活地推动农村公共文化服务体系建设，不能盲目拆建、求新求洋。此外，还需注重提高公共文化设施的使用率与服务质量。如可以通过对图书馆、博物馆以及

农家书屋等公共文化场馆设施设备的提档升级，辅以现代化管理水平提高文化服务效能；也可以通过创新与延伸分支机构，使公共文化服务体系连网成片，提高便捷性与高效性，不断增强基层公共文化服务网络的服务功能；甚至还可以在文化场馆举办各类教育、文化、艺术等方面展会与宣讲等文化交流活动，最大程度地提高文化场馆的使用率与服务能力。

（二）保护传承城市文化遗产，丰富长沙城市文化历史内涵

首先，倡导形成政府主导社会参与的多元城市文化保护观念。长沙城市文化遗产多元，涉及范围广、层次多，工程之复杂是单个文物保护所不能比拟的，只有倾尽全力才能有所见效。在保护传承长沙文化遗产的过程中，长沙市政府可以借鉴欧美等发达国家文化遗产保护的有关经验，在主导大方向的同时，应该拓宽思路，倡导社会参与，以主动的姿态、开放的意识，调动全体社会民众的积极性，充分发挥国有文化企业、文化协会、民间社团、非遗传承人的积极作用，全力参与到长沙市城市文化遗产的规划、管理、评估、保护与传承之中。其次，构建适宜的城市文化遗产保护与传承机制。强文化与文化遗产保护空凭一腔热情是远不够的，良好的城市文化遗产保护与传承机制能够保障城市文化遗产的保护、管理与传承。长沙的文化遗产既不能在过度"保护"中任由其在岁月侵蚀下销毁，亦不能过度开发与消费使其失去真实性和完整性。要制定合适长沙城市文化遗产特点的更加广泛、切实有效的综合协调管理机制与体制，由明确的职能部门来担负这项工作，破除多头并管、条块分割、行政界限等传统约束，避免文化建设过程中的"好心办坏事"，出现短视、庸俗与不当的文化遗产开发行为，造成对城市文化遗产的不可逆破坏。

三 借力新媒体技术做好文化传播，增强文化辐射力和影响力

城市形象是一种"公众意象"，城市形象的塑造是一项持久的工程。随着全媒体的快速发展，传播好湖湘文化的长沙故事、绽放长沙魅力、构建长沙城市形象，需要转变传统媒体时代的单向传播思维，构建"大外宣"的格局。

（一）树立正确的城市文化形象传播观，深度挖掘城市文化资源

城市文化形象是人们对于一座城市客观状态的主观反映，是媒介传播活动"拟态"塑造现实的结果。构建完整丰富立体的媒体形象是一项

系统性的工程。宏观上，需要政府通过做好遵循传播规律的、长期的城市形象传播规划，不盲目追逐短期的关注度，把握好城市形象塑造的大方向、调配好主导资源、管控好关键节点，并建立起完善的城市形象危机公关应对机制。微观上，要注重对相关舆情、舆论等信息的监管与引导，制造一定的话题度，确保城市形象传播朝着积极、正面的方向发展。同时，还需深度挖掘和展示城市最具影响、最吸引人的文化内涵，充分发挥其文化龙头作用，如太平街的贾谊故居，潮宗街的时务学堂与文化书社，都正街的詹王庙等。要讲好伟人故事，充分发挥长沙历史伟人，如袁隆平、毛泽东等对城市形象构建与扩大影响力的积极作用；讲好讲活贾谊、金九、李立等历史故事，为城市老街巷注入文化的灵魂。

（二）构建全媒体传播矩阵，引导城市形象构建向纵深发展

提升城市形象传播力，关键在于拥有足够的曝光率。长沙在城市文化形象传播中应抓住城市特色，构建多层次、全方位、立体化的全媒体传播矩阵，以获得综合性的传播效应。要善用主流媒体的传播作用，对于重大活动与实践，按照统一部署、分时发布的原则，优先官媒、主流媒体发布对于长沙城市的客观、全面新闻报告，以占据舆论场中制高点，吸引更多受众的注意力。要探索形成多元融合的媒体传播形态，综合优先主流媒体发声的同时，还需协调网络媒体、自媒体、微博、短视频等新媒体平台和以微纪录片、VLOG等为代表的微影像新媒介以定向传播的方式精准补充传统媒体单向传播的不足，实现新闻事件纪实性、当下性与社交化、碎片化的有机融合。

（三）转变传播叙事方式，强化城市文化认同

随着传播技术的不断发展，人们对于信息的接受方式愈加多元化。传统媒体时代简单追求城市景观与风俗的感官印象与精英式话语的宏大全能型叙事方式已然不能够满足受众的需求，传递人文气息的入心表达、具有生活美学的情景描绘、客观真实的质朴话语等微观叙事方式更具感染力，容易获得受众追捧。毕竟，通过以"普通人"视角切入，选取恰当的符号来诠释城市生命与气质，不仅能够拉近与受众间的距离，增强代入感，在情感上促进城市客观之"象"与受众主观之"意"的融合，还能够最大限度地扩大传播者的范围，在一定程度上实现"人人都是历史的记录者"，使传播效果得以最大化。

第十二章

强城市治理——提升省会
城市发展保障力

随着城市化进程的加快和城市规模不断扩大,"大城市病"等一系列问题也随之而来。城市的发展,"三分靠建、七分靠治"。强化城市治理,提升城市治理能力现代化水平,有助于进一步完善长沙市经济发展、科技创新、城市治理、生态建设、民生共享等现代化体系,加快实现将长沙建成具有国际影响力现代化城市的战略目标。

第一节 强城市治理是省会城市
现代化的应有之义

"治理"概念源自古典拉丁文或古希腊语,原意是控制、引导和操纵,它隐含着在特定空间范围内行使权威,即对特定容量范围内一切硬件及软件的整治、规范、引导,意蕴经济、政治、文化、社会、生态等在特定空间的可持续发展[1]。第七次全国人口普查结果显示,2020年长沙市常住人口总数突破1000万人,其中城区常住人口达555万人,正式进入特大城市行列。大城市发展有三个特有的生态系统:市场系统、社会系统与环境系统,三大系统失调则"城市病"随之而来。[2] 大城市治理本质上就是促进市场系统、社会系统与环境系统三大系统协同有序运行。

---

[1] 张诗雨:《发达国家城市治理的标准与模式——国外城市治理经验研究之一》,《中国发展观察》2015年第2期。
[2] 袁政:《城市治理理论及其在中国的实践》,《学术研究》2007年第7期。

第十二章 强城市治理——提升省会城市发展保障力

下面从市场逻辑、社会逻辑、生态逻辑三个维度,分析"强省会"要强城市治理的内在逻辑。

一 强化市场治理能激发省会城市经济活力

改革开放以来特别是党的十八大后,中国城市治理体系和治理能力现代化水平在不断提高。但同时也要看到,城市治理能力与高质量发展的要求还不适应,严重制约城市发展和竞争力提升。当前,大城市治理依然面临政府与市场边界不清、不该干预的干预过多、该监管的监管缺位、该协调的协调不足等问题,在完善城市经济治理的过程中,迫切要求权力的规范运行,减少政府对资源配置、价格形成、市场准入与退出、投资经营等微观行为的直接干预;该承担的职能,如消费者保护、维护公平竞争与市场秩序、事中事后监管,政府必须承担,同时建立并完善与高质量发展和现代化治理体系相适应的治理方式,完善决策、执行、考核、监督,优化政府服务流程,进一步激发市场主体活力和创造力。总之,权力的规范运行,明确权利边界,缩减管理权限,降低管理成本。同时,让市场在城市资源配置中起决定性作用,将竞争机制引入城市治理活动,充分发挥市场主体的能动作用,进而让省会城市经济社会发展迸发无限的生机与活力。

二 强化社会治理能促进省会城市和谐稳定

党的十八大以来,中国从理念思路、体制机制、方法手段等不同维度入手解决城市社会治理问题,有效破解旧有难题、不断取得重大进展,社会大局总体稳定、人民群众安居乐业。[①] 与此同时,我们也清醒地认识到,中国在城市社会治理领域还存在政府职能转变不到位、治理职能界限模糊、治理主体过于单一、社会组织参与度有待提高、监督制度效能低下、问责制度执行不力、社会自治制度不健全、信息共享制度不完善等问题,[②] 严重制约着城市的健康与可持续发展。为了有效回应这些新挑

[①] 光明日报评论员:《坚持和完善共建共治共享的社会治理制度》,《光明日报》2019年11月9日。

[②] 黄晓春:《新时代我国社会治理水平的提升路径》,《中国社会科学报》2022年9月1日。

战，不断解决社会的各种新矛盾，党的十九大报告在加强和创新社会治理领域，提出要建立共建共治共享的社会治理新格局。中国在社会治理现代化的实践中形成了在多维价值取向间寻求均衡的核心理念、在多元利益协调中始终秉持以人民为中心的理念、在复杂社会整合中强调共同体思维[①]。通过这些方式实现各治理主体之间互联互补、协同合作，培育发展社会共同体的意识，激发社会参与活力，建立以社会问题导向的自上而下和自下而上的治理路径，为城市经济发展、社会发展与和谐稳定奠定了重要基础。

三 强化生态环境治理是实现省会城市可持续发展的必然要求

党的十八大以来，生态环境保护发生历史性、转折性、全局性变化，环境治理成效之好、公众参与范围之广、对全球生态贡献之大前所未有。[②] 随着城市化进程的不断加速，人们在享受城市化带来的便利且丰富的物质生活条件的同时，也面对着日益严峻的环境危机及其产生的诸多负面影响。雾霾频发、固体废物和噪声污染、城市"高温化"等问题愈发严重。就目前城市环境治理成效来看，虽然大部分城市环境指标已有所好转，但总体而言城市环境治理效率仍不容乐观，且已经影响到城市的可持续发展[③]。鉴于此，近些年，随着中央和地方对城市环境的治理力度不断加大，更使其成为热点问题之一，彰显出城市环境治理的紧迫性和现实性问题。因此，通过对加大对城市生态系统的治理，划定城市生态红线，建立严格的生态保护制度，是确保大城市高质量可持续发展的应有之义。

第二节 长沙城市治理水平的横向比较分析

本节从城市宜居性、城市宜业性、城市安全性三个维度，对 2021 年 GDP 全国排名前十的省会城市治理水平进行横向比较分析，全面分析长沙城市治理水平的基本现状。

[①] 王琪珏：《新时代我国社会治理问题研究》，硕士论文，东北电力大学，2020 年。
[②] 黄润秋：《近 10 年我国环境治理成效显著》，经济参考网，2022 年 6 月 16 日，http://www.jjckb.cn/2022-06/16/c_1310624721.htm。
[③] 汤睿：《中国城市环境治理效率研究》，博士论文，东北财经大学，2019 年。

第十二章　强城市治理——提升省会城市发展保障力

一　长沙城市治理水平的总体情况

（一）城市宜居性的横向比较

城市宜居指数反映出城市宜居性的优劣，主要反映城市适宜于人类居住和生活的舒适程度。就宜居指数构成而言，共包括生态环境、交通系统、基础教育、社会保障和就业、公共文化体育五大维度。

1. 生态环境指标比较

选取了城市空气质量达到极好于二级的天数、污水排放情况、城市固体废物产生和排放情况①，具体情况见图12-1、图12-2、图12-3和表12-1。2020年，长沙空气质量达到极好于二级的天数仅为309天，在10个省会城市的空气质量达到极好于二级的天数偏低，居于6位；长沙污水化学需氧量（COD）排放量为71685吨，排放量高居第4位；长沙氨氮排放量为10001吨，高居第2位，仅优于成都市；长沙一般工业固体废物综合利用率居于第10位，利用率为80.4%，与排名第一的杭州相差20.4个百分点；长沙一般工业固体废物处置率居于第2位，为14.2%。

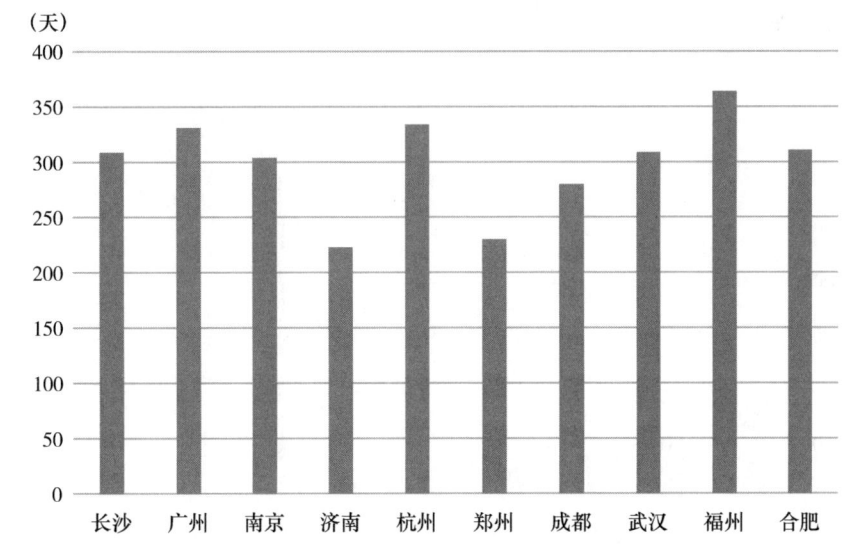

图12-1　2020年GDP全国排名前十位省会城市空气质量达到极好于二级的天数

资料来源：中国统计年鉴2021。

---

① 一般工业固体废物产生量、一般工业固体废物综合利用率、一般工业固体废物处置率。

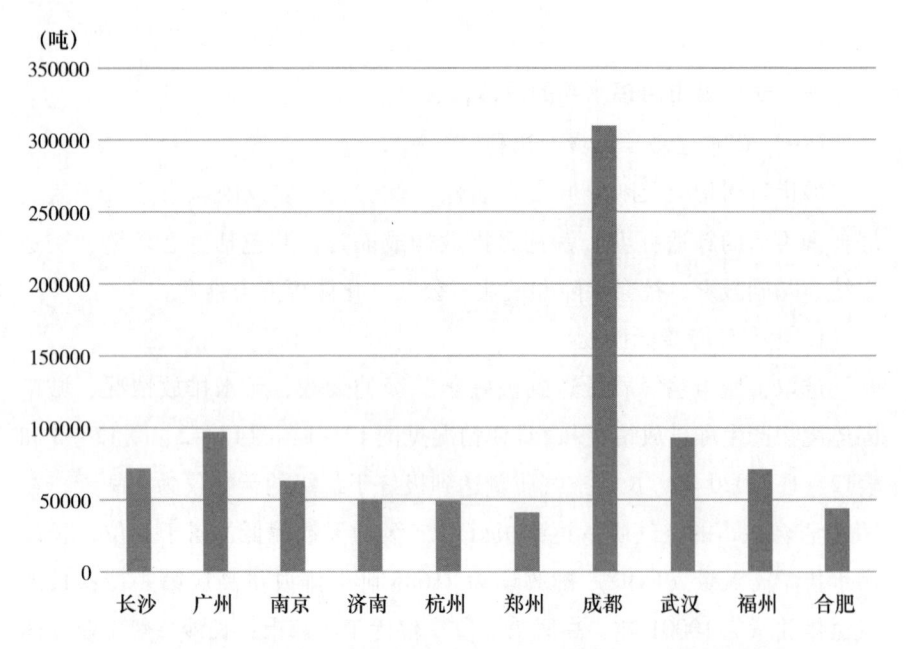

图 12-2　2020 年 GDP 全国排名前十位省会城市 COD 排放情况

资料来源：中国环境统计年鉴 2021。

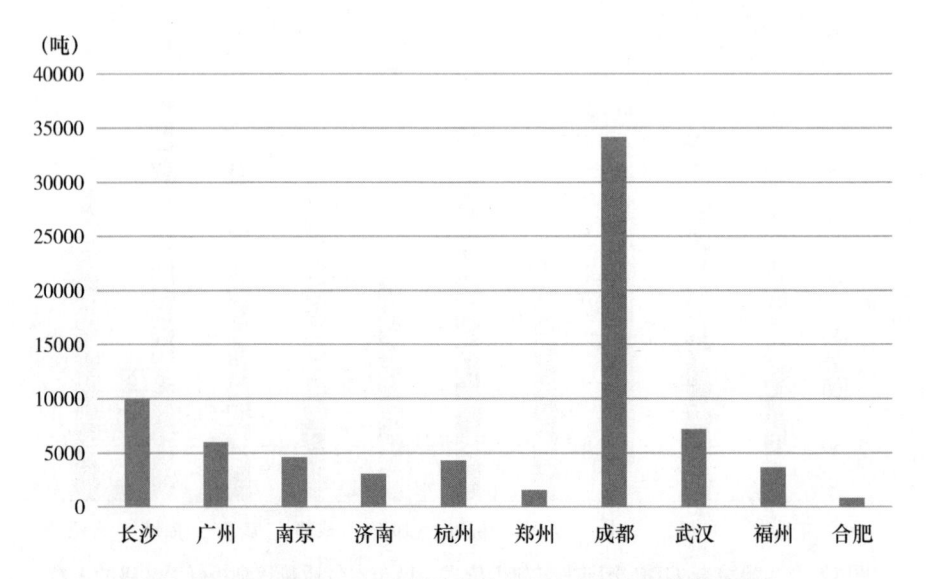

图 12-3　2020 年 GDP 全国排名前十位省会城市氨氮排放情况

资料来源：中国环境统计年鉴 2021。

表 12-1　　2020 年 GDP 全国排名前十位省会
城市固体废物产生和排放情况

城市	一般工业固体废物产生量（万吨）	一般工业固体废物综合利用率（%）	一般工业固体废物处置率（%）
长沙	141.9	80.4	14.2
广州	566.9	96.9	3.0
南京	1888.0	93.7	3.6
济南	2263.4	95.8	5.1
杭州	546.6	100.8	0.7
郑州	1295.4	81.9	14.8
成都	204.0	91.4	8.5
武汉	1274.9	96.6	2.4
福州	839.5	87.3	12.3
合肥	1120.5	82.3	0.8

资料来源：中国环境统计年鉴 2021。

2. 交通系统指标比较

选取了交通健康指数、路网高峰行程延时指数和高峰平均速度三项指标进行比较。"交通健康指数"表示城市交通健康水平与最优目标的接近百分比，指数越高说明距理想值越近；"城市路网高峰行程延时指数指标"表示实际旅行时间与自由流（畅通）状态下旅行时间的比值，值越大出行延时越高；"高峰平均速度"表示城市范围内车辆行驶的平均速度。引用了高德地图、清华大学等研究机构联合发布的《2021 年度中国主要城市交通分析报告》的评价结果，以上 3 项指标 2021 年排名情况见表 12-2。

表 12-2　　2021 年度 GDP 全国排名前十位省会城市交通运行情况

城市	交通健康指数（%）	交通健康指数同比变化率（%）	路网高峰行程延时指数	路网高峰行程延时指数同比变化率（%）	高峰平均速度（公里/小时）
长沙	56.65	-5.10	1.805	4.94%	23.91

续表

城市	交通健康指数（%）	交通健康指数同比变化率（%）	路网高峰行程延时指数	路网高峰行程延时指数同比变化率（%）	高峰平均速度（公里/小时）
广州	53.39	-0.82	1.737	0.94	24.92
南京	16.20	5.23	1.705	-3.61	27.04
济南	56.17	-3.76	1.868	2.73	25.56
杭州	63.08	1.01	1.593	0.23	25.67
郑州	62.30	-4.98	1.649	4.10	29.54
成都	56.54	-1.17	1.772	2.19	25.24
武汉	61.37	-4.41	1.684	4.17	29.80
福州	62.65	-3.17	1.683	3.74	27.80
合肥	64.85	-0.31	1.618	1.08	27.26

资料来源：2022年1月20日，高德地图联合国家信息中心大数据发展部、清华大学交通研究所、同济大学智能交通运输系统（ITS）研究中心、未来交通与城市计算联合实验室、高德未来交通研究中心发布的《2021年度中国主要城市交通分析报告》。

从交通健康指数上看，2021年长沙交通健康指数为56.65%，位列第6，与排名第一的合肥相差8.2个百分点；从城市路网高峰行程延时指数上看，长沙排名第2位，数值高达1.805；从高峰平均速度看，长沙为23.91公里/小时，位列第10。

3. 社会系统指标比较

选取了基本公共服务总体满意度以及公有住房满意度、基础教育满意度、社会保障和就业创业满意度、公共文化体育满意度5项指标，引用刘志昌、刘须宽主编的《中国城市基本公共服务满意度评估与发展报告》的评价结果，以上5项指标在2020年满意度排名情况具体如图12-4和表12-3。

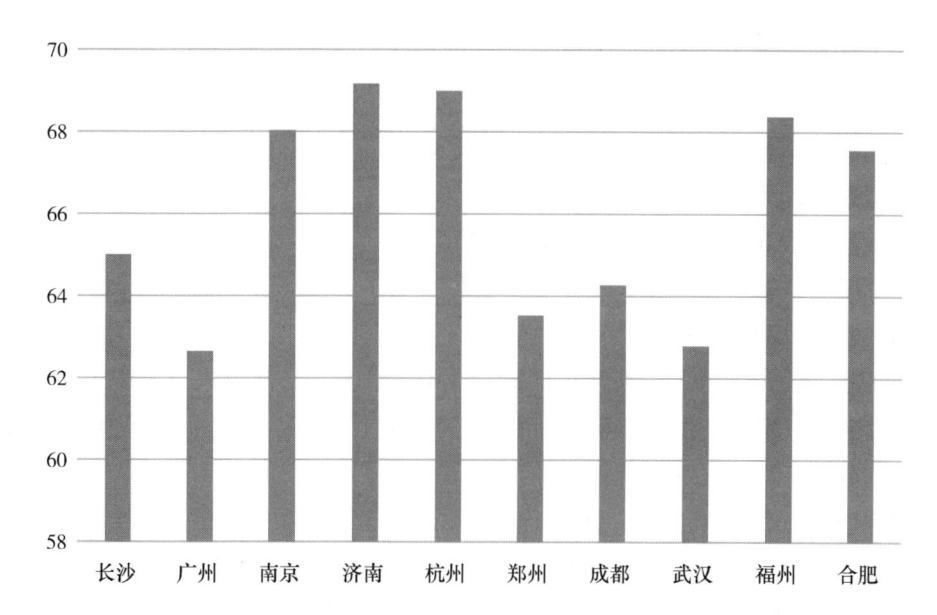

第十二章 强城市治理——提升省会城市发展保障力

图 12-4　2020 年度 GDP 全国排名前十位省会基本公共服务总体满意度情况

资料来源：刘志昌、刘须宽主编的《公共服务蓝皮书：中国城市基本公共服务力评价（2020）》。

表 12-3　2020 年 GDP 全国排名前十位省会城市基本公共服务满意度排行榜

公有住房		基础教育		社会保障和就业创业		公共文化体育	
城市	得分	城市	得分	城市	得分	城市	得分
济南	58.92	济南	69.55	济南	66.38	济南	70.10
福州	57.70	福州	68.88	杭州	66.23	南昌	70.46
合肥	55.34	杭州	65.85	合肥	65.26	杭州	69.14
南京	53.98	合肥	65.26	福州	64.83	福州	69.08
长沙	52.72	长沙	64.27	南京	64.50	合肥	67.06
杭州	52.46	南京	62.71	长沙	60.73	成都	64.58
郑州	51.37	成都	60.80	郑州	60.05	长沙	64.22
成都	49.80	武汉	59.72	成都	59.77	武汉	63.84
武汉	49.41	郑州	59.52	广州	59.66	广州	63.34
广州	48.78	广州	58.67	武汉	57.89	郑州	62.85

资料来源：刘志昌、刘须宽主编的《公共服务蓝皮书：中国城市基本公共服务力评价（2020）》。

从满意度排行榜看，城市基本公共服务总体满意度方面，10个省会城市，长沙为65分，排名第6位；公有住房满意度，长沙为52.72分，排名第5位；基础教育满意度，长沙为64.27分，排名第5位；社会保障和就业创业满意度，长沙为60.73分，排名第6位；公共文化体育满意度，长沙为64.22分，排名第7位。

（二）长沙城市宜业性的横向比较

宜业性主要是考虑营商环境情况。根据国家发改委发布的《中国营商环境报告2021》，营商环境评价关注中小企业在市场准入、投资贸易、生产经营乃至退出市场过程中的便利度，重点考察企业创业发展涉及的政府审批和外部办事流程，包括办理环节、办理时间、成本费用，以及办事便利化水平等情况，评价企业和群众的满意度和获得感。与此同时，重点考察城市高质量发展的基本面，关注充满活力、宜业宜居、精细化高品质的现代城市建设对中小企业的吸引力。

在企业全生命周期链条视角设置15个指标，完整地反映企业从开办到注销的全生命周期链条，衡量中小企业获得感和办事便利度。着眼中小企业办事便利情况，聚焦企业生产经营活动中的高频事项，从市场准入、投资建设、融资信贷、生产运营、退出市场五阶段全过程，设置开办企业，劳动力市场监管，办理建筑许可，政府采购，招标投标，获得电力，获得用水用气，登记财产，获得信贷，保护中小投资者，知识产权创造、保护和运用，跨境贸易，纳税，执行合同，办理破产等15个指标，重点衡量"放管服"改革等举措落实情况，评估中小企业办理单个事项所需要经历的政府审批与外部流程情况。通过对相关指标领域的评价，综合评估市场主体的满意度和获得感，推动地方政府更好地为企业和群众办事增便利、优服务。

在城市高质量发展视角设置3个指标，综合评价各地投资贸易便利度和长期投资吸引力，衡量中小企业赖以生存发展的城市高质量基本面。着眼企业和群众对美好生活的向往，聚焦与企业营商便利密切相关的政府监管、政务服务、城市品质，设置市场监管、政务服务、包容普惠创新等3个指标，综合评估市场主体对各地实行公正监管、加强社会信用体系建设、推行"互联网＋政务服务"、鼓励要素自由流动、增强创新创业创造活力、扩大市场开放、创建宜业宜居宜新环境等方面的满意度和获得感。通过对相关指标领域的评价，推动地方政府更好地提升监管指标名称效能和政务服务水平，加快推动城市高质量发展，着力营造稳定公平透明、可预期的营商环境，以上评价指标见表12－4。①

表12－4　　2020年GDP全国排名前十位省会城市获取标杆城市和进步较快城市情况

	标杆城市	进步较快城市
总体评价	广州、杭州、成都、南京、济南、成都、武汉、	郑州、长沙、济南、成都、合肥
开办企业	广州、杭州、南京	成都
劳动力市场监管	广州、杭州、成都、南京、合肥、长沙	杭州、长沙、南京
办理建筑许可	广州、成都、武汉、杭州、济南	长沙、济南、合肥
政府采购	杭州、成都、广州、济南、南京、武汉	长沙、济南
招标投标	广州、成都、济南、杭州、南京	长沙
获得电力	济南、广州、杭州、武汉、南京、郑州、长沙	长沙、合肥
获得用水用气	杭州、济南、武汉、广州、成都、南京	济南、长沙、郑州、成都
登记财产	广州、济南、成都、南京、杭州、合肥、福州	成都、长沙、济南、广州
获得信贷	广州、南京、杭州、成都、济南	济南、成都
保护中小投资者	福州、广州、杭州、成都、济南、南京、长沙	郑州、福州、武汉、长沙
知识产权创造、保护和运用	济南、广州、杭州、长沙、成都、南京、福州	福州、成都、郑州、长沙、济南
跨境贸易	南京、广州、杭州、武汉、成都、长沙、福州、济南	济南、成都、长沙、武汉、杭州
纳税	福州、杭州、广州、武汉、合肥	合肥、武汉、福州
执行合同	广州、南京、成都、杭州、武汉、长沙	长沙、郑州、合肥
办理破产	广州、济南、成都、杭州、武汉、南京、郑州	郑州、济南、福州

---

① 国家发展和改革委员会：《中国营商环境报告2021》，中国地图出版社2021年版，第8—9页。

续表

	标杆城市	进步较快城市
市场监管	杭州、广州、成都、南京、济南、福州	郑州、长沙、杭州、济南、成都
政务服务	广州、南京、杭州、成都、武汉、合肥	合肥、成都、南京、郑州
包容普惠创新	济南、杭州、广州、成都、长沙、合肥	济南、福州

资料来源：国家发展和改革委员会发布的《中国营商环境报告2021》。

在总体营商环境评价中，长沙市未进入标杆城市行列，只进入了进步较快城市行列。在设置的18个指标中，长沙在劳动力市场监管、获得电力、保护中小投资者、知识产权创造、保护和运用、跨境贸易、执行合同、包容普惠创新等7个方面进入标杆城市行列，其余11个方面未进入。12个指标进入进步较快城市行列，分别是劳动力市场监管、办理建筑许可、政府采购、招标投标、获得电力、获得用水用气、登记财产、保交通健康指数、护中小投资者、知识产权创造、保护和运用、跨境贸易、执行合同、市场监管。

（三）长沙城市安全性的横向比较

城市安全主要集中在社会日常安全、事故应对、公共卫生等方面。为使指标更能反映安全系统变化情况，选取了公共安全、政府管理和医疗卫生等3项指标，通过调查问卷对全国主要省会城市的城市安全进行全面评价和深入研究，以上3项指标在2020年得分和排名情况见表12-5。

表12-5　2020年前十位省会城市的公共安全、政府管理、医疗卫生满意度排行榜

公共安全		政府管理		医疗卫生	
城市	得分	城市	得分	城市	得分
杭州	73.60	杭州	77.50	杭州	74.42
济南	73.30	济南	74.65	南京	73.37
南京	73.29	南京	73.54	济南	73.07
合肥	72.49	福州	72.66	合肥	72.07
福州	71.92	合肥	72.61	福州	71.66
成都	69.78	南昌	72.38	成都	69.67
郑州	68.82	长沙	70.42	郑州	69.10

第十二章 强城市治理——提升省会城市发展保障力

续表

公共安全		政府管理		医疗卫生	
城市	得分	城市	得分	城市	得分
长沙	68.64	成都	68.70	武汉	68.80
武汉	68.10	广州	68.67	长沙	68.69
广州	67.78	武汉	67.88	广州	68.35

资料来源：刘志昌、刘须宽主编的《公共服务蓝皮书：中国城市基本公共服务力评价（2020）》。

2020年，在公共安全满意度方面，10个省会城市中，长沙为68.64分，排名第8位；政府管理满意度，长沙为70.42分，排名第7位；医疗卫生满意度，长沙为68.69分，排名第9位。

二 长沙城市治理存在的主要问题

（一）交通状况仍须改善，瓶颈问题依然突出

首先，骨干路网支撑作用需加强。普通国省干线公路技术等级偏低，2021年长沙普通国道二级及以上公路比例为80.8%，普通省道三级及以上公路比例为60.5%，均低于中部地区主要城市平均水平的86.5%和73.5%。目前，长沙干线公路局部仍存在"断头路"，中心城区、城镇部分过境段局部时空上交通拥堵日趋严重。其次，拥堵时间不降反升。城市路网高峰行程延时指数上看，长沙在10个省会城市中，列第2位，属于拥堵时间最长的省会城市，高峰时平均车速仅为23.91公里/小时，排名第7位。具体见表12-6。

表12-6 **2021年交通运行指数及同比增速排名表**

	指标名称	排名
生态环境情况	交通健康指数	6
	路网高峰行程延时指数	2
	高峰平均速度	7

资料来源：2022年1月20日，高德地图、国家信息中心大数据发展部、清华大学交通研究所联合发布的《2021年度中国主要城市交通分析报告》。

(二) 营商环境在政务服务数字化方面有待提升

在10个省会城市中，长沙在线服务成效度指数位居第8，仅为79.91分，表明用户使用、网办效率、服务质量等方面的实施效果不理想；在线办理成熟度指数居第10位，仅为83.95分，政务服务在线一体化办理程度低；服务方式完备度指数居第5位，为89.30分，渠道一网通达有待进一步提升，见表12-7。

表12-7　　2020年前十位省会城市政务数字化服务能力

在线服务成效度指数		在线办理成熟度指数		服务方式完备度指数	
城市	得分	城市	得分	城市	得分
杭州	95.64	杭州	95.12	杭州	98.06
广州	95.47	广州	94.79	南京	97.30
南京	94.75	南京	94.54	广州	94.97
合肥	87.23	合肥	94.50	武汉	90.29
郑州	86.36	福州	92.06	长沙	89.30
武汉	83.77	武汉	90.55	成都	87.58
成都	82.73	郑州	89.55	济南	85.86
福州	81.33	济南	92.15	合肥	85.65
长沙	79.91	成都	88.19	福州	84.03
济南	76.11	长沙	83.95	郑州	82.24

资料来源：2021年5月，中央党校（国家行政学院）电子政务研究中心发布的《2021省级政府和重点城市一体化政务服务能力调查评估报告》。

(三) 环境保护压力较大，水体与大气污染问题不容忽视

2020年1—9月，长沙市环境空气质量综合指数排名全省靠后，重污染天气仍有发生。2020年，一般工业固体废物综合利用率位在10省会排名中居第10位，对于固体废物的处理任重道远，见表12-8。长沙COD排放量高居第4位，氨氮排放高居第2位，部分流域污染负荷重。

第十二章　强城市治理——提升省会城市发展保障力

表12-8　2020年生态环境状况6项指情况排名表

项目		指标名称	排名
生态环境	城市环境	满意度	6
	空气污染	空气质量达到极好于二级的天数	6
	水体污染	COD排放	4
		氨氮排放	2
	固体废物	一般工业固体废物综合利用率	10
		一般工业固体废物处置率	2

资料来源：中国统计年鉴2021、中国环境统计年鉴2021。

第三节　提升长沙城市治理水平的对策举措

提升长沙的城市治理能力，应以满足城市居民的基本需求为出发点，以人民群众满意度为导向，以信息化基础设施为支撑，确定城市治理的各项重点任务，最终形成由政府、市场和社会共同汇聚形成参与城市治理的强大合力。

一　提质宜居性，增强城市居民幸福感

宜居城市建设要重点关注城市居民健康、舒适、便捷生活等现实需求，高效合理地利用有限的土地资源，创造更多更适宜人们居住、生活和工作的空间，增加居民幸福感。

（一）构建宜居的生态空间

高起点设计、高标准建设绿心中央公园，有序推进主题片区、邻园片区和特色小镇建设，加快长沙奥林匹克体育中心、花卉园艺博览园等重大公共服务设施布局，打造具有世界级影响的城市群绿心、具有湖湘特色的长株潭中央客厅、人民向往的高品质生态共享空间。开展国家国土绿化试点、城市及园区碳达峰试点、气候适应型城市试点，建立"天空地"一体化生态系统监测网络，建设国家级生态文明建设示范区。加强"一江六河一湖"流域综合治理，推进湘江保护和治理一号工程。加强水、大气、土壤、固体废物、噪声污染防治和突出生态环境问题整改。深化海绵城市建设，高标准规划建设新城区排涝设施，更新改造老城区

排水设施，提升城市快速排水能力，实施湘江—浏阳河百里画廊、湘江风光带、山水洲城特色区等工程。

（二）提高出行的便捷性

依推科学性合理制定城市路网规划，做好常规公交与其他交通方式有效衔接，调整交通网络结构。支持建设以长沙市为核心的长株潭都市圈多层次轨道交通体系。优化长沙市域内高速收费，完善长株潭融城干线公路建设，进一步促进三市现有道路的互联互通，充分发挥投资效益。合理布局城市轨道和公交站点，实现无缝换乘，畅通交通微循环。

（三）推进全龄友好行动

丰富公共服务供给，在社会政策、权利保障、成长空间、发展环境中充分践行全龄友好理念。在公共文化体育方面，完善基层文化设施网络，打造15分钟公共文化生活圈；丰富全民健身设施供给，升级打造城区"10分钟健身圈"，加快新改建体育公园、公共体育场中的标准田径跑道和标准足球场地、健身步道、智慧社区健身中心、室外运动场；积极推进长沙国际体育中心、长沙奥体中心等大型公共体育场馆建设。在基础教育方面，加强新、扩建义务教育学校建设，加强入学压力大的重点片区学校建设；消除普通高中大班额，优化高中学校布局，重点在南部融城片区、含浦片区、高新片区等区域科学布局高中学校，提质改造一批县域高中。在社会保障和就业方面，发展多层次、多支柱养老保险体系，健全重大疾病医疗保险和救助制度，落实异地就医结算，积极发展商业医疗保险、长期护理保险；突出抓好高校毕业生、农民工、退役军人等重点群体就业，支持和规范发展新就业形态。

二 提优宜业性，增强市场主体获得感

围绕做大产业、做强企业、做优生态，坚持市场主导、政府引导，大力优化营商环境，全面促进市场主体高质量发展，加快建设高标准市场体系，以市场主体的高质量发展助推现代化新长沙建设。

（一）着力打造市场化营商环境

持续深化行政审批制度改革。严格落实全国统一的市场准入负面清单制度，推动"非禁即入"普遍落实。实施商事主体登记确认制改革，推动"证照分离"改革全覆盖，推进"照后减证"和简化审批，全面推

行证明事项和涉企经营许可事项告知承诺。探索以市场主体信用为基础的市场准营制度改革，开展"承诺即入制"试点。持续开展"减证便民"行动，通过规范申请材料、推行电子证明、实施部门核验、落实告知承诺等措施，清理、共享、减免一批证明，打造"无证明城市"。让优化市场准入退出制度。发挥破产处置府院联动机制作用，推进数据共享和业务协同，持续深化简易注销登记改革，优化办理流程，简化提交材料，进一步压缩公告时限和办理时间，加快推进注销便利化。探索长期吊销未注销企业强制注销和企业歇业制度。

（二）着力打造法治化的营商环境

加强公平竞争审查。强化竞争政策的基础性地位，鼓励支持政策制定机关在公平竞争审查工作中引入第三方评估，防止出台地方保护、区域封锁、行业壁垒、企业垄断等排除、限制竞争的政策措施，公平对待各类市场主体，健全司法机构查办涉企案件影响评估制度，保护企业家的合法权益，营造各类市场主体平等使用资源要素、公平参与竞争、同等受到法律保护的制度环境，稳定市场预期，增强企业投资信心，维护公平竞争的市场秩序。加强民生保障、促进创新等重点领域反垄断执法，依法查处达成垄断协议、滥用市场支配地位等行为。加大对市场混淆、虚假宣传、商业贿赂、商业诋毁、侵犯商业秘密、网络领域不正当竞争行为的查处力度。加强平台经济、共享经济等新业态反垄断和反不正当竞争规制，防止资本野蛮生长、无序扩张。创新和完善市场监管。发挥"互联网+监管"平台作用，推进部门联合"双随机、一公开"监管常态化。推广信用承诺制，健全守信联合激励和失信联合惩戒机制。完善产权保护制度，依法全面保护各类产权。严格执行知识产权侵权惩罚性赔偿制度。实行包容审慎监管，压缩自由裁量空间，推行轻微违法"首违不罚"。

（三）着力打造便利化营商环境

加快推进政务服务标准化规范化便利化，将更多事项纳入"一件事一次办"，提高"一网通办""全程网办"效率，实现企业开办多事项联办，扩大"跨域通办"范围。推广电子签章、电子发票等应用，推动高频电子证照标准化和跨区域互认共享。推动"一照通"改革，实现涉企行政审批证照集成"一码涵盖、一照通行"。

三 提升安全性，增进城市居民归属感

城市安全与居民切身利益息息相关，所以城市治理要把安全放在第一位，把住安全关、质量关，把安全工作落实到城市工作和城市发展的各个环节和各个领域。

（一）强化公众风险意识

做好相关宣传工作，提高基层应对突发公共事件的处置能力、群众应急能力和自救能力，强化居民风险意识。要以社区为单元开展常规、经常性的教育，同时组织逃生救生练习。对常住居民、外来务工人员，应进行经常性、系统性的公共安全知识培训，使之自觉形成强烈的公共安全意识，增强防灾减灾的知识和能力，以减少人为因素造成的灾害。

（二）完善医疗卫生服务体系

在积极防控传染病及地方病方面，应加强传染病疫情监测、研判和预警，有效应对新冠肺炎、不明原因肺炎、流感、手足口病、登革热、麻疹等重点传染病疫情。积极防范输入性突发急性传染病，强化重大动物源性传染病的源头治理，在构建强大的公共卫生体系方面，完善突发公共卫生事件监测预警处置机制，建设市公共卫生救治中心，规范发热门诊建设和管理，加强实验室检测网络建设，健全重大疫情医疗救治、科技支撑、物资保障体系，提高应对突发公共卫生事件能力。加快构建医防协同的整合型医疗卫生服务体系；在推进医疗机构与疾病预防控制机构信息共享联动方面，强化综合性医院感染性疾病专科建设，健全综合性医院和传染病医院之间的分工协作机制，进一步强化疾病预防控制机构与基层医疗卫生机构的有机联系。

（三）打造数字安全防范应急体系

推动建立平战结合的"常态运行＋应急管理"协同治理机制，强化省、市、县三级联动，加快构建"1个城市综合运行指挥中心＋N个领域平台"的智慧治理支撑体系。持续推进长沙"警务云"建设，在社会治安防控等各方面实现"人在干、物在看、数在转、云在算"，让违法犯罪无处遁形。积极推进"平安院落"工程和"智慧安防小区、单位、村庄"建设，进一步加大社会视频资源整合力度，并纳入"雪亮工程"，积极推动社会治安管理中人体生物特征识别、视频智能目标识别、电子标签识

别、激光扫描识别等技术的应用和推广。加强公安、综治等部门与企事业单位的视频监控联网，建立"全域覆盖、全网共享、全时可用、全域可控"的公共安全视频监控网络，提高社会综合治理水平。

参考文献

一　中文文献

习近平:《干在实处走在前列——推进浙江新发展的思考与实践》,中共中央出版社 2006 年版。

习近平:《决胜全面建成小康社会 夺取新时代中国特色社会主义伟大胜利——在中国共产党第十九次全国代表大会上的报告》,新华社,2017 年 10 月 27 日。

习近平:《深入实施新时代人才强国战略 加快建设世界重要人才中心和创新高地》,《求是》2021 年第 12 期。

习近平:《推动形成优势互补高质量发展的区域经济布局》,《求是》2019 年第 24 期。

[美] R. E. 帕克等:《城市社会学》宋俊岭等译,华夏出版社 1987 年版。

[英] 斯科特·拉什、约翰·厄里:《符号经济与空间经济》王之光等译,商务印书馆 2006 年版。

《中国进入了"新消费时代"》,《人民日报》2018 年 8 月 7 日。

安虎森等:《高级区域经济学（第四版）》,东北财经大学出版社 2020 年版。

蔡昉:《中国劳动力市场发育与就业变化》,《经济研究》2007 年第 7 期。

蔡跃洲:《经济循环中的循环数字化与数字循环化——信息、物质及资金等流转视角的分析》,《学术研究》2022 年第 2 期。

陈丛波、叶阿忠:《数字经济、创新能力与区域经济韧性》,《统计与决策》2021 年第 17 期。

参考文献

陈红旗、石慧：《新时代人才强国战略的根本遵循——学习习近平总书记关于人才工作重要论述》，《新湘评论》2022 年第 6 期。

陈劲、幸辉、陈钰芬等：《中国城市创新人才评价体系构建》，《创新科技》2022 年第 4 期。

戴宾：《改革开放以来四川区域发展战略的回顾与思考》，《经济体制改革》2009 年第 1 期。

丁守海：《劳动剩余条件下的供给不足与工资上涨——基于家庭分工的视角》，《中国社会科学》2011 年第 5 期。

方创琳：科学选择与分级培育适应新常态发展的中国城市群》，《中国科学院院刊》2015 年第 2 期。

冯皓、陆铭：《通过买房而择校：教育影响房价的经验证据与政策含义》，《世界经济》2010 年第 12 期。

冯其予：《自贸试验区硕果累累》，《经济日报》2022 年 5 月 2 日。

顾怀建：《中国对外开放格局的演进——从经济特区到自由贸易试验区的嬗变》，《中共南京市委党校学报》2021 年第 3 期。

光明日报评论员：《坚持和完善共建共治共享的社会治理制度》，《光明日报》2019 年 11 月 9 日。

郭克莎、彭继宗：《制造业在中国新发展阶段的战略地位和作用》，《中国社会科学》2021 年第 5 期。

国家发展和改革委员会：《中国营商环境报告 2021》，中国地图出版社 2021 年版。

国家统计局：《经济社会发展统计图表：第七次全国人口普查超大、特大城市人口基本情况》，《求是》2021 年第 18 期。

国务院发展研究中心：《2021 年消费市场形势分析与 2022 年展望》，《调查研究报告》2021 年 12 月 28 日。

郝大江、张荣：《要素禀赋、集聚效应与经济增长动力转换》，《经济学家》2018 年第 1 期。

胡锐、陈凡：《湖南湘江新区、长沙岳麓区，区政合一》，《三湘都市报》2022 年 6 月 27 日。

黄群慧：《理解中国制造》，中国社会科学出版社 2019 年版。

黄晓春：《新时代我国社会治理水平的提升路径》，《中国社会科学报》

2022 年 9 月 1 日。

金元浦：《当代世界创意产业的概念及其特征》，《电影艺术》2006 年第 3 期。

克拉克：《工业经济学》，原毅军译，经济管理出版社 1990 年版。

库兹涅次：《各国的经济增长》，常勋译，商务印书馆 1999 年版。

李红见：《政府公共投资和重大项目就业效应分析》，《人才资源开发》2018 年第 4 期。

李建华、李天峰：《省域治理现代化：功能定位、情境描绘和体系建构》，《行政论坛》2021 年第 4 期。

李铭、易晓峰、刘宏波、张乔扬、吴嘉玉：《作为增长极的省会城市经济、人口和用地的集聚机制分析及对策建议》，《城市发展研究》2021 年 8 期。

廖长林、秦尊文：《湖北区域经济发展战略的历史考察》，《湖北社会科学》2008 年第 1 期。

林拓：《世界文化产业与城市竞争力》，《马克思主义与现实》2003 年第 4 期。

林拓等主编：《世界文化产业发展前沿报告》，社会科学文献出版社 2004 年版。

凌永辉、刘志彪：《内需主导型全球价值链的概念、特征与政策启示》，《经济学家》2020 年第 6 期。

刘宝、胡善联、徐海霞、高剑晖：《基本公共服务均等化指标体系研究》，《中国卫生政策研究》2009 年第 6 期。

刘士林：《城市中国之道》，上海交通大学出版社 2020 年版。

刘友金、王玮：《世界典型城市群发展经验及对我国的启示》，《湖南科技大学学报（社会科学版）》2009 年第 12 期。

刘志昌、刘须宽：《公共服务蓝皮书：中国城市基本公共服务力评价（2020）》，社会科学文献出版社 2021 年版。

娄峰、潘晨光：《中国城市人才综合竞争力实证分析》，《中国集体经济》2011 年第 8 期。

陆江源：《经济结构的要素配置效率研究——探寻中国未来经济增长的效率改进路径》，中国社会科学院 2018 年版。

陆军：《中国城市群战略演进的内在逻辑与转型挑战》，《人民论坛》2021年第9期。

陆铭：《空间的力量：地理、政治与城市发展》，格致出版社、上海人民出版社2017年版。

罗黎平：《均衡发展的三个维度与县域经济走向》，《改革》2015年第2期。

迈克尔·波特：《国家竞争优势》，华夏出版社2002年版。

莫京梁、翟东华：《医疗保健的公平与效率分析》，《经济研究》1997年第5期。

倪鹏飞、丁如曦、沈立：《从城市看中国：格局演变、转型升级与持久繁荣》，《经济日报》2017年6月23日第6版。

苏红：《公立医院绩效评价方法研究》，《卫生经济研究》2011年第3期。

孙祁祥、锁凌燕、郑伟：《论新形势下社会保障的协调发展》，《中共中央党校学报》2016年第8期。

孙祁祥、锁凌燕、郑伟：《社保制度中的政府与市场——兼论中国PPP导向的改革》，《北京大学学报》2015年第3期。

孙志燕、侯永志：《对我国区域不平衡发展的多视角观察和政策应对》，《管理世界》2019年第8期。

孙志燕：《新技术革命对中国区域经济的影响及政策建议》，《中国经济报告》2019年第1期。

汤睿：《中国城市环境治理效率研究》，东北财经大学博士论文，2019年。

唐璐、黄超：《勇立潮头谱新篇》《湖南日报》2022年4月19日。

唐炜等：《企业技术创新能力评价理论综述》，《科技进步与对策》2007年5期。

屠启宇：《"世界城市"：现实考验与未来取向》，《学术月刊》2013年第1期。

万劲波：《打造"强省会"引领区域协调发展》，《光明日报》2019年1月26日6版。

王柏玲、朱芳阳、卢耿锋：《新时期我国生产要素的动态构成、特征及经济效应》，《税务与经济》2020年第6期。

王博：《成都今年将实施六大行动，国际消费中心城市建设提速》，《第一财经》2022年4月29日。

王海燕、郑秀梅：《创新驱动发展的理论基础、内涵与评价》，《中国软科学》2017年第1期。

王琳：《简析文化产业与城市发展的互动关系》，《天津社会科学》2005年第5期。

王琪珏：《新时代我国社会治理问题研究》，东北电力大学硕士论文，2020年。

王郁：《城市公共服务承载力的理论内涵与提升路径》，《上海交通大学学报（哲学社会科学版）》2016年第6期。

吴忠：《纽约、东京、伦敦制造业发展模式及对上海的启示》，《科学发展》2018年第11期。

夏怡然、陆铭：《城市间的"孟母三迁"——公共服务影响劳动力流向的经验研究》，《管理世界》2015年第10期。

谢瑾岚等：《区域中小企业技术创新能力测度模型及实证分析述》，《科技进步与对策》2010年第6期。

徐杰：《基于要素配置效率改进的东北地区产业结构优化研究》，吉林大学，2021年。

徐琴：《省域发展的空间逻辑——兼论"强省会"战略的地方实践》，《现代经济探讨》2020年第6期。

许宪春、张钟文、关会娟：《中国新经济：作用、特征与挑战》，《财贸经济》2020年第1期。

《学习贯彻习近平新时代中国特色社会主义经济思想 做好"十四五"规划编制和发展改革工作系列丛书》编写组：《推动制造业高质量发展》，中国市场出版社、中国计划出版社2020年版。

杨朝远、张学良、杨羊：《双循环发展的改革开放空间试验场——我国开发区的缘起、演进和趋势》，《重庆大学学报》（社会科学版）2021年第27卷第4期。

杨奇明、林坚：《教育扩张是否足以实现教育公平——兼论20世纪末高等教育改革对教育公平的影响》，《管理世界》2014年第8期。

杨志才：《要素配置、收入差距与经济增长的实证研究》，《经济与管理研究》2019年第10期。

袁政：《城市治理理论及其在中国的实践》，《学术研究》2007 年第 7 期。

约瑟夫·熊彼特：《经济发展理论》，九州出版社 2006 年版。

张航、丁任重：《实施"强省会"战略的现实基础及其可能取向》，《改革》2020 年第 8 期。

张庆伟：《不断开创新时代人才强省建设新局面》，《新湘评论》2022 年第 6 期。

张诗雨：《发达国家城市治理的标准与模式——国外城市治理经验研究之一》，《中国发展观察》2015 年第 2 期。

张鑫宇：《要素配置、技术进步与制造业全要素生产率》，山东大学，2021 年。

张英杰：《当前我国就业存在的主要问题及应对策略》，《经济纵横》2015 年第 2 期。

郑杨：《新模式引领新消费——广州推出 10 项行动计划》，《经济日报》2021 年 2 月 23 日。

中共中央宣传部：《习近平总书记系列重要讲话读本》，学习出版社、人民出版社 2016 年版。

中华人民共和国科学技术部：《国家创新型城市创新能力评价报告（2021）》，科学技术文献出版社 2021 年版。

周钦、田森、潘杰：《均等下的不公——城镇居民基本医疗保险受益公平性的理论与实证研究》，《经济研究》2016 年第 6 期。

庄羽、杨水利：《"强省会"战略对区域创新发展的影响》，《中国软科学》2021 年第 8 期。

二 英文文献

A. H. Maslow：A Theory of Human Motivation，Psychological Review，1943：370 – 396.

Addario，D. S.，Job Search in Thick Markets ［J］. Journal of Urban Economics，2011（3）：303 – 318.

Debaere，P.，Lee J.，Paik M. Agglomeration，Backward and Forward Linkages：Evidence from South Korean Investment in China ［J］. Canadian Journal of Economics，2010（2）：520 – 546.

Fujita, M. , Krugman, P. , Venables, A. J. The Spatial Economy: Cities, Regions and International Trade [M]. Cambridge, Mass: MIT Press, 1999.

Fujita, M. Krugman, P. , When Is the Economy Monocentric? [J]. Regional Science and Urban Economics, 1995 (4): 505 - 528.

Holl, A. Market Potential and Firm-level Productivity in Spain [J]. Journal of Economic Geography, 2012 (6): 1191 - 1215.

Moretti, E. Local Multipliers [J]. American Economic Review, 2010 (2): 373 - 377.

后　　记

近年来，越来越多的省份提出"强省会"战略，强省会也成为中国区域经济发展的新现象。在2021年湖南省第十二次党代会上，湖南省正式提出实施"强省会"战略。作为省第十二次党代会作出的一项重大决策部署，实施"强省会"战略是湖南在推动中部地区崛起和长江经济带发展中彰显新担当的重点举措，也是深入实施区域协同发展战略引领湖南全省高质量发展的重要抓手。湖南省社会科学院（湖南省人民政府发展研究中心）作为省委、省政府的核心智库，致力于开展湖南经济社会发展的重大理论和实践问题研究。为加强对"强省会"战略的研究，湖南省社会科学院（湖南省人民政府发展研究中心）将《湖南"强省会"战略研究报告》的研究撰写确定为年度重大攻关课题，具体由区域经济与绿色发展研究所承担。

当前，理论界对于"强省会"战略的研究才刚刚开始。作为一项探索性研究，本书将研究重点聚焦于"强省会"战略的重大理论与实施现状的多维比较上，全书共十二章，其结构关系与主要内容是：第一章是管总的，立足全国、落点湖南，重点阐述新时代"强省会"战略的出场逻辑、实施"强省会"战略过程中须处理的若干重大关系问题以及新时代"强省会"战略的目标与行动框架；第二章至第十二章是分报告，主要基于长沙与其他2021年GDP总量排名前十位省会城市的横向比较，分别从要素配置、先进制造、科技创新、城市消费、重大平台、人才队伍、数字经济、城市就业、公共服务、城市文化、城市治理十一个方面，对省会长沙发展进行全方位的深入比较，分析湖南"强省会"战略实施的现实基础、优势与短板，并提出相应的对策建议。

本书是集体创作的成果，由罗黎平提出整体研究框架与写作提纲。各章的写作分工如下：第一章，罗黎平；第二章，马骏；第三章，肖琳子；第四章，谢瑾岚；第五章，刘敏；第六章，湛中维；第七章，曲婷；第八章，曾召友；第九章，周静；第十章，周新发；第十一章，徐淑芳；第十二章，徐华亮。高立龙负责附录的编辑整理。初稿完成后由罗黎平完成统稿、修改与定稿，刘敏、湛中维参与了部分章节的修改与统稿。

本书在研究与写作过程中，得到了湖南省社会科学院（湖南省人民政府发展研究中心）钟君院长（主任）、贺培育副院长（副主任）、刘云波副院长（副主任）、汤建军副院长（副主任）、王佳林副院长（副主任）、侯喜保副院长（副主任）、蔡建河二级巡视员以及科研处潘小刚处长的悉心指导与关心支持，在此表示衷心感谢！在研究与写作过程中，我们参考和引用了相关专家的研究成果，可能未能完全做到一一注明，在此表示衷心感谢和诚挚歉意！由于我们水平有限，加之时间紧、任务重，研究中难免存在纰漏与不足，敬请各位读者批评指正。

罗黎平

2022 年 9 月 6 日于德雅村